全国技工院校新能源汽车检测与维修专业教材
（中／高级技能层级）

新能源汽车维护

人力资源社会保障部教材办公室　组织编写

主　编　任洪涛
副主编　袁煜材

中国劳动社会保障出版社

简介

本书主要内容包括新能源汽车维护基础、动力蓄电池系统的检查与维护、驱动电机系统的检查与维护、高压辅助器件及车身电器设备的检查与维护、空调系统的检查与维护、底盘系统的检查与维护六个模块，每个模块下包含若干个任务和实训任务工单。

本书内容丰富、通俗易懂、实用性强，适用于全国技工院校或职业院校新能源汽车检测与维修专业的教学使用，也可作为新能源汽车技术人员培训教材及参考用书。

本书由任洪涛担任主编，袁煜材担任副主编，黎景尧、黄辉镀、周潭生、莫木兰参与编写，朱建勇审稿。

图书在版编目（CIP）数据

新能源汽车维护 / 人力资源社会保障部教材办公室组织编写；任洪涛主编 . -- 北京：中国劳动社会保障出版社，2022

全国技工院校新能源汽车检测与维修专业教材. 中、高级技能层级

ISBN 978-7-5167-5475-7

Ⅰ. ①新…　Ⅱ. ①人…②任…　Ⅲ. ①新能源－汽车－车辆修理－技工学校－教材　Ⅳ. ①U469.707

中国版本图书馆 CIP 数据核字（2022）第 134573 号

中国劳动社会保障出版社出版发行

（北京市惠新东街 1 号　邮政编码：100029）

*

北京市白帆印务有限公司印刷装订　　新华书店经销

787 毫米 ×1092 毫米　16 开本　14.25 印张　255 千字

2022 年 9 月第 1 版　　2023 年 12 月第 5 次印刷

定价：42.00 元

营销中心电话：400-606-6496

出版社网址：http://www.class.com.cn

http://jg.class.com.cn

版权专有　　侵权必究

如有印装差错，请与本社联系调换：（010）81211666

我社将与版权执法机关配合，大力打击盗印、销售和使用盗版图书活动，敬请广大读者协助举报，经查实将给予举报者奖励。

举报电话：（010）64954652

前言
PREFACE

2012 年 6 月，国务院颁布《节能与新能源汽车产业发展规划（2012—2020 年）》，其中对新能源汽车进行了定义：新能源汽车是指采用新型动力系统，完全或主要依靠新型能源驱动的汽车，本规划所指新能源汽车主要包括纯电动汽车、插电式混合动力汽车及燃料电池汽车。

随着国家不断推动新能源汽车的发展，目前我国新能源汽车保有量已经突破百万，成为新能源汽车产销量第一的国家。

相对于传统汽车而言，新能源汽车大量使用高压电，这对维护和维修工作提出了更高的要求。为了满足全国技工院校新能源汽车检测与维修专业的教学需求，人力资源社会保障部教材办公室组织有关学校的骨干教师和行业、企业专家，在充分调研企业生产和学校教学情况的基础上，开发了本套新能源汽车检测与维修专业教材。

教材体系

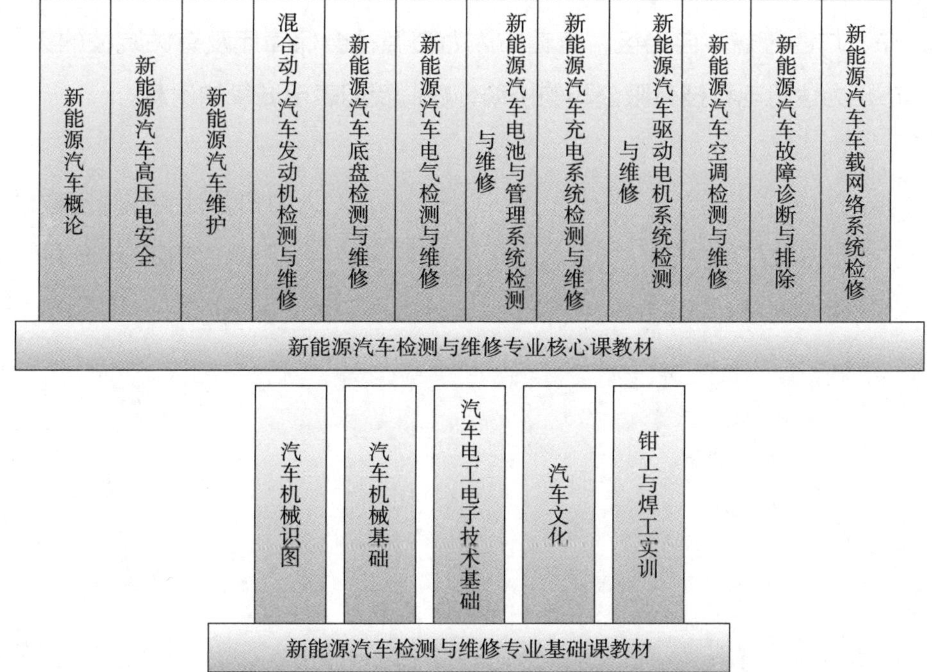

编写特色

◆ 紧贴企业实际情况　通过行业、企业调研，掌握企业对新能源汽车检测与维修专业人才的岗位需求和技能要求，确定人才培养目标（中级 / 高级），构建科学合理的课程体系。根据课程教学目标，合理确定学生应具备的知识与能力结构；充分考虑企业生产实际，选择当前市面上广泛使用的新能源车型进行教学。

◆ 体现行业技术发展　根据相关专业领域的最新发展，在教材中充实新知识、新技术、新设备、新材料等方面的内容，体现教材的先进性。采用最新的国家技术标准，使教材内容更加科学和规范。

◆ 符合学生阅读习惯　在教材内容的呈现形式上，较多地利用实物照片和表格等形式将知识点生动地展示出来，力求让学生更直观地理解和掌握所学内容。部分教材采用四色印刷，图文并茂，增强了教材内容的表现效果。

教学服务

本套教材配有习题册和方便教师上课使用的多媒体电子课件等教学资源，可以通过技工教育网（http://jg.class.com.cn）下载。另外，在部分教材中针对教材中的教学重点和难点制作了微视频等多媒体资源，学生使用移动终端扫描二维码即可在线观看相应内容。

致谢

本次教材编写工作得到了北京、黑龙江、辽宁、江苏、浙江、湖南、山东、山西、福建、广东、广西等省、自治区、直辖市人力资源社会保障厅及有关院校的大力支持，以及深圳市信力达机电科技有限公司的协助，在此我们表示诚挚的谢意。

人力资源社会保障部教材办公室

2022 年 6 月

目录
CONTENTS

模块一
新能源汽车维护基础

任务 1 | 维护工具与设备的使用

学习目标

1. 掌握新能源汽车常规维护工具与设备的使用方法。
2. 掌握新能源汽车检测工具与设备的使用方法。

●任务描述

作为汽车维修企业的维修人员，学会维护工具与设备的使用是基本工作要求之一。作为维修人员，请你根据现场工作管理规范，完成个人安全防护用具的穿戴，使用万用表检查蓄电池电压，并认识到学会维护工具与设备使用的重要性。

相关理论

一、新能源汽车常规维护工具与设备的认知

1. 高压防护用品

在使用高压防护用品前，一定要检查高压防护用品的安全防护等级是否符合要求，绝缘防护是否有效，见表 1-1-1。

表 1-1-1　　高压防护用品

图示	名称及用途
高压危险 Danger high voltage	1. 警示牌 作用：在地面或车辆附近的明显位置放置，起到提醒和告示的作用
	2. 绝缘手套（绝缘等级在 1 000 V/300 A 以上） （1）作用：在拆除和安装高压部件时作为个人绝缘防护，以防触电 （2）使用注意事项 1）绝缘手套在使用前必须进行充气检验，发现有任何破损都不能使用 2）作业时，应将衣袖口套入绝缘手套筒口内，以防发生意外 3）应将绝缘手套储存在干燥通风、室温为 -15～30 ℃、相对湿度为 50%～80% 的库房中；绝缘手套应远离热源，距离地面和墙壁 20 cm 以上，避免受酸、碱、油等腐蚀性物质的影响；不要露天放置绝缘手套，避免阳光直射，切勿将其扔放于地上 4）绝缘手套使用 12 个月后必须进行预防性检查
	3. 绝缘鞋 作用：在拆除和安装高压部件时作为个人绝缘防护，以防触电

续表

图示	名称及用途
	4. 防护眼镜 作用：在拆除和安装高压部件、底盘以及进行空调维护时使用，防止对人的眼睛造成伤害
	5. 绝缘帽 作用：在拆除和安装高压部件时作为个人绝缘防护，以防触电
	6. 绝缘胶布 作用：覆盖所有高压导线或端子
	7. 放电工装 作用：释放新能源汽车维修过程中的电容残余电量，避免在维修时造成触电或短路故障而损坏电器

2. 绝缘维修工具

如图 1–1–1 所示，绝缘维修工具主要用于新能源汽车高压部件的拆除和安装，防止发生触电和电路短路事故。与传统维修工具相比，绝缘维修工具增加了抗高压的绝缘层，从而保证了维修人员的人身安全。

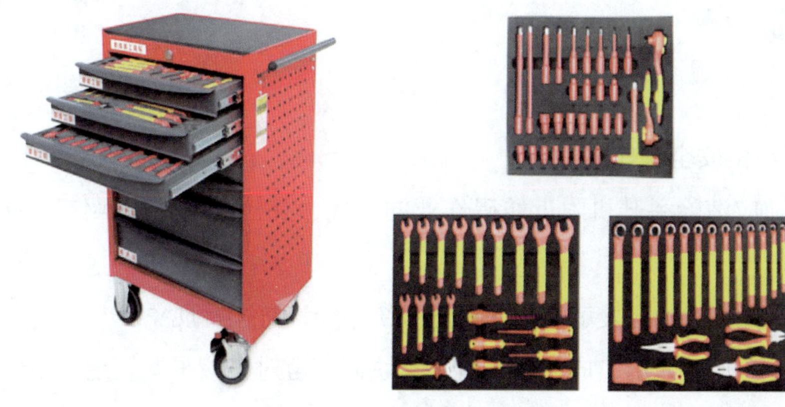

图 1–1–1　绝缘维修工具

绝缘维修工具的使用注意事项如下：

（1）具体使用方法与普通工具相似，但勿与普通工具混用。

（2）应保持工具的清洁。

（3）应根据拆装电器的电压等级选择合适的绝缘等级。

3. 举升机

（1）举升机的分类

柱式举升机（见图 1-1-2）和剪式举升机（见图 1-1-3）是汽车维修过程中举升汽车的常用设备。举升机能举升待维修车辆，使其离开地面一定高度，以便维修人员进入汽车底部作业，或进行轮胎拆卸、四轮定位等工作。

动力蓄电池举升机（见图 1-1-4）用于对各种新能源汽车动力蓄电池进行拆装、维修和保养时的举升。

图 1-1-2　柱式举升机

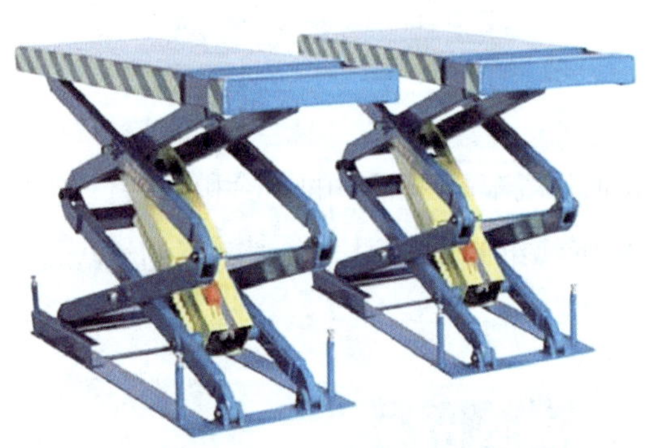

图 1-1-3　剪式举升机

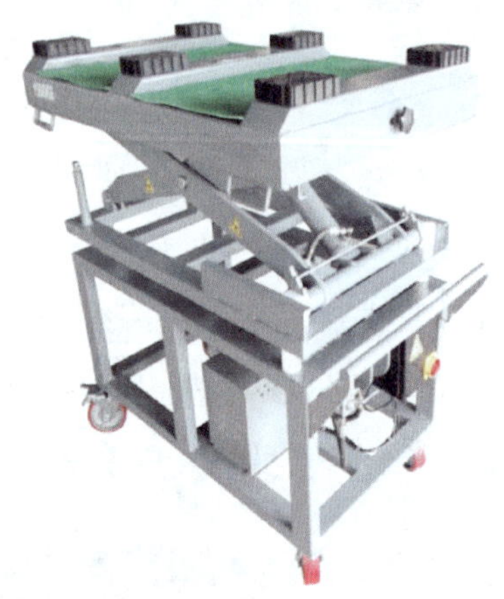

图 1-1-4　动力蓄电池举升机

（2）举升机的安全操作规程

1）使用前应清除举升机附近妨碍作业的物品，并检查举升机操作手柄是否能正常操作。

2）举升机操作机构应灵敏有效，液压系统不允许有爬行现象。

3）待举升车辆驶入后，应将举升机支撑块调整至对正该车型规定的举升点，举升臂应尽量缩小到最小长度，并调节举升胶垫，以便使两者均匀接触。

4）用举升机支车时，4 个支角应在同一平面内。调整支角胶垫高度，使其接触车辆底盘支撑部位，把举升臂升至举升胶垫完全接触车辆，并检查负载是否已牢固固定。

5）用举升机举升车辆时，维修人员应离开车辆，用举升机缓慢地将车辆从地面升起，确保负载平衡后再将其举升至所需工作高度。

6）松开举升机上升手柄，将车辆降低至安全保险位置，即可进行维修工作。

7）放下车辆前应先举升车辆。将安全保险拉开，再按下举升机下降手柄，使车辆缓慢地下降至举升臂放在最低位置为止，移开举升臂，驶出车辆。

8）举升机不得频繁起落。

9）有人作业时严禁升降举升机。

10）发现举升机操作机构不灵、电机不同步、托架不平或液压部分漏油时，应及时报修，不得带故障操作。

11）作业完毕应清除举升机上的杂物，打扫举升机周围场地，以保持场地整洁。

12）除保养及小修项目外，其他烦琐而笨重的作业不得在举升机上操作。

13）定期排除举升机油缸积水，并检查液压油油量，若油量不足，应及时加注相同牌号的液压油。应坚持每天检查举升机各传动机构、链条、钢丝绳、锁止装置，以及各部位润滑和工作情况。对于剪式举升机和动力蓄电池举升机，还要定期检查其铰链磨损情况及举升锁止装置工作情况。

二、新能源汽车检测工具与设备的认知

1. 万用表

图 1-1-5 所示为数字式万用表。万用表是汽车电气维修和维护中必不可少的测量仪表，可用于测量或测试交流 / 直流电压（见图 1-1-6）、电流（见图 1-1-7）、电阻（见图 1-1-8）、电容等参数。

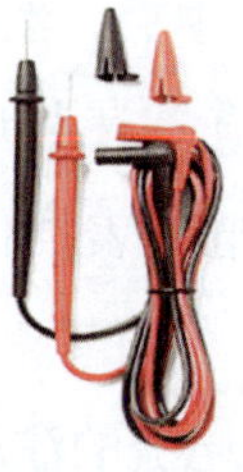

图 1-1-5　数字式万用表

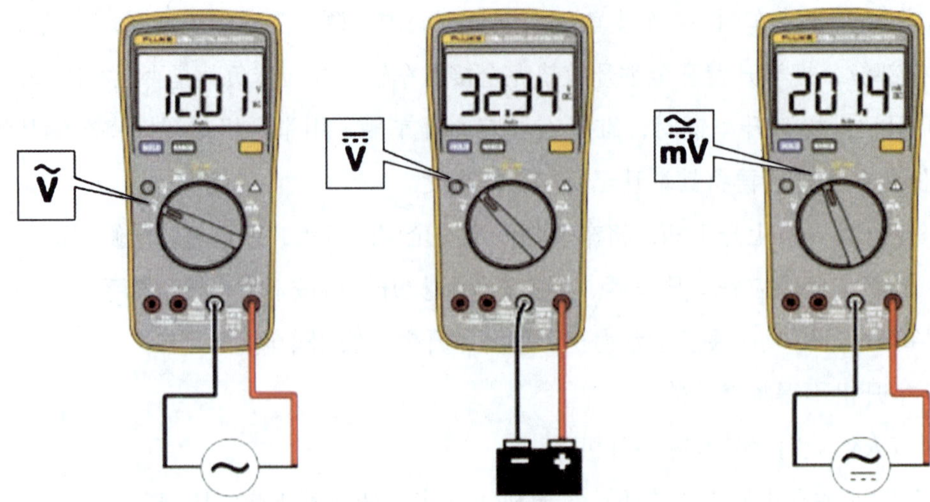

图 1-1-6　测量交流 / 直流电压

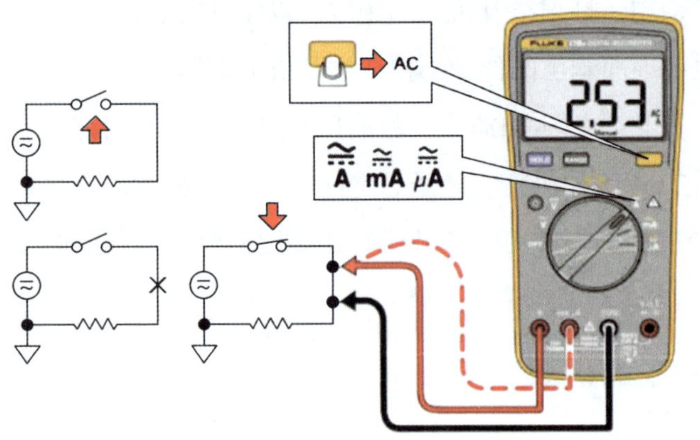

图 1-1-7　测量交流 / 直流电流

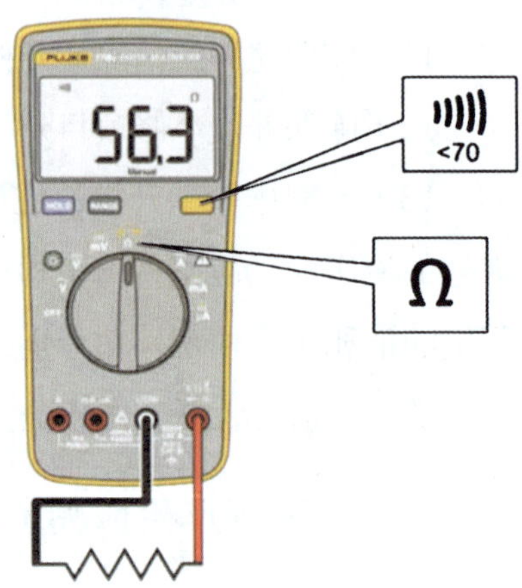

图 1-1-8　测量电阻 / 电路通断性

2. 钳形电流表

如图 1-1-9 所示，钳形电流表是利用电流互感器原理制成的。钳形电流表可以在不断开电路的情况下测量电路电流。使用钳形电流表时应按紧扳手，使钳口张开，将被测导线放入钳口中央，然后松开扳手并使钳口闭合紧密，以使读数准确。读数后，将钳口张开，将被测导线退出，将钳形电流表挡位置于电流最高挡或“OFF”挡。

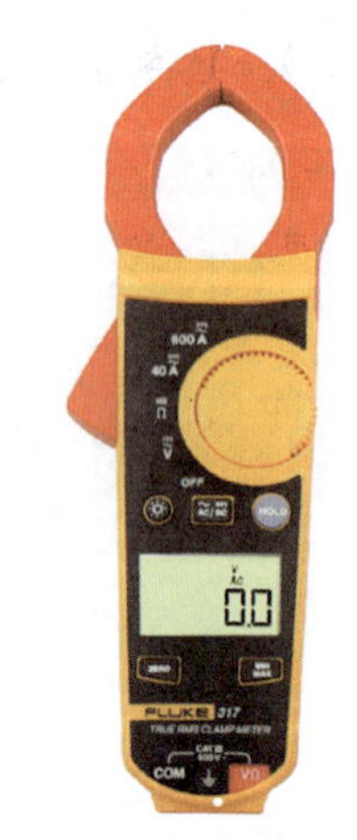

图 1-1-9　钳形电流表

使用钳形电流表测量电流的注意事项如下：

（1）钳形电流表一次只能测量一根导线的电流，不

能同时测量多根导线的电流，如图 1-1-10 所示。

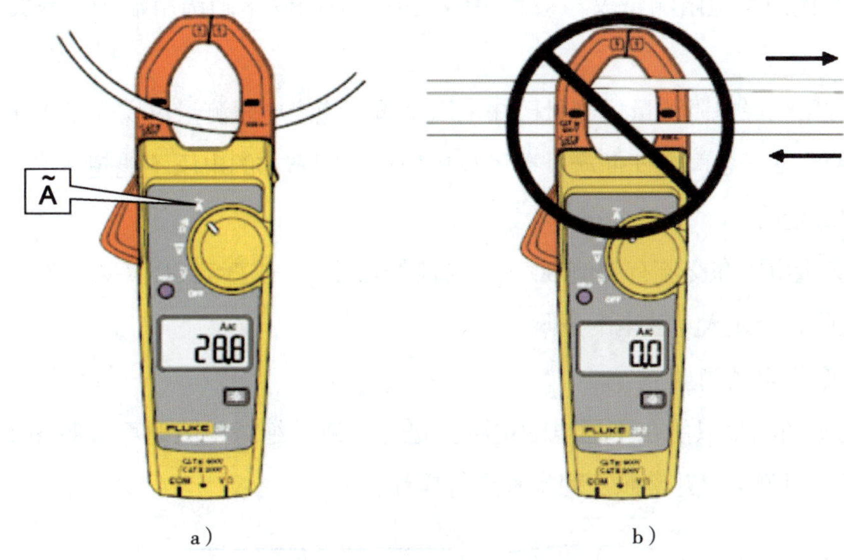

a）　　b）

图 1-1-10　钳形电流表的使用

a）使用正确　b）使用错误

（2）不能用钳形电流表在导线的保护层测量电流，应在导线的绝缘层测量电流。

（3）不能用钳形电流表测量裸导线电流，以防触电和短路。

（4）被测导线应垂直置于钳形电流表钳口中央部位，以提高测量的准确性。

（5）如果被测电流较小，应将被测导线缠绕几圈后放进钳形电流表钳口内测量，实际电流值 = 钳形电流表表盘读数 / 被测导线缠绕的圈数。

3. 绝缘电阻测量仪

（1）绝缘电阻测量仪的作用

新能源汽车的运行工况非常复杂，在行驶过程中难免会出现部件和导线之间的摩擦、碰撞、挤压等，导致高压电路与车辆之间的绝缘性能下降。汽车电源正负极通过绝缘层和底盘可能造成漏电事故，还可能引发电气火灾。因此，高压电器对车辆底盘的绝缘性能状况是新能源汽车质量问题的关键所在。在进行新能源汽车检查和维护时，使用绝缘电阻测量仪检测汽车绝缘性能至关重要。图 1-1-11 所示为绝缘电阻测量仪。

图 1-1-11　绝缘电阻测量仪

绝缘电阻测量仪的使用注意事项如下：

1）应严格按照使用手册的规定使用绝缘电阻测量仪。

2）在连接绝缘电阻测量仪与被测电路之前，应确保正确选用端子、开关位置和量程挡。

3）通过用绝缘电阻测量仪测量已知电压来验证绝缘电阻测量仪操作是否正确。

4）在两个端子之间或任何一个端子与接地点之间施加的电压不能超过绝缘电阻测量仪上标明的额定值。

5）要测量电压在交流有效值 30 V、交流峰值 42 V 或直流 60 V 以上时，应谨慎操作，这些电压有造成人身触电的危险。

（2）绝缘电阻的测量

绝缘电阻的测量只能在不通电的电路上进行。测量绝缘电阻时可按照图 1-1-12 所示设定绝缘电阻测量仪并遵照下列步骤进行操作：

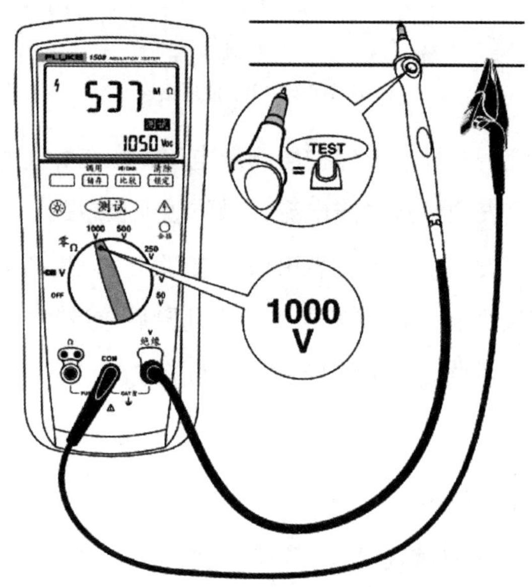

图 1-1-12　测量绝缘电阻

1）将测试探头插入 V 和 COM（公共）输入端子。

2）将旋转开关转至所需要测试电压的合适挡位。

3）将测试探头另一端与待测电路连接，绝缘电阻测量仪会自动检测电路是否通电。注意：如果电路中的电压超过 30 V（交流或直流），在绝缘电阻测量仪主显示位置显示电压超过 30 V 以上警告的同时，还会显示高压符号。这种情况下测量被禁止。

4）按下“测试”按钮开始测试。在绝缘电阻测量仪辅显示位置上显示被测电路上所施加的测量电压。在绝缘电阻测量仪主显示位置上显示高压符号并以“MΩ”或“GΩ”为单位显示电阻。显示屏的下端会出现“测试”图标，直到松开“测试”按钮图标消失。

当测量的绝缘电阻超过绝缘电阻测量仪最大显示量程时，绝缘电阻测量仪显示“>”符号以及当前量程的最大电阻。

4. 故障诊断仪

如图 1-1-13 所示，故障诊断仪是用于检测汽车故障情况的便携式设备，可以完成故障码读取和清除、数据流读取、执行元件动作测试、系统基本设定等功能。

图 1-1-13 故障诊断仪

思考与练习

1. 简述新能源汽车维护工具与设备的使用方法。
2. 简述高压防护用品的作用。

任务 2 | 维护作业前的准备

学习目标

1. 了解新能源汽车维修制度。
2. 了解新能源汽车维护的作用。

3. 了解新能源汽车维护的主要内容。
4. 掌握新能源汽车维护安全操作规范。
5. 掌握新能源汽车维护周期和维护项目。
6. 掌握新能源（纯电动）汽车维护作业前场地准备。

任务描述

作为汽车维修企业的维修人员，进行汽车维护作业前的准备是基本工作内容之一。作为维修人员，请你根据现场工作管理规范，完成新能源汽车维护作业前的准备，并认识到进行新能源汽车维护作业前的准备的重要性。

相关理论

一、新能源汽车维修制度的认识

1. 新能源汽车维修制度分类

（1）维护

维护是指定期对汽车各总成进行清洁、检查、润滑、紧固、调整、仪器检测，目的是保持车辆整洁、车况良好并消除故障隐患，避免或减少车辆故障。

（2）修理

修理是指为使汽车各总成的技术状况和工作能力达到行驶要求所进行的活动。

2. 维护与修理的区别

（1）作业技术措施不同

维护以预防为目的，通常强制要求实施；修理则按计划，视需要进行。

（2）作业时间不同

维护作业通常是在车辆发生故障之前进行；修理作业通常是在车辆发生故障之后进行。

（3）作业目的不同

维护的目的通常是降低零件磨损速度，预防故障的发生，延长汽车使用寿命；修理的目的则是让出现故障或无法正常工作的部件、总成恢复常态，使汽车达到良好的技术

状况、工作能力，延长汽车的使用寿命。

3. 维护与修理的关系

新能源汽车的维护和修理是辩证关系，维护中有修理，修理中有维护。在车辆维护过程中可能发现某部位或部件将要发生故障或存在故障隐患，因而可在维护时对其进行修理。而在修理的过程中，对一些没有损坏的部件也要进行维护。在日常工作中，要坚持预防为主，以维护为重点，按需进行必要的修理。

二、新能源汽车维护的作用

新能源汽车在使用过程中各零部件会产生不同程度的磨损、变形、松动、老化、腐蚀及损伤，从而导致功能异常，甚至有可能危及行车安全。

新能源汽车维护能降低汽车零部件磨损速度，减少运行故障，使汽车具有良好的使用性和可靠性，延长汽车的使用寿命，确保行车安全。

三、新能源汽车维护的主要内容

维护作业主要分为以下六类，即清洁、检查、润滑、紧固、调整、仪器检测。汽车维护是一种计划预防制度，在汽车行驶到规定的维护周期时，必须按周期强制进行维护。

1. 清洁

清洁作业以提高汽车维护质量、防止零部件腐蚀、减轻零部件磨损和降低能量消耗为目的，并为检查、润滑、紧固、调整和仪器检测作业做好准备。

2. 检查

检查作业以检查汽车各部位零部件是否松动或损坏为目的。

3. 润滑

润滑是指按照车辆的润滑图表和规定润滑周期，用规定牌号的润滑油或润滑脂进行润滑；润滑电驱动系统和传动系统的零部件；按规定补充并更换发动机、变速器、转向器、驱动桥等部件的润滑油。

4. 紧固

紧固作业的重点应放在负荷重且工作环境经常变化的各零部件的连接部位，如高压线束和高压附件，应及时对各连接螺栓进行必要的紧固和更换。

5. 调整

调整作业的目的是保证各总成和零部件长期正常工作。调整作业的内容包括调整润滑油油量、冷却液液面、辅助蓄电池电量、轮胎气压（简称胎压）、空调制冷剂用量、玻璃清洗液液位、动力蓄电池电量等。

6. 仪器检测

汽车维护中的仪器检测主要是指利用相关检测设备对汽车转向轮定位、车轮动平衡、高压系统绝缘电阻、高压部件输出电压等进行检测作业。在检测之前，应保证专用检测设备精度和检测结果符合国家相关技术标准或原厂要求。

四、新能源汽车维护安全操作规范

1. 维护作业场地应干燥，并设置警示隔离区和警示牌。

2. 维护作业区域应配备消防及高压防护应急设备，包括但不限于消防剪、消防沙、消防铲、灭火器、防毒面罩和绝缘棒等。

3. 维护与保养过程中应严格遵循先低压后高压、先常规项后高压项的顺序。

4. 纯电动汽车高压系统维护作业人员应取得电工特种作业操作证，并经专业培训合格后上岗。

5. 进行纯电动汽车高压系统维护作业时，应由不少于 2 人协同操作，维护作业人员应遵守电工安全操作规范。

6. 纯电动汽车高压系统维护作业人员应穿戴安全防护装备，使用具有绝缘防护的作业工具，禁止佩戴金属饰品进行作业。安全防护装备应包括但不限于绝缘手套（耐压等级在 1 000 V 以上）、绝缘鞋、防护眼镜、绝缘帽等。防护装备和作业工具应无破损，绝缘有效。

7. 进行纯电动汽车高压系统维护作业前，应按照关闭车辆电源总控制开关、断开辅助蓄电池正负极或关闭辅助蓄电池开关、关闭高压维修开关的顺序（或按照车辆维修与保养手册规定的顺序）对车辆进行断电操作，确认动力蓄电池高压输出线路系统的正负极电压低于 36 V，且绝缘阻值符合车辆维修与保养手册规定后，方可进行维护作业。维护作业完成后，应按照车辆断电的逆向顺序（或车辆维修与保养手册规定的顺序）对车辆进行通电复位。

8. 整车故障且必须拖车时，一定要把汽车挡位置于空挡，以防止驱动电机超速发电，高压击穿电机控制器和其他高压部件。当不能挂空挡或者不能确定挡位时，必须卸下传动轴或者半轴，以确保驱动电机不超速运转发电。拖车车速不得超过 15 km/h。

五、新能源汽车维护周期和维护项目

汽车维护周期是指车辆进行两次同级维护所间隔的行驶里程或时间。国家标准《汽车维护、检测、诊断技术规范》(GB/T 18344—2016)中规定如下：日常维护应在出车前、行驶中和收车后进行；汽车一级维护、二级维护周期的确定应以行驶里程间隔为基本依据，行驶里程间隔执行车辆维修资料等有关技术文件的规定。

1. 一级维护

一级维护周期一般为汽车行驶 5 000～10 000 km 或按车辆使用说明书的有关规定进行。

2. 二级维护

二级维护周期一般为汽车行驶 20 000～30 000 km 或按车辆使用说明书的有关规定进行。

不同品牌的汽车，其相应的汽车维护周期可能也不同。例如，电动汽车的维护周期根据营运电动汽车及非营运电动汽车的使用频率进行区分，具体见表 1-2-1。

表 1-2-1 电动汽车的维护周期

序号	维修类别	营运电动汽车维护周期	非营运电动汽车维护周期
1	日常维护	每个营运工作日	—
2	一级维护	每行驶 5 000～10 000 km 或者 1 个月	每行驶 5 000～10 000 km 或者 6 个月
3	二级维护	每行驶 20 000～30 000 km 或者 6 个月	每行驶 20 000～30 000 km 或者 1 年
4	诊断维修	更换高压系统总成部件(如控制模块、高压空调电动压缩机等)；维修仅限于更换蓄电池内独立部件(如高压单体蓄电池)；高压系统部件外观损坏、变形时严禁维修或更换，应报备相应主机厂	

注：维护作业间隔里程或时间以先到者为准。

3. 比亚迪 e5 电动汽车维护周期与维护项目

比亚迪 e5 电动汽车维护周期与维护项目见表 1-2-2。

表 1-2-2　比亚迪 e5 电动汽车维护周期与维护项目

维护项目	维护周期（间隔里程表读数或月数，以先到者为准）															
	×1 000 英里 / 千米															
	7.5/12	15/24	22.5/36	30/48	37.5/60	45/72	52.5/84	60/96	67.5/108	75/120	82.5/132	90/144	97.5/156	105/168	112.5/180	120/192
	月数															
	6	12	18	24	30	36	42	48	54	60	66	72	78	84	90	96
检查并紧固底盘固定螺钉	I	I	I	I	I	I	I	I	I	I	I	I	I	I	I	I
检查制动踏板和电子驻车开关	I	I	I	I	I	I	I	I	I	I	I	I	I	I	I	I
检查制动摩擦块和制动盘	I	I	I	I	I	I	I	I	I	I	I	I	I	I	I	I
检查制动系统管路和软管	I	I	I	I	I	I	I	I	I	I	I	I	I	I	I	I
检查制动钳总成导向销		I		I		I		I		I		I		I		I
检查转向盘和拉杆	I	I	I	I	I	I	I	I	I	I	I	I	I	I	I	I
检查传动轴防尘罩	I	I	I	I	I	I	I	I	I	I	I	I	I	I	I	I
检查球销和防尘罩	I	I	I	I	I	I	I	I	I	I	I	I	I	I	I	I
检查前后悬架装置	I	I	I	I	I	I	I	I	I	I	I	I	I	I	I	I
检查轮胎和重启压力（含轮胎气压监测系统）	I	I	I	I	I	I	I	I	I	I	I	I	I	I	I	I

续表

维护项目	维护周期（间隔里程表读数或月数，以先到者为准）															
	×1 000 英里 / 千米															
	7.5/12	15/24	22.5/36	30/48	37.5/60	45/72	52.5/84	60/96	67.5/108	75/120	82.5/132	90/144	97.5/156	105/168	112.5/180	120/192
	月数															
	6	12	18	24	30	36	42	48	54	60	66	72	78	84	90	96
检查前轮定位、后轮定位	I	I	I	I	I	I	I	I	I	I	I	I	I	I	I	I
轮胎换位	I	R	I	R	I	R	I	R	I	R	I	R	I	R	I	R
检查车轮轴承有无游隙	I	I	I	I	I	I	I	I	I	I	I	I	I	I	I	I
检查副水箱内冷却液液面高度	I	I	I	I	I	I	I	I	I	I	I	I	I	I	I	I
更换驱动电机冷却液	每 4 年或每行驶 100 000 km 更换长效有机酸型冷却液，以先到者为准															
检查制动液	I	I	I	I	I	I	I	I	I	I	I	I	I	I	I	I
更换制动液	每 2 年或每行驶 40 000 km 更换一次															
检查高压模块故障码（记录后清除）	I	I	I	I	I	I	I	I	I	I	I	I	I	I	I	I
检查动力蓄电池托盘、防撞杆	I	I	I	I	I	I	I	I	I	I	I	I	I	I	I	I

续表

维护项目	维护周期（间隔里程表读数或月数，以先到者为准）															
	×1 000 英里 / 千米															
	7.5/12	15/24	22.5/36	30/48	37.5/60	45/72	52.5/84	60/96	67.5/108	75/120	82.5/132	90/144	97.5/156	105/168	112.5/180	120/192
	月数															
	6	12	18	24	30	36	42	48	54	60	66	72	78	84	90	96
容量测试及校正	每 6 个月或每行驶 72 000 km 进行一次															
检查和更换变速器内的齿轮油	首次更换齿轮油周期为每 24 个月或每行驶 40 000 km，后续为每 24 个月或每行驶 48 000 km															
检查动力总成是否漏液、磕碰	I	I	I	I	I	I	I	I	I	I	I	I	I	I	I	I
检查高压线束或插接器是否松动	I	I	I	I	I	I	I	I	I	I	I	I	I	I	I	I
检查高压模块外观是否变形、漏液	I	I	I	I	I	I	I	I	I	I	I	I	I	I	I	I
检查各充电连接器接口处是否有异物、烧蚀等情况	I	I	I	I	I	I	I	I	I	I	I	I	I	I	I	I
检查普通空调滤网	I	I	I	I	I	I	I	I	I	I	I	I	I	I	I	I
更换空调冷却液	每 4 年或每行驶 100 000 km 更换长效有机酸型冷却液，以先到者为准															

续表

维护项目	维护周期（间隔里程表读数或月数，以先到者为准）															
	×1 000 英里 / 千米															
	7.5/12	15/24	22.5/36	30/48	37.5/60	45/72	52.5/84	60/96	67.5/108	75/120	82.5/132	90/144	97.5/156	105/168	112.5/180	120/192
	月数															
	6	12	18	24	30	36	42	48	54	60	66	72	78	84	90	96
检查灯具灯泡、LED是否点亮正常	I	I	I	I	I	I	I	I	I	I	I	I	I	I	I	I
检查前照灯调光功能是否正常	I	I	I	I	I	I	I	I	I	I	I	I	I	I	I	I
近光初始下倾度校准	每行驶 10 000 km 校准一次															
检查安全气囊模块及电子控制单元（ECU）、传感器	每 10 年更换一次															
检查电动助力转向系统（EPS）搭铁处是否有异物或者被烧蚀	I	I	I	I	I	I	I	I	I	I	I	I	I	I	I	I
检查EPS插接器是否松动，插接器引脚是否被烧蚀	I	I	I	I	I	I	I	I	I	I	I	I	I	I	I	I
检查EPS ECU外观是否被腐蚀	I		I		I		I		I		I		I		I	

续表

维护项目	维护周期（间隔里程表读数或月数，以先到者为准）															
	×1 000 英里 / 千米															
	7.5/12	15/24	22.5/36	30/48	37.5/60	45/72	52.5/84	60/96	67.5/108	75/120	82.5/132	90/144	97.5/156	105/168	112.5/180	120/192
	月数															
	6	12	18	24	30	36	42	48	54	60	66	72	78	84	90	96
检查整车模块是否有软件更新，若有则更新	I	I	I	I	I	I	I	I	I	I	I	I	I	I	I	I
检查高压部件是否有涉水痕迹	I	I	I	I	I	I	I	I	I	I	I	I	I	I	I	I
检查车身损坏情况	每年															
检查前机舱盖锁及其紧固件	每年															
备注	在检查第 1 项时，若发现底盘部件有异常损坏应及时更换															

注：I 为必要时进行检查、修正或更换；I 为恶劣工况需增加项目；R 为更换、改变或润滑。

六、新能源（纯电动）汽车维护作业前场地准备

新能源（纯电动）汽车维护场地要求通风良好、管线充足、地面平整宽敞，配备常用维护工具，气路、电路完整安全。除此以外，根据电动汽车的高压电工作要求，还必须具备以下条件：

1. 场地周边无大功率电器和电磁设备，不会对汽车电器电控设备的检测造成电磁干扰。

2. 为保证操作中的绝对安全，场地工作区域警示牌及标线清晰，隔离距离正常。

3. 在车辆操作区域地面铺设绝缘垫，工作前使用专用绝缘仪器进行绝缘性能检查，确保工作过程中的安全。

4. 配备电动汽车维护与保养专用工具，工具安全防护等级符合要求，外观、性能完好，摆放整齐、有序。

5. 消防设施有效，灭火器应设置在位置明显和便于取用的地点，摆放稳固，灭火器箱不得上锁。

6. 车轮挡块、车内三件套（座椅套、转向盘套、脚垫）、翼子板布护垫等基本维护作业材料准备完备。

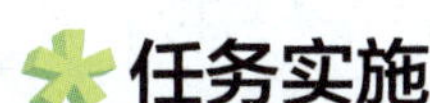

任务实施

维护作业前的准备	
	1. 进行维修作业前现场环境检查及车辆外观检查

续表

维护作业前的准备	
	2. 安装车内三件套（座椅套、转向盘套、脚垫），并将车辆停放在合适工位
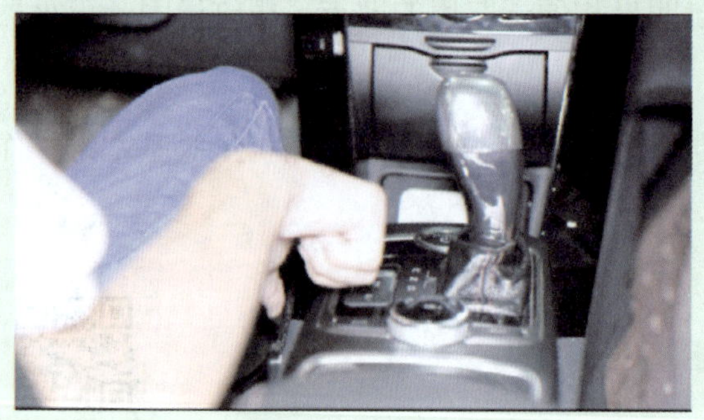	3. 检查汽车是否可靠停放，检查驻车制动器、挡位是否正确 提示： ◆车辆与举升机前后左右的位置要相等，不要偏向一侧或过度靠前和靠后 ◆在移动车辆的过程中应注意安全
	4. 放置两侧车轮挡块 提示： ◆车轮挡块的三角斜面要与轮胎面相切 ◆车轮挡块与轮胎的位置要合适，避免倾斜摆放
	5. 在工位周围布置警戒带和警示牌

续表

<table>
<tr><th colspan="2">维护作业前的准备</th></tr>
<tr><td>
</td><td>提示：
◆警戒带与车辆要保持 1 m 以上距离</td></tr>
<tr><td>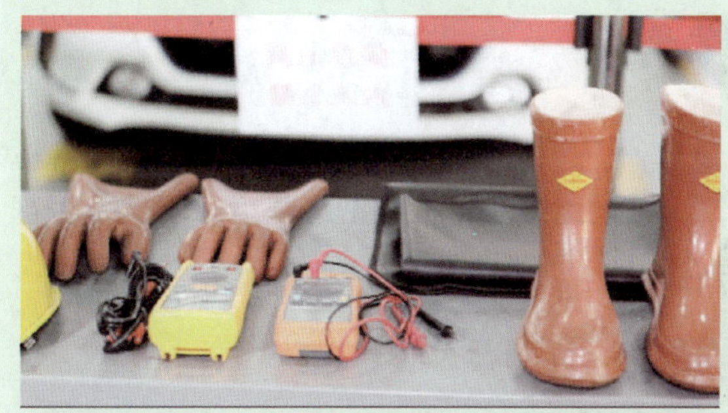
</td><td>6. 将工位清理干净，准备好所需的工具、物品等</td></tr>
</table>

续表

<table>
<tr><th colspan="2">维护作业前的准备</th></tr>
<tr><td></td><td>7. 检查车辆、设备情况
提示：
◆培养良好的工作习惯，做好事前准备，有利于安全操作并提高工作效率</td></tr>
<tr><td>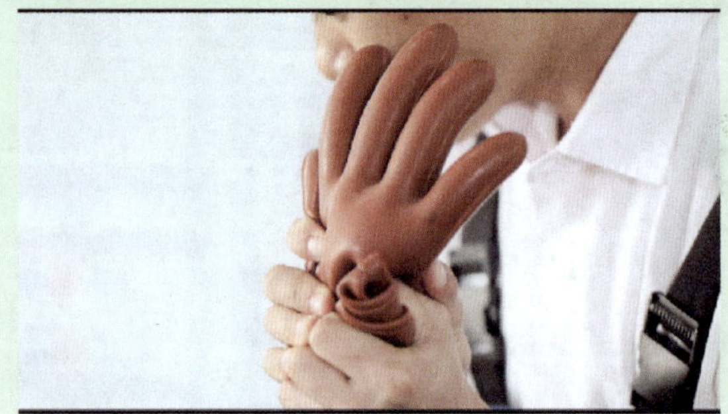
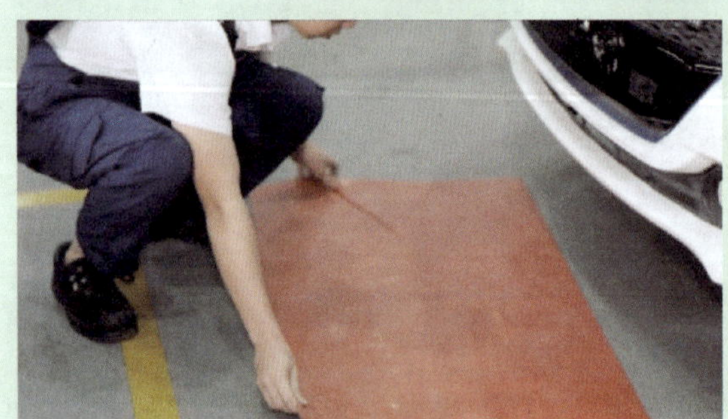
</td><td>8. 检查绝缘工具完好情况，在工作位置铺设绝缘垫，检测绝缘垫绝缘阻值是否符合标准</td></tr>
</table>

续表

维护作业前的准备	
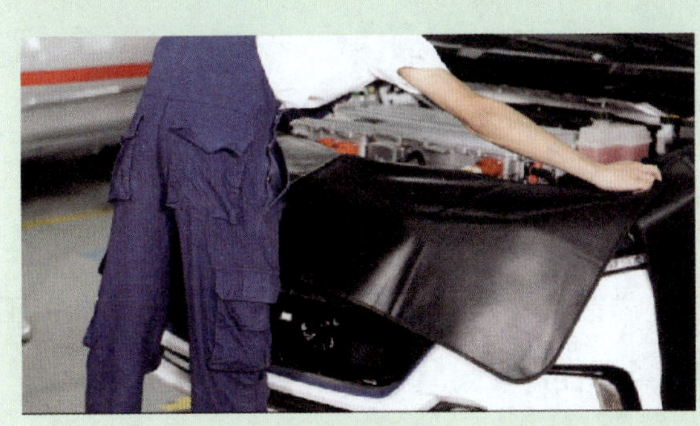	9. 放置左右翼子板布和前格栅布 提示： ◆翼子板布和前格栅布一侧内部有磁铁，可以牢靠地吸附在车辆上 ◆放置翼子板布时要有效遮住车身部位（翼子板处） ◆注意防止翼子板布掉落

思考与练习

1. 简述新能源汽车维护的作用。
2. 简述新能源汽车维护的主要内容。
3. 简述新能源汽车维护安全操作规范。

维护工具与设备的使用及维护作业前的准备实训任务工单

姓名		学号	
班级		小组成员	

一、接受任务

车主孙先生将汽车开到维修站进行维护与保养。维修技师安排学徒李明进行维护工具与设备的检查与使用及汽车维护作业前的准备工作。

二、收集信息

1. 写出图 1 中不同类型举升机的名称。

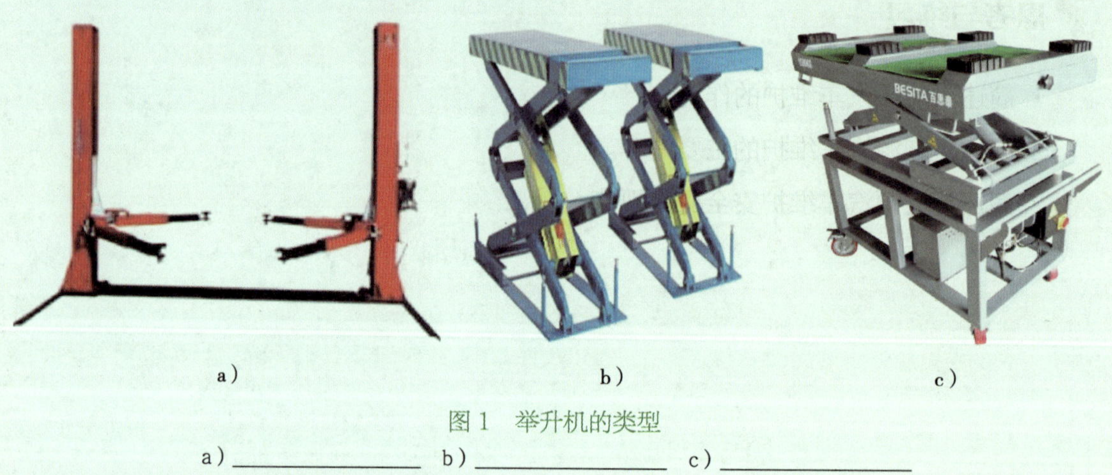

a） b） c）

图 1 举升机的类型

a）________________ b）________________ c）________________

2. 写出举升机的安全操作规程。

3. 为防止工作人员触电，必须使用高压防护用品。填写表 1 中高压防护用品的名称和用途。

表 1 高压防护用品

图示	名称	用途
 高压危险 Danger high voltage		
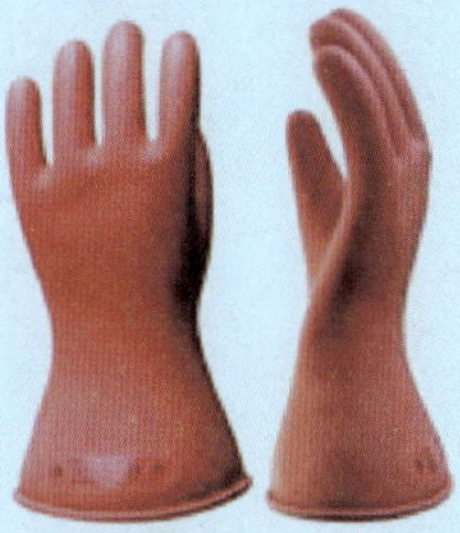		

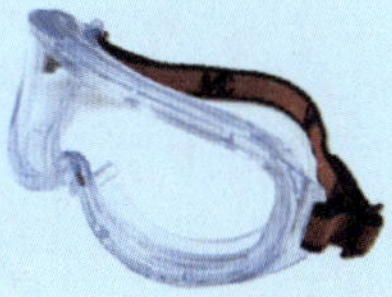		

续表

图示	名称	用途

4. 写出新能源汽车维护的作用。

5. 写出新能源汽车维护的主要内容。

6. 写出新能源汽车维护安全操作规范。

三、制订计划

根据任务要求，在表 2 中填写所需准备的检测仪器和工具，将制订的工作计划填写在表 3 中。

表 2　　检测仪器和工具

序号	名称	数量	清点情况
			□已清点
			□已清点
			□已清点
			□已清点
			□已清点
			□已清点
			□已清点
			□已清点
			□已清点
			□已清点

表 3　　工作计划

序号	作业项目	操作要点

作业注意事项：

四、任务实施

维护工具与设备的使用见表 4。

表 4　　维护工具与设备的使用

序号	实施步骤	检查 / 执行结果	处理建议
1	佩戴好防护眼镜	□是　□否	
2	佩戴好绝缘帽	□是　□否	
3	佩戴好绝缘手套，并在使用前进行充气检验	□是　□否	
4	使用万用表测量蓄电池电压	□是　□否	
5	正确连接故障诊断仪，快速诊断并记录	□是　□否	
6	正确使用举升机举升车辆	□是　□否	

维护作业前的准备见表 5。

表 5　　维护作业前的准备

序号	实施步骤	检查 / 执行结果	处理建议
1	进行维修作业前现场环境检查及车辆外观检查	□是　□否	
2	安装车内三件套（座椅套、转向盘套、脚垫），并将车辆停放在合适工位	□是　□否	
3	检查汽车是否可靠停放，检查驻车制动器、挡位是否正确	□是　□否	
4	放置两侧车轮挡块	□是　□否	
5	在工位周围布置警戒带和警示牌	□是　□否	
6	将工位清理干净，准备好所需的工具、物品等	□是　□否	
7	检查车辆、设备情况	□是　□否	
8	检查绝缘工具完好情况，在工作位置铺设绝缘垫	□是　□否	
9	放置左右翼子板布和前格栅布	□是　□否	

五、质量检查

实训指导教师检查本组作业情况，并针对实训过程中出现的问题提出改进建议，见表6。

表6 质量检查

序号	评价项目	评价结果
1	正确完成维护工具与设备的使用	
2	正确完成维护作业前的准备	
综合评价（作业问题及改进建议）：		

六、考核评价

考核评价见表7。

表7 考核评价

项目	评分标准	配分	得分
接受任务	明确工作任务，理解任务在车辆维护与保养中的重要程度	5	
收集信息	熟悉电动汽车高压防护用品	5	
	熟悉举升机安全操作规程	5	
	了解新能源汽车维护的作用和主要内容	5	
	了解新能源汽车维护安全操作规范	5	
制订计划	能制订维护工具与设备的使用作业计划	5	
	能协同小组成员安排任务分工	2	
	能在实施前准备好所需要的检测仪器和工具	3	

续表

项目	评分标准		配分	得分
任务实施	任务名称	评分说明	配分	得分
	维护工具与设备的使用	未正确穿戴高压防护用品扣 5 分；未正确使用万用表扣 5 分；未规范使用举升机举升车辆扣 5 分；未正确连接故障诊断仪进行快速诊断扣 5 分	20	
	维护作业前的准备	未进行维修作业前现场环境检查及车辆外观检查扣 2 分；未正确安装车内三件套扣 3 分；未检查驻车制动器及挡位扣 2 分；未正确放置两侧车轮挡块扣 3 分；未在工位周围布置警戒带和警示牌扣 5 分；未检查车辆、设备及绝缘工具完好情况扣 10 分；未铺设绝缘垫和测量绝缘垫绝缘阻值扣 10 分；未正确放置左右翼子板布和前格栅布扣 5 分	40	
质量检查	学生完成任务，操作过程规范		5	
总得分				

任务 3 新车 PDI 检查

学习目标

1. 了解 PDI 检查的含义和目的。
2. 了解 PDI 检查的分级。
3. 熟悉 PDI 检查的基本要求。
4. 掌握 PDI 检查流程。
5. 熟悉 PDI 检查的注意事项。
6. 掌握新车交车条件。

任务描述

王先生新买了一辆比亚迪-秦电动汽车，维修人员需要给王先生的新车做 PDI 检查。作为一名维修人员，请你根据现场工作管理规范，完成比亚迪-秦电动汽车新车 PDI 检查，并向王先生解释新车 PDI 检查的重要性。

相关理论

一、PDI 检查的含义

新车售前检验（pre delivery inspection，PDI）是新车送交客户之前进行的全面检查，是指新车到达 4S 店以后，在交付给客户前经销商对车辆实施的检验。因为新车从制造商到达经销商经历了数千公里的运输里程和长时间的停放，为了保证新车的安全性和原车性能，PDI 检查必不可少。车辆档次越高，其控制系统的自动化程度越高，PDI 检查的项目就越多。PDI 检查项目范围很广，如蓄电池是否充放电正常、钥匙是否匹配记忆功能、是否激活舒适系统、仪表灯光功能是否设置到原车要求等。PDI 检查的目的是确保车辆安全性和驾驶舒适性。

二、PDI 检查的目的

PDI 检查是新车在投入运行前的一个重要环节，涉及制造商、经销商和客户三方的关系，是消除质量事故隐患的必要措施和对新车质量的再次验证，也是对客户兑现承诺及系列优质服务的开始。

新车出厂要经过一定的运输方式（或自行行驶）到经销商，通过经销商才能到达客户手中，在此期间，由于各种原因难免发生一些意外，使汽车遭到损坏。例如，在运输途中可能遇到极端恶劣的情况导致运输过程中发生碰撞和遭遇风雨泥沙侵蚀；保管过程中遭遇高温、蓄电池过度放电等。因此，必须进行新车 PDI 检查，对新车加以整备，以恢复出厂时应有的品质。

新车出厂时应有厂检的技术质量标准，配齐各种装备和附件，但也难免一时疏忽，造成生产线上人为错误导致的差错和损坏。进行 PDI 检查时也要一并加以检查，及时反馈给制造商。这对制造商提高产品质量和与制造商进一步密切合作都有帮助。

总之，PDI 检查是确保车辆质量状态的检查，旨在制造商、运输商、经销商和最终客户接收商品车时，各方共同发现商品车是否存在缺陷，通过检查标准涵盖的项目和方法，避免售后因缺陷问题认识不统一造成双方对问题的处理不能达成一致。

三、PDI 检查的分级

按照交付对象的不同，PDI 检查一般分为以下三级：

1. 出库 PDI 检查

出库 PDI 检查是指商品车交付运输商发运前进行的质量状态检查。

2. 接车 PDI 检查

接车 PDI 检查是指商品车送达经销商处，经销商进行车辆质量状态验收时的检查。

3. 销售 PDI 检查

销售 PDI 检查是指商品车交付最终客户前进行的车辆质量状态检查，也称为新车 PDI 检查。

四、PDI 检查的基本要求

PDI 检查的基本要求如下：

1. 汽车经销商在将汽车交给客户前应保证整车完好。

2. 汽车经销商应仔细检查汽车的外观，确保外观无划伤及外部装备齐全。

3. 汽车经销商应仔细检查汽车内饰及装备，确保内饰和装备完好。

4. 汽车经销商应对汽车性能进行测试，确保汽车的安全性能和动力性能良好。

5. 汽车经销商应保证汽车的辅助设备功能齐全。

6. 汽车经销商应向客户介绍汽车的使用常识。

7. 汽车经销商有责任向客户介绍汽车的装备、使用常识、维护与保养常识、保修规定、保险常识、出险后的处理程序和注意事项。

8. 汽车经销商应向客户提供 24 h 服务热线及救援电话。

9. 汽车经销商应随时解答客户在使用中遇到的问题。

五、PDI 检查流程

车辆状态验证、工作状态恢复、车辆功能检查这三道工序组成了完整的 PDI 检查流程。

1. 车辆状态验证

在制造商向经销商运输新车的过程中，车辆可能出现损伤，经销商在车辆到达后需要验证车辆状态，清点随车资料及物品是否齐全，以保证车辆状态正常，随车物品齐全。

（1）验证车辆运输状况

车辆运输状况主要包括运输公司、司机姓名、司机联系电话、发车地点、运输车号、装运车辆数量等。

（2）核对并清点明细资料及随车物品

销售人员完成运输状况验证后，需对车辆进行明细资料的核对及随车物品的清点。车辆明细资料主要包括车辆品牌、车型、规格、颜色、车辆 VIN 码等信息。随车物品包括车辆手续资料和随车工具。车辆手续资料包括车辆安全性能检验证书、车辆铭牌和车辆 VIN 码等的拓印、运单、新车点检单、货物进口证明书（进口车）、进口车辆随车检验单（进口车）等。随车工具一般包括用户使用手册、保修手册、充电线、备胎、钥匙、工具包、点烟器、灭火器等。

销售人员对车辆明细资料和随车物品进行仔细核对与清点，确定有无及是否正确，并在新车入库检验单中标记，对发现的问题进行记录并提出处理意见。

2. 工作状态恢复

（1）安装熔丝

在新车运输过程中，为了避免顶灯、收音机等部件有电流通过，制造商已提前将其熔丝或短路销拆下，并放在继电器盒内。在车辆交付客户前，应先将熔丝或短路销安装到相应位置。

（2）安装制造商提供的零部件

为避免车辆在运输过程中损坏，制造商会将外后视镜等外部凸出部分的零部件单独包装，接车后应按需要对其进行安装。单独包装的零部件一般包括外后视镜、备胎固定架托座、前阻风板和扰流板盖、轮帽和盖等。

（3）取下前弹簧隔圈

用举升机或千斤顶将车辆升起，从前悬架上取下前弹簧隔圈。

（4）拆下盘式制动器的防锈罩

用手取下盘式制动器上的防锈罩，不要使用螺钉旋具或其他工具，以防损坏车轮和盘式制动器。

（5）安装橡胶车身塞（如果有）

将橡胶车身塞装入车身相应部件的孔内。

（6）取下紧急拖车环

将紧急拖车环从保险杠上取下，然后在紧急拖车环的孔上加盖。紧急拖车环孔盖在手套箱中，取下的紧急拖车环放在工具袋中。没有装紧急拖车环的车辆不进行此项工作。

（7）调整轮胎气压

保证轮胎（包括备胎）气压正常。

（8）除去不必要的标志

将不必要的标志、标签、贴纸及保护盖等取下。

（9）取下车身保护膜

冲洗车身，除去运输过程中的灰尘；揭下车身保护膜；检查车辆油漆表面是否有黏性残留物或凸出物。

3. 车辆功能检查

（1）准备工作

1）准备好轮胎气压表、绝缘万用表、检测照明灯等检测设备。

2）放置驾驶室座椅护套、转向盘护套及驾驶室脚垫。

3）准备好组套工具、扭力扳手、橡皮软管等。

4）准备新车交接检验记录单（PDI 检查单）及记录板夹。

（2）环车检查

1）清洗车身和内部，清洗时注意不要划伤车身及座椅。

2）环绕汽车一周，仔细查看全车油漆颜色是否一致，车身表面有无划痕、掉漆、开裂、起泡或锈蚀，并用手摸一摸有无修补痕迹。

3）检查车门、行李舱盖和充电口盖开关是否正常，车窗是否完好，前后风窗玻璃有无损伤，车门把手开关是否灵活、安全、可靠，门窗密封条是否损坏，车门打开后在某个限制位是否有轻微晃动现象，电动车窗升降是否稳定。

4）检查备胎的气嘴帽是否完好，备胎气压及固定情况是否正确，备胎与其他轮胎的规格是否相同。

5）检查车辆各处标志和装饰条是否完好，安装是否牢靠。

6）检查车辆前照灯、左右转向灯、危险报警信号灯、制动灯、倒车灯、示廓灯、雾灯、阅读灯及灯具外壳等是否正常。

7）按压喇叭开关，检查喇叭工作是否正常。

8）进入驾驶室，插入钥匙，将点火开关置于“ON”挡位，检查刮水器、喷水器工作是否正常。

9）检查后窗除雾器及点烟器工作是否正常。

10）检查灭火器及随车工具是否固定。

（3）检查前机舱

1）检查辅助蓄电池正负极接线柱是否牢固，辅助蓄电池电量是否正常。

2）目测汽车冷却液、风窗玻璃清洗液、制动液等液面位置是否符合要求。

3）检查汽车冷却液、制动液、电解液及制冷剂等有无泄漏。

4）检查高低压线束接头是否松动。

（4）检查车辆底部

1）检查制动系统软管和线路。

2）检查传动轴防尘罩。

3）检查动力转向系统。

4）检查齿条-齿轮护罩情况。

5）检查全部转向系统紧固件。

6）检查轮胎气压和轮胎规格，检查防盗螺栓接头是否配套，检查轮胎有无磨损、刮痕以及有无镶嵌碎石头。

7）检查车轮紧固螺栓力矩。

8）检查减振器性能是否完好。

9）检查动力蓄电池外壳有无破损、裂纹等。

（5）道路驾驶检查

1）启动车辆，观察车辆仪表板及报警装置工作是否正常。

2）检查制动踏板、加速踏板的高度及自由行程。启动车辆，踩下加速踏板，应感觉轻松自如，并有一小段自由行程；踩下制动踏板不放，此时踏板应保持一定高度，若其缓慢下移，则表示制动系统有泄漏现象。

3）检查车辆运行情况。将换挡机构置于N挡，启动车辆，观察仪表板，若“READY”指示灯点亮，说明车辆启动正常，此时将挡位放置于D挡，轻踩加速踏板，观察车辆加速是否平顺；在车辆停稳后，将挡位放置于R挡，检查车辆倒车是否正常。

4）检查车辆行驶性能及操纵性能是否良好。驾驶车辆进行上下坡行驶，测试车辆动力性能和加速性能是否良好；在车辆加减速过程中轻打转向盘，检查车辆转向能力是否良好；检查车辆转向盘自动回正性能是否良好；车辆以最小转弯半径掉头行驶时，检查车辆有无异常状况发生。

5）检查制动系统工作是否正常。驾驶车辆获得一定速度后，轻踩制动踏板，检查车辆制动是否平顺；车辆停稳后，关闭点火开关，拉起驻车制动，检查车辆是否不动。

6）检查转向系统工作是否正常。在车辆行驶过程中转动转向盘，观察车辆转向的准确性和灵敏度；以最小转弯半径掉头行驶，检查车辆有无异常状况发生。

7）检查空调的制冷、暖风、内外循环系统等是否工作正常。

8）检查音响系统是否工作正常。

（6）交付检查及车辆清洁

1）揭下车辆不必要的标签，清洗车辆。

2）检查随车工具和资料是否齐全。

3）检查需交付客户的所有相关资料是否齐全，清点并查验发票、出厂合格证、保险单、保修单、说明书、使用手册、保修手册等是否齐全。

六、PDI检查的注意事项

为了保证交车前检查工作的顺利完成，避免擦伤和弄脏车辆，在进行交车检查前必须注意以下事项：

1. 保持双手清洁，及时修剪指甲。

2. 保持工作服整洁合身，不要有金属纽扣和拉扣，鞋子不能沾有泥土。

3. 不能放任何工具和硬物在衣服口袋内。

4. 不能佩戴手表、戒指、手链、项链、钥匙链等金属物品。

5. 在车辆前方作业时，应关闭汽车点火开关并取出钥匙。

6. 在前机舱实施作业时，应放置翼子板布。

7. 举升车辆在车下作业前，应断开汽车蓄电池负极。

8. 举升车辆时，应检查举升机托臂，不可顶在动力蓄电池处。

七、新车交车条件

纯电动汽车新车的交车条件与普通燃油车的新车交车条件基本相同。

1. 一看车身外观是否完好，有没有划痕。

2. 二看车内的各种电器设备是否正常。

3. 三看车灯系统是否完好。

4. 四看轮胎是否有凹陷，轮胎气压是否正常。

5. 五看行驶里程，几十千米以内视为正常。

6. 六看随车配件，如充电线、备胎、工具以及车辆的使用说明等是否齐全。

任务实施

<table>
<tr><th colspan="2">新车 PDI 检查</th></tr>
<tr><td colspan="2">一、新车外观的检查</td></tr>
<tr><td></td><td>1. 前机舱盖、行李舱盖的外观检查。前机舱盖和行李舱盖与车身保险杠之间应无色差，前机舱盖和行李舱盖开关时应无异响，漆面清洁，钣金面平滑，无凹凸等变形</td></tr>
<tr><td></td><td>2. 整车四门的外观检查。整车四门与车身应无色差，整车四门开关时应无异响，漆面清洁、无划痕，钣金面平滑，无凹凸等变形</td></tr>
</table>

续表

新车 PDI 检查	
	3. 整车前后保险杠的外观检查。前后保险杠与车身应无色差，漆面清洁、无划痕，钣金面平滑，无凹凸等变形
	4. 整车前后翼子板的外观检查。前后翼子板与车身应无色差，漆面清洁、无划痕，钣金面平滑，无凹凸等变形
	5. 车顶、车底下护板及车轮部分的外观检查。车顶与车身应无色差，漆面清洁、无划痕，钣金面平滑，无凹凸等变形，车底下护板无变形，轮胎无磨损和剐痕
	6. 全车灯饰装置的外观检查。全车灯饰外观应无磨损、裂纹等

续表

<table>
<tr><th colspan="2">新车 PDI 检查</th></tr>
<tr><td colspan="2">二、内饰和仪表、电器功能的检查</td></tr>
<tr><td></td><td>1. 仪表板及五门内饰板的检查。全车四门及行李舱盖内饰板应无划痕、开裂。四门及行李舱盖开关应顺畅，关门无明显阻尼感，开门无卡滞感</td></tr>
<tr><td></td><td>2. 座椅部分的检查。车内座椅应符合配置材质要求，前后排座椅包装完好，无包装破损现象</td></tr>
<tr><td></td><td>3. 地毯部分的检查。车内地毯应符合配置材质要求，无破损现象</td></tr>
<tr><td></td><td>4. 仪表功能的检查。仪表各功能应正常</td></tr>
</table>

续表

<table>
<tr><th colspan="2">新车 PDI 检查</th></tr>
<tr><td></td><td>5. 灯光、刮水器功能的检查。灯光和刮水器各挡位开关应能正常使用，无挡位错位而无法使用等现象</td></tr>
<tr><td>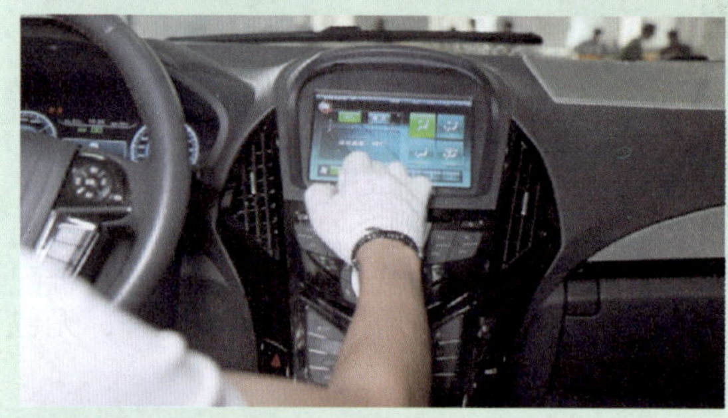</td><td>6. 空调及导航影音功能的检查。空调各个模式应能正常工作，导航影音功能应正常</td></tr>
<tr><td></td><td>7. 门窗及遥控功能的检查。四门门窗各开关应能正常使用，无卡滞现象。遥控功能应正常，无失灵现象</td></tr>
<tr><td colspan="2">三、前机舱的检查</td></tr>
<tr><td></td><td>1. 机舱内漆面的检查。前机舱内漆面应清洁、无划痕，钣金面平滑，无凹凸等变形</td></tr>
</table>

续表

新车 PDI 检查	
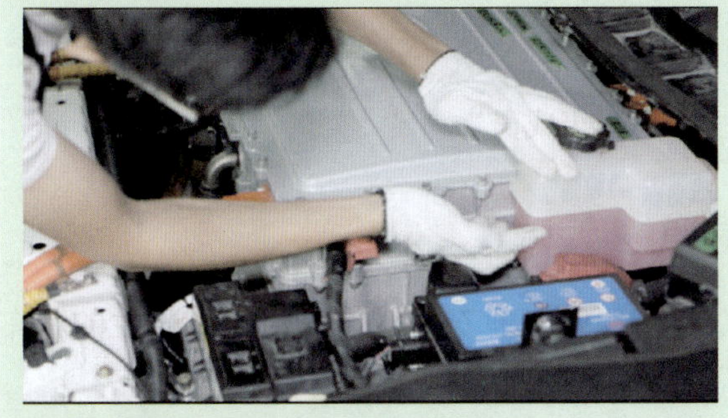	2. 前机舱内标签、液位的检查。前机舱内标签应清晰、无磨损等，各液位应正常
	3. 前机舱安装件和线束的检查。前机舱安装件和线束应无松脱、漏接等现象
四、随车物品的检查	
	随车工具、随车资料、其他配备物品的检查。检查车轮扳手、三角警告标志牌、充电线等随车工具有无配备。检查多媒体使用手册、质保手册、用户保修手册等随车资料有无配备。检查灭火器、备胎等其他物品有无配备。随车物品应配置齐全

思考与练习

1. 简述 PDI 检查的含义。
2. 简述 PDI 检查的目的。
3. 简述 PDI 检查的基本要求。
4. 简述 PDI 检查流程。

新车 PDI 检查实训任务工单

姓名		学号	
班级		小组成员	

一、接受任务

车主孙先生在 4S 店购买了一辆电动汽车。4S 店经理安排维修人员为孙先生的新车进行新车 PDI 检查。

二、收集信息

1. 按照交付对象的不同，PDI 检查一般分为三级：__________、__________、__________。

2. 写出 PDI 检查的基本要求。

3. 写出 PDI 检查的注意事项。

4. 写出新车交车条件。

三、制订计划

根据任务要求，在表 1 中填写所需准备的检测仪器和工具，将制订的工作计划填写在表 2 中。

表 1 检测仪器和工具

序号	名称	数量	清点情况
			□已清点
			□已清点
			□已清点
			□已清点
			□已清点
			□已清点
			□已清点
			□已清点
			□已清点
			□已清点

表 2 工作计划

序号	作业项目	操作要点

作业注意事项：

四、任务实施

新车 PDI 检查见表 3。

表 3 新车 PDI 检查

检查项目	检查内容	检查结果
	基本检查	
外观	全车漆面、前后风窗玻璃、左右车窗和前后车灯表面无磕碰和划伤；车顶装饰条粘贴良好、无损坏；车门、前机舱盖和灯具安装各部位缝隙均匀，过渡无明显阶差	
车轮	轮胎表面无割伤，轮胎气压正常；轮辋及螺栓无划伤、生锈；翼子板内衬齐全	
内饰	门内侧、门框、转向盘、仪表板、挡位、中央扶手箱、座椅、地毯和车顶内饰安装可靠，无划伤、脏污，车内无杂物	
	前机舱内部检查	
整体目视	前机舱中的部件无渗漏及损伤	
冷却液液位	冷却液液位在 MAX 与 MIN 标记线之间	
制动液	储液罐及软管无漏液或损伤，制动液液位在 MAX 与 MIN 标记线之间	
玻璃清洗液液位	玻璃清洗液液位在 MAX 与 MIN 标记线之间	
蓄电池	蓄电池状态和电压正常，接线螺栓紧固	
线束 / 配管	不干涉、不松动（橘黄色导线为高压线，切勿触动），各线束接头连接有效锁止；高压线束无死弯，护套无破损；DC/DC 变换器负极与车身搭铁螺钉紧固正常	
	车辆功能检查	
遥控器及钥匙	遥控器及机械钥匙可以有效闭锁及开启五门；闭锁后后视镜收起（带有此功能时），闪烁灯闪烁	
车门及行李舱	4 个车门及行李舱开启和关闭正常	
车门窗	4 个车窗的玻璃升降正常	
中控门锁	使用正常	
主驾驶人和副驾驶人座椅	座椅调节正常，安全带拉伸及闭锁正常	
仪表板各项指示灯	通电后各项检测指示灯数秒后正常熄灭	
导航仪及收音机	使用正常	

续表

检查项目	检查内容	检查结果
转向盘	上下调节正常，喇叭正常，媒体调节按钮使用正常，转向盘安装正常	
照明灯光	远光灯、近光灯、雾灯、行李舱灯和光束调节系统使用正常	
指示灯光	转向灯、危险警告信号灯、制动灯、倒车灯、牌照灯和示廓灯使用正常	
刮水器	喷水器喷水正常，刮水器刮水正常	
空调	制冷和制热正常，风量调节正常，各出风口出风正常	
后视镜（高配）	两侧及车内后视镜可以正常调节	
天窗（高配）、车内灯	天窗开关正常，车内灯使用正常	
遮阳板及化妆镜	使用正常	
前机舱盖、充电口盖	开启、闭合正常	
倒车雷达 / 影像	使用正常	
换挡机构及驻车制动器	操作功能正常	
数据采集终端	平台可以监控	
充电功能	快充、慢充功能正常	
10 km 路试	转向、制动、能量回收功能、驻坡能力（20% 坡度）和制动真空泵启动正常，行驶无跑偏、摆振，直线行驶时转向盘对正	
配备检查		
铭牌及随车资料	粘贴有铭牌，随车资料（使用手册）齐全，资料信息与车辆一致	
随车工具	随车工具（备胎、三角架、千斤顶、灭火器）、随车充电线齐全	

五、质量检查

实训指导教师检查本组作业情况，并针对实训过程中出现的问题提出改进建议，见表 4。

表 4　　质量检查

序号	评价项目	评价结果
1	进行 PDI 检查前资料和设备准备齐全	
2	能安全规范地完成 PDI 检查	
综合评价（作业问题及改进建议）:		

六、考核评价

考核评价见表 5。

表 5　　考核评价

项目	评分标准		配分	得分
接受任务	明确工作任务，理解任务在车辆维护与保养中的重要程度		5	
收集信息	了解 PDI 检查的基本要求		5	
	了解 PDI 检查的注意事项		5	
	了解新车的交车条件		5	
制订计划	能制订 PDI 检查作业计划		5	
	能协同小组成员安排任务分工		2	
	能在实施前准备好所需要的检测仪器和工具		3	
任务实施	任务名称	评分说明	配分	得分
	新能源汽车 PDI 检查	未能提前做好场地和资料准备扣 5 分；未能规范、准确地完成车辆基本检查扣 10 分；未能规范、准确地完成车辆前机舱内部检查扣 20 分；未能规范、准确地完成车辆功能检查扣 25 分；未能规范、准确地完成配备检查扣 5 分	65	
质量检查	学生完成任务，操作过程规范		5	
总得分				

模块二 动力蓄电池系统的检查与维护

任务 | 动力蓄电池系统的检查与维护

学习目标

1. 了解电动汽车动力蓄电池的作用、安装位置、组成和主要性能指标。
2. 了解电动汽车动力蓄电池系统的常见故障。
3. 掌握电动汽车动力蓄电池的检查和维护方法。

任务描述

王先生的比亚迪 e5 电动汽车已行驶 72 000 km。作为维修人员，请你根据现场工作管理规范，完成动力蓄电池系统的检查与维护工作，并向王先生解释电动汽车动力蓄电池定期维护的重要性。

相关理论

一、动力蓄电池系统的作用

动力蓄电池系统的作用是接收和存储由车载充电机、发电机、制动能量回收装置或外部充电装置提供的电能，并为驱动电机和其他高压用电设备提供电能。

二、动力蓄电池系统的安装位置

如图 2-1-1 所示为动力蓄电池组，大部分电动汽车动力蓄电池组安装在汽车底盘上，这样会使整车质量分布均衡，重心下降，行驶更加平稳，可以释放大量空间，提高汽车的实用性能。

a）

b）

图 2-1-1　动力蓄电池组

a）外观　b）在电动汽车上的安装位置

三、动力蓄电池系统的组成

如图 2-1-2 所示为动力蓄电池系统的组成，主要包括动力蓄电池模组、动力蓄电池

箱、蓄电池管理系统及辅助元器件四部分。

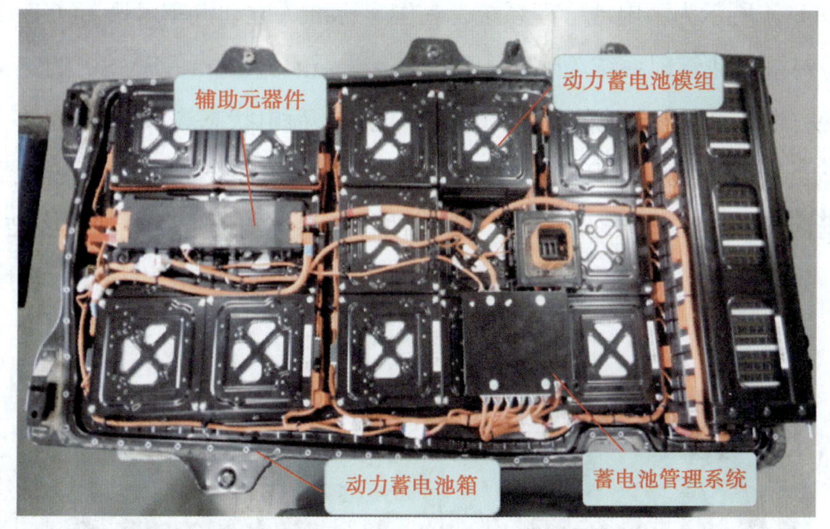

图 2-1-2 动力蓄电池系统的组成

1. 动力蓄电池模组

动力蓄电池模组是由多个电池模块串联组成的一个组合体，如图 2-1-3 所示。电池模块由若干个单体蓄电池按照串联、并联或串并联方式组合，并联组合的额定电压与单体蓄电池的额定电压相等，是单体蓄电池在物理结构和电路上连接起来的最小分组，可作为一个单元替换。单体蓄电池（也称为电芯）是构成电池模块的最小单元。

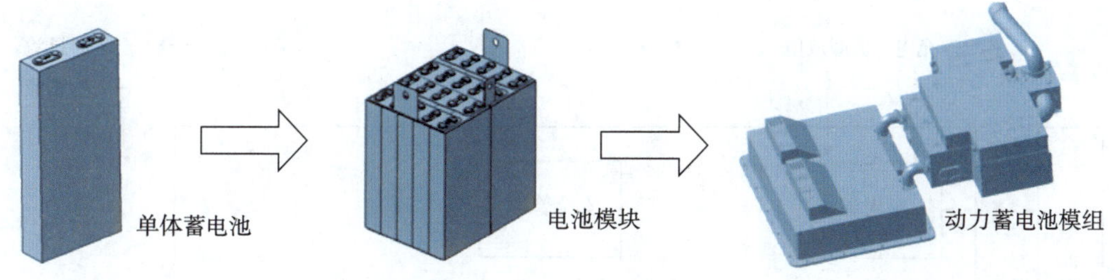

图 2-1-3 动力蓄电池模组

2. 动力蓄电池箱

动力蓄电池箱是用来支撑、固定、包围电池系统的组件，主要包含上盖和下托盘，还有过渡件、护板和螺栓等辅助元器件。动力蓄电池箱有承载及保护动力蓄电池模组及电器元件的作用，其防护等级为 IP67。整车维护时需观察电池箱体螺栓是否松动，电池箱体是否破损和严重变形，密封件是否完整，以确保动力蓄电池可以正常工作。

3. 蓄电池管理系统

如图 2-1-4 所示为蓄电池管理系统，在国家标准《电动汽车术语》(GB/T 19596—2017)中，对蓄电池管理系统(battery management system，BMS)的定义为：蓄电池管理系统是监视动力蓄电池的状态(温度、电压、荷电状态等)，可以为动力蓄电池提供通信、安全、电芯均衡及管理控制，并提供与应用设备通信接口的系统。图 2-1-5 所示为蓄电池管理系统工作原理示意图，蓄电池管理系统与动力蓄电池紧密结合在一起，随时对动力蓄电池的电压、电流、温度进行检测，同时还进行漏电检测、温度管理、电

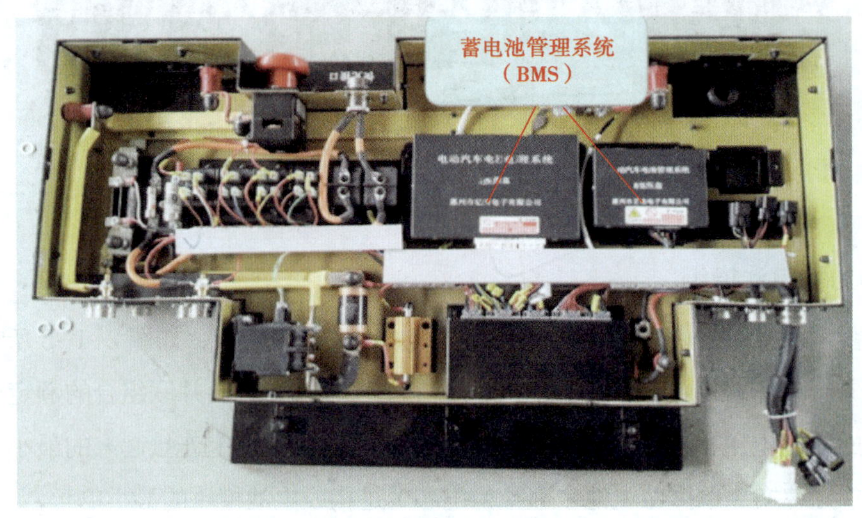

图 2-1-4　蓄电池管理系统

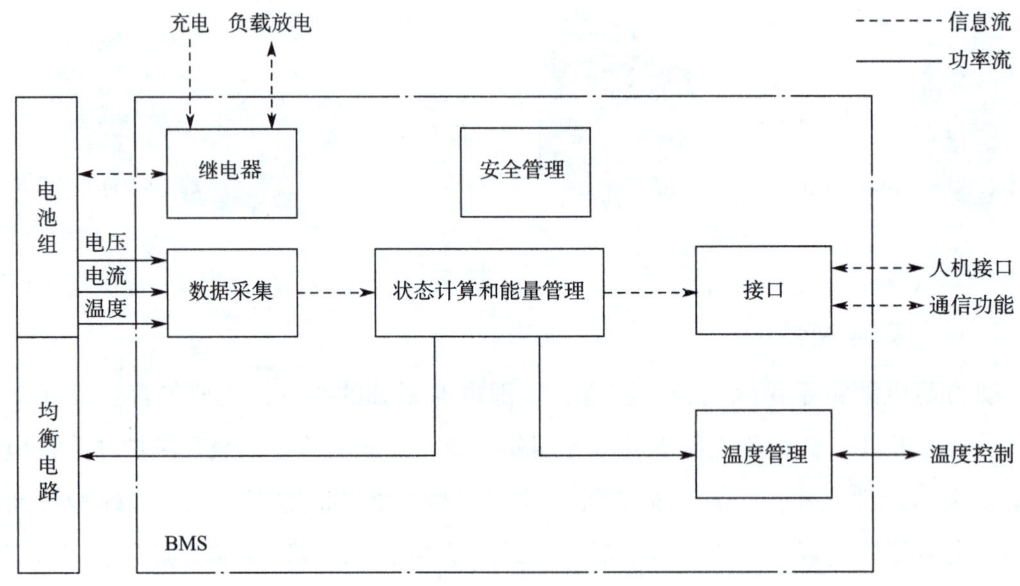

图 2-1-5　蓄电池管理系统工作原理示意图

池均衡管理、报警提醒，计算剩余容量、放电时率，报告荷电状态（state of charge，SOC）和性能状态（state of health，SOH），还能根据动力蓄电池的电压、电流及温度，用算法控制最大输出功率，以获得最大续驶里程；用算法控制充电机进行最佳电流的充电，通过 CAN 总线接口与整车控制器、电机控制器、能量控制系统、车载显示系统等进行实时通信，以避免出现过放、过充、过热和单体蓄电池之间电压严重不平衡现象，最大限度地利用动力蓄电池的存储能力和循环寿命。

4. 辅助元器件

动力蓄电池系统的辅助元器件主要包括熔断器、继电器、分流器、插接器、维修开关和烟雾传感器以及密封条、绝缘材料等。

四、动力蓄电池的主要性能指标

纯电动汽车的能量来源是动力蓄电池，其主要性能指标有容量、比能量、比功率、荷电状态和循环寿命等。

1. 容量

动力蓄电池的容量是指完全充电的蓄电池在规定条件下所释放出的总容量，单位是 A·h。电池容量的测量方法是：在恒定的温度下，以恒定的放电速率使电池放电，当电池电压下降到截止电压时，电池所放出的电量。

2. 能量

动力蓄电池的能量是在按一定标准放电的情况下电池所输出的电能，单位为瓦时（W·h）或千瓦时（kW·h）。

3. 放电时率

动力蓄电池的放电时率是以放电时间表示的放电速率，即以某电流放至规定终止电压所经历的时间。

4. 比能量

动力蓄电池的比能量是单位质量或单位体积的电池所释放的能量，单位为 W·h/kg 或 W·h/L。

5. 比功率

动力蓄电池的比功率是指单位质量或单位体积的蓄电池所具有的输出能量的速率，单位为 W/kg 或 W/L。

6. 荷电状态

动力蓄电池的荷电状态是指当前蓄电池中按照规定放电条件可以释放的容量与可用容量的百分比。

7. 放电深度（depth of discharge，DOD）

动力蓄电池的放电深度是表示蓄电池放电状态的参数，是实际放电容量与可用容量的百分比。

8. 循环寿命

动力蓄电池的循环寿命是以电池充电和放电一次为一个循环，按一定测试标准，当电池容量降到某定值（一般规定为电池额定值的 80%）以前电池经历的充放电次数。电池循环寿命是评价电池使用寿命的一项重要指标。

五、动力蓄电池系统的常见故障

动力蓄电池系统的常见故障有一级故障、二级故障和三级故障三大类。

1. 一级故障

发生一级故障时，动力蓄电池在此故障状态下功能已经丧失，会请求其他控制器立即（1 s 内）停止充电或放电。如果其他控制器在指定时间内未做出响应，蓄电池管理系统将在 2 s 后主动停止充电或放电（即断开高压继电器）。其他控制器响应动力蓄电池二级故障的延时时间建议少于 60 s，否则会引发动力蓄电池上报一级故障。

2. 二级故障

发生二级故障时，动力蓄电池在此故障状态下功能已经丧失，会请求其他控制器停止充电或放电，其他控制器应在一定的延时时间内响应动力蓄电池停止充电或放电的请求。

3. 三级故障

发生三级故障时，动力蓄电池性能下降，蓄电池管理系统会降低最大允许充 / 放电电流。

六、动力蓄电池系统的检查

动力蓄电池系统的检查是指对影响动力蓄电池使用过程中的安全隐患进行检查和排除，避免发生危险事故。维护人员在进行维护操作时必须戴好绝缘手套等防护用品，使用前必须熟悉动力蓄电池系统的组成和工作原理等。

1. 动力蓄电池系统在使用 1~2 个月后，维护人员需要对其外观和绝缘性能进行检查。

2. 动力蓄电池系统在使用 3 个月后，维护人员最好进行一次充放电维护。

3. 在进行充放电维护时，维护人员将动力蓄电池系统按正常工作要求连接到位，接通蓄电池管理系统的电源，监测电池的状态，根据监测的数据判定电池所处的环境温度、电池温度及电池电压等状态是否正常。

4. 进行充放电维护前，维护人员应先检查动力蓄电池系统各部分的情况，在确保各部分正常的情况下才能进行充放电维护。

5. 维护均应在温度 15~30 ℃、相对湿度 45%~75%、大气压 86~106 kPa 的环境下进行。

6. 在充放电维护过程中，应检查蓄电池管理系统是否运转正常。

7. 在充放电维护过程中，应检查风扇是否在规定的温度下开启和关闭，是否运转正常。

8. 在充放电维护结束后，应测量动力蓄电池系统的绝缘电阻，测得的绝缘电阻应满足规定指标要求。

9. 如果维护后动力蓄电池系统的功能正常，车辆可正常行驶；如果出现异常情况和故障，应立即排除；若出现无法排除的故障，应及时与汽车制造商联系并解决。

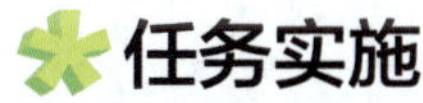

任务实施

动力蓄电池系统的检查与维护	
一、动力蓄电池外观的检查与维护	
	1. 水平举升车辆，检查动力蓄电池箱体是否完好，有无损坏或腐蚀，若有应及时处理或更换

续表

动力蓄电池系统的检查与维护	

 	2. 检查动力蓄电池铭牌是否清晰
	3. 检查动力蓄电池螺栓是否紧固可靠，按照汽车维修手册规定力矩依次紧固螺栓

续表

<table>
<tr><th colspan="2">动力蓄电池系统的检查与维护</th></tr>
<tr><td colspan="2">二、动力蓄电池外部高压插接器的检查与维护</td></tr>
<tr><td>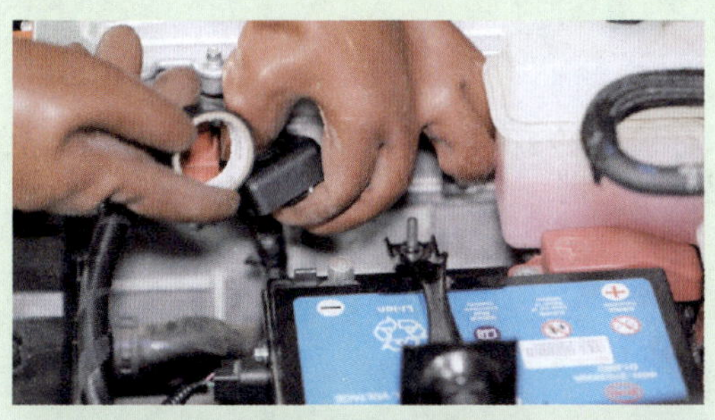
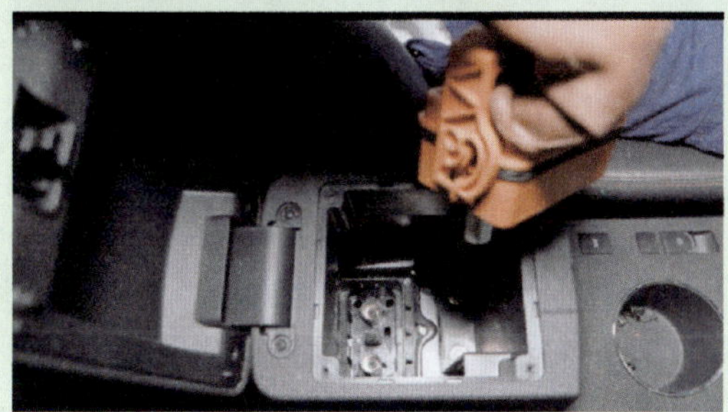</td><td>1. 高压下电，断开点火开关、辅助蓄电池负极和维修开关</td></tr>
<tr><td></td><td>2. 目测动力蓄电池高低压插接器有无泥沙和污物，若有，应清理干净。检查插接器有无变形、松脱、过热、损坏等情况，插接器与插接器座是否对插到位</td></tr>
<tr><td>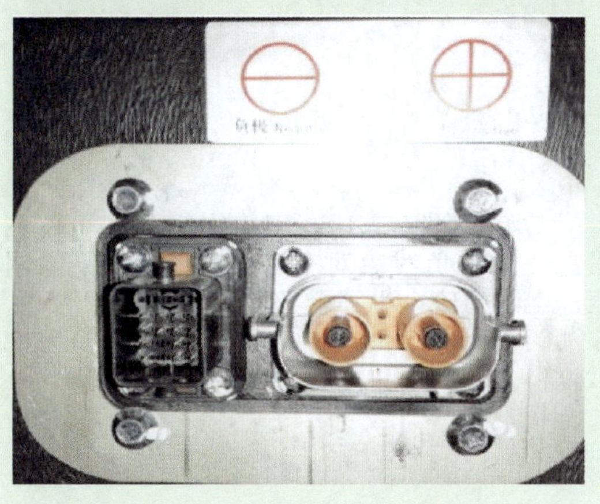</td><td>3. 拔下插接器，检查插接器针脚有无锈蚀、退针、弯曲、烧蚀等异常情况，检查完毕后装复插接器，并保证插接器与插接器座对插到位，接触良好</td></tr>
</table>

续表

动力蓄电池系统的检查与维护

4. 检查冷却液管道有无异常，若有异常，应及时处理

5. 拔下动力蓄电池总正、总负线束。待5 min后使用数字万用表直流1 000 V电压挡检查总正、总负线束电压，若万用表显示电压为零，说明动力蓄电池已下电。如万用表显示仍有较高电压，说明动力蓄电池存在故障，应维修或更换动力蓄电池

6. 戴好绝缘手套后，用绝缘电阻测量仪测量总正、总负线束对车身（搭铁）的绝缘阻值，电阻值应大于等于500 Ω/V（1 000 V），如测得数值低于规定值，需拆下动力蓄电池进行维修

续表

动力蓄电池系统的检查与维护	
 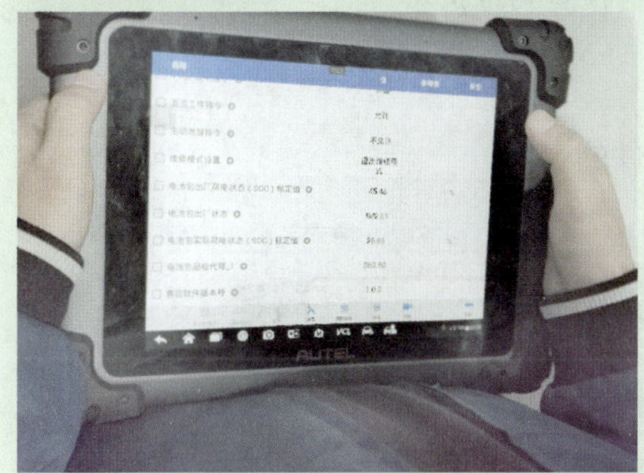	7. 按汽车生产厂家推荐的充放电制度对动力蓄电池系统进行充放电测试。在充放电过程中检查蓄电池管理系统显示的电流、电压、温度和荷电状态是否正常。在车辆正常运行过程中检查蓄电池管理系统数据显示是否正常，若异常应进行故障排除 提示： ◆进行充放电测试前需确定各部件已正确连接车辆并能正常上电 ◆为了使动力蓄电池处于最佳状态，需定期（每 6 个月或每行驶 72 000 km）对车辆进行满充、满放电，以达到动力蓄电池自我校正的目的

思考与练习

1. 简述动力蓄电池系统的作用及组成。
2. 简述电动汽车动力蓄电池的主要性能指标。

动力蓄电池系统的检查与维护实训任务工单

姓名		学号	
班级		小组成员	

一、接受任务

车主孙先生将汽车开到维修站进行动力蓄电池系统的维护与保养。维修技师需根据汽车生产厂家规定，对汽车动力蓄电池系统进行检查与维护。

二、收集信息

1. 在图 1 中填写动力蓄电池系统各组成部件的名称。

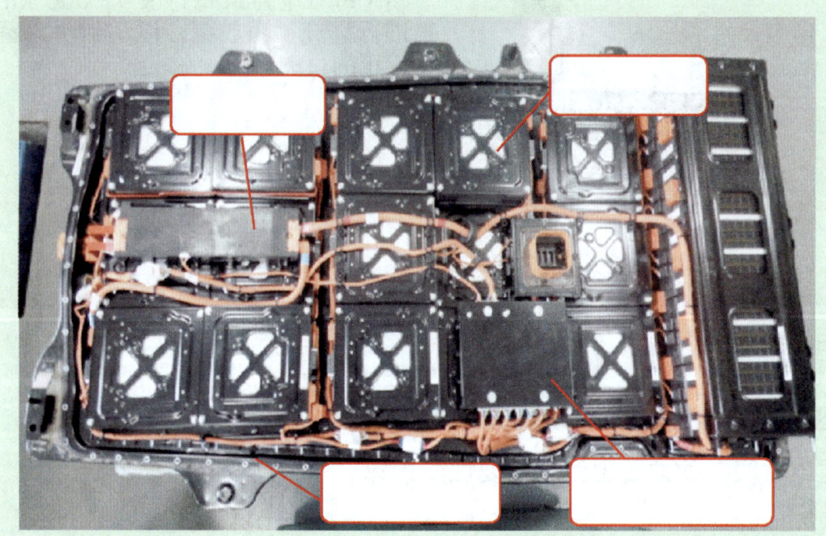

图 1　动力蓄电池系统的组成

2. 写出动力蓄电池系统的作用。

3. 写出蓄电池管理系统的作用。

4. 写出动力蓄电池的主要性能指标。

三、制订计划

根据任务要求，在表 1 中填写所需准备的检测仪器和工具，将制订的工作计划填写在表 2 中。

表 1　检测仪器和工具

序号	名称	数量	清点情况
			□已清点
			□已清点
			□已清点
			□已清点
			□已清点
			□已清点
			□已清点
			□已清点
			□已清点
			□已清点

表 2 工作计划

序号	作业项目	操作要点

作业注意事项：

四、任务实施

动力蓄电池系统的检查与维护见表 3。

表 3 动力蓄电池系统的检查与维护

序号	实施步骤	检查 / 执行结果	处理建议
1	检查动力蓄电池箱体是否完好，有无损坏或腐蚀	□是 □否	
2	检查动力蓄电池铭牌是否清晰	□是 □否	
3	检查动力蓄电池螺栓是否紧固可靠，按照汽车维修手册规定力矩依次紧固螺栓	□是 □否	
4	高压下电，断开点火开关、辅助蓄电池负极和维修开关	□是 □否	
5	目测动力蓄电池高低压插接器上有无泥沙和污物，若有，应清理干净。检查插接器是否有变形、松脱、过热、损坏等情况，插接器与插接器座是否对插到位	□是 □否	

续表

序号	实施步骤	检查 / 执行结果	处理建议
6	拔下插接器，检查插接器针脚有无锈蚀、退针、弯曲、烧蚀等异常情况，检查完毕后装复插接器，并保证插接器与插接器座对插到位，接触良好	□是 □否	
7	检查冷却液管道有无异常	□是 □否	
8	拔下动力蓄电池总正、总负线束。待 5 min 后使用数字万用表直流 1 000 V 电压挡检查总正、总负线束电压，测得电压值为（ ）V	□是 □否	
9	用绝缘电阻测量仪测量总正、总负线束对车身（搭铁）的绝缘阻值 总正线束对车身（搭铁）的绝缘阻值为（ ）Ω 总负线束对车身（搭铁）的绝缘阻值为（ ）Ω	□是 □否	
10	按汽车生产厂家推荐的充放电制度对动力蓄电池系统进行充放电测试	□是 □否	

五、质量检查

实训指导教师检查本组作业情况，并针对实训过程中出现的问题提出改进建议，见表 4。

表 4　质量检查

序号	评价项目	评价结果
1	正确完成动力蓄电池系统的检查与维护	
综合评价（作业问题及改进建议）：		

六、考核评价

考核评价见表 5。

表 5　　考核评价

<table>
<tr><th>项目</th><th colspan="2">评分标准</th><th>配分</th><th>得分</th></tr>
<tr><td>接受任务</td><td colspan="2">明确工作任务，理解任务在车辆维护与保养中的重要程度</td><td>5</td><td></td></tr>
<tr><td rowspan="3">收集信息</td><td colspan="2">了解动力蓄电池系统的组成及作用</td><td>5</td><td></td></tr>
<tr><td colspan="2">了解蓄电池管理系统的作用</td><td>5</td><td></td></tr>
<tr><td colspan="2">了解动力蓄电池的主要性能指标</td><td>5</td><td></td></tr>
<tr><td rowspan="3">制订计划</td><td colspan="2">能制订动力蓄电池系统的检查与维护作业计划</td><td>5</td><td></td></tr>
<tr><td colspan="2">能协同小组成员安排任务分工</td><td>2</td><td></td></tr>
<tr><td colspan="2">能在任务实施前准备好所需要的检测仪器和工具</td><td>3</td><td></td></tr>
<tr><td rowspan="2">任务实施</td><th>任务名称</th><th>评分说明</th><th>配分</th><th>得分</th></tr>
<tr><td>动力蓄电池系统的检查与维护</td><td>未记录动力蓄电池破损位置扣 5 分；未按规定力矩紧固动力蓄电池螺栓扣 10 分；未检查高低压插接器扣 10 分；未检查插接器针脚是否烧蚀、弯曲扣 10 分；未正确测量动力蓄电池总正、总负线束电压，测量时数字万用表挡位不对扣 10 分；未正确测量总正、总负线束对车身绝缘阻值扣 10 分；未正确进行动力蓄电池充放电测试扣 10 分</td><td>65</td><td></td></tr>
<tr><td>质量检查</td><td colspan="2">学生完成任务，操作过程规范</td><td>5</td><td></td></tr>
<tr><td colspan="4">总得分</td><td></td></tr>
</table>

模块三
驱动电机系统的检查与维护

任务 1 | 驱动电机及高压电控总成的检查与维护

学习目标

1. 了解电机控制器的作用、安装位置及外部接口。
2. 了解驱动电机的组成、安装位置、类型、技术参数及特点。
3. 了解电动汽车驱动电机系统的布置形式。
4. 掌握驱动电机的检查和维护方法。
5. 掌握高压电控总成的检查和维护方法。

●任务描述

王先生的比亚迪 e5 电动汽车已行驶 50 000 km。作为维修人员，请你根据现场工作管理规范，完成电动汽车驱动电机及高压电控总成的检查与维护，并向王先生解释电动汽车驱动电机及高压电控总成定期维护的重要性。

相关理论

驱动电机系统作为电动汽车三大核心构成之一，是车辆行驶的主要执行机构，其特性决定了车辆的主要性能指标，直接影响车辆动力性、经济性和用户驾乘感受。

一、驱动电机系统的组成

驱动电机系统主要由电机控制器、驱动电机、机械传动装置和驱动电机冷却系统等组成。

1. 电机控制器

（1）电机控制器的作用

电机控制器的作用是接收整车控制器的指令，将动力蓄电池的高压直流电逆变成电压、频率、相序可调的三相交流电，实现对驱动电机的转速、转矩和旋转方向的控制。图 3-1-1 所示为电机控制器的控制原理框图。电机控制器与驱动电机须配套使用，三相交流电机、永磁同步电机需通过电机控制器进行调频、调压矢量控制；磁阻电机通过控制顺序脉冲频率来进行调速。当汽车倒车时，通过电机控制器改变三相交流电压的相序，使驱动电机反转来驱动车轮反向行驶。

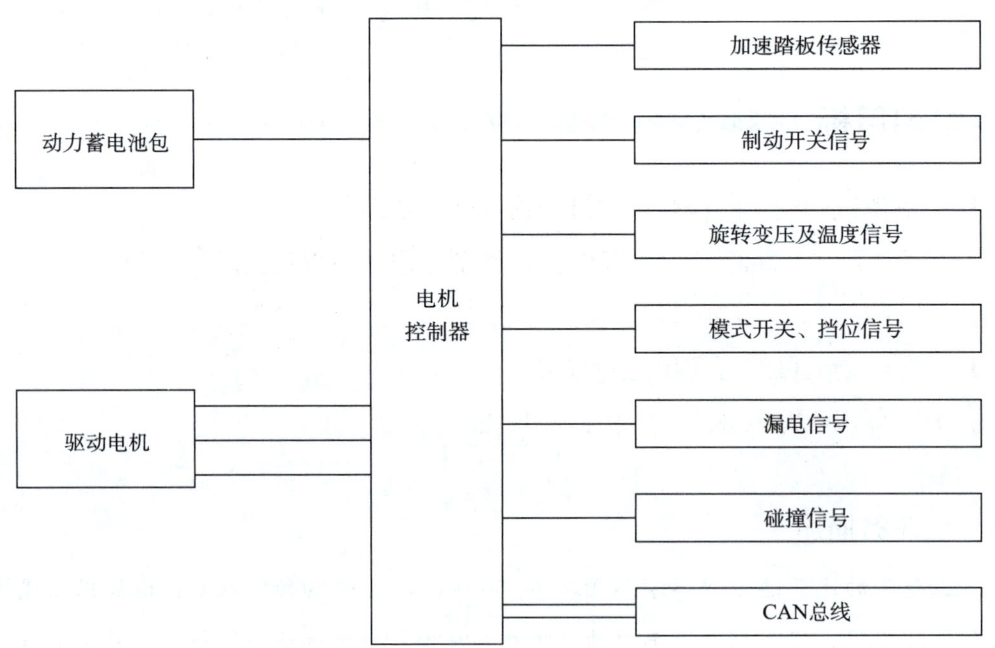

图 3-1-1　电机控制器的控制原理框图

在电动汽车处于滑行制动和一般制动过程中，电机控制器转变为整流滤波器，其作

用是将发电机输出的三相交流电压经过整流、滤波和升压后转变为高压直流电，将电能回馈给动力蓄电池，以实现能量回收。

电机控制器的另一个作用是实时监测驱动电机的运行状态，如温度、母线电流、三相交流电流、动力蓄电池电压、高压线束的绝缘情况等。电机控制器内含故障诊断电路，当故障诊断电路诊断出异常时，电机控制器会激活一个故障码，通过 CAN 总线发送给整车控制器，同时存储该故障码和数据。

（2）电机控制器的安装位置

1）如图 3-1-2 所示，比亚迪 e5 电动汽车采用的是双向交流逆变式电机控制器（VTOG），其集成安装在高压电控总成内。

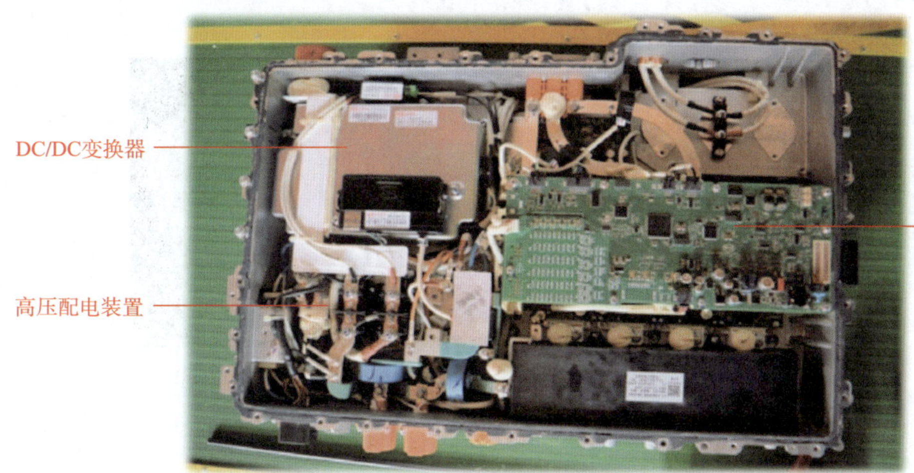

a）

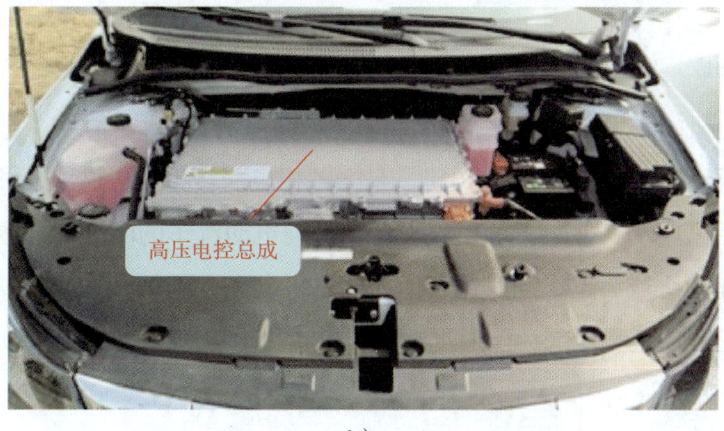

b）

图 3-1-2 比亚迪 e5 电动汽车双向交流逆变式电机控制器（VTOG）及其安装位置

a）电机控制器 b）高压电控总成

2）图 3-1-3 所示为比亚迪 e5 电动汽车高压电控总成外部接口。

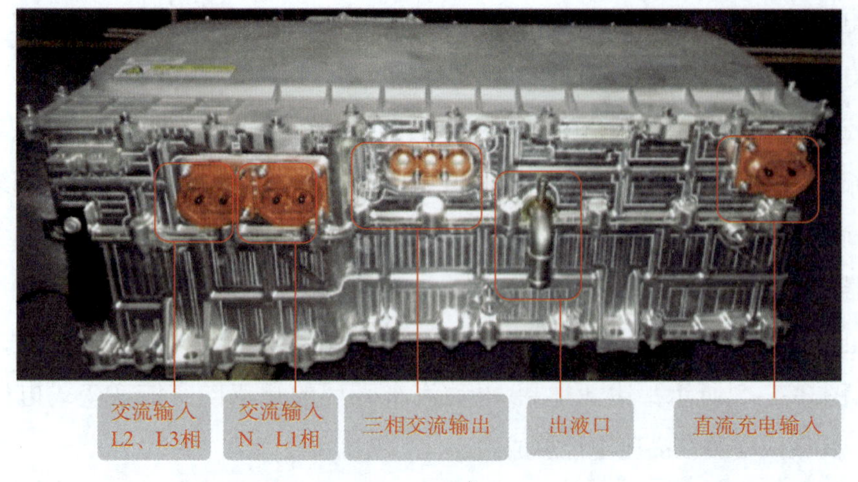

a）

33PIN低压插接器

电动压缩机

PTC加热器

蓄电池包高压直流输入

b）

图 3-1-3　比亚迪 e5 电动汽车高压电控总成外部接口

a）正面接口　b）背面接口

2. 驱动电机

（1）驱动电机的作用

图 3-1-4 所示为电动汽车驱动电机，是一种将电能转化为机械能，并可以使机械能转化为动能，用来驱动其他装置的电气设备，是纯电动汽车的唯一动力源，可向外输出转矩，驱动汽车前进或后退；同时也可作为发电机发电，例如，汽车在高坡下滑、高速滑行以及制动过程中把势能或动能通过驱动电机转化为电能。图 3-1-5 所示为电驱动系统能量转化关系示意图。

（2）驱动电机的类型和技术参数

1）电动汽车常用的驱动电机类型主要有直流电机、三相交流异步电机、永磁同步电机、开关磁阻电机与轮毂电机等。在新能源汽车上交流永磁同步电机应用最为广泛。

图 3-1-4　电动汽车驱动电机

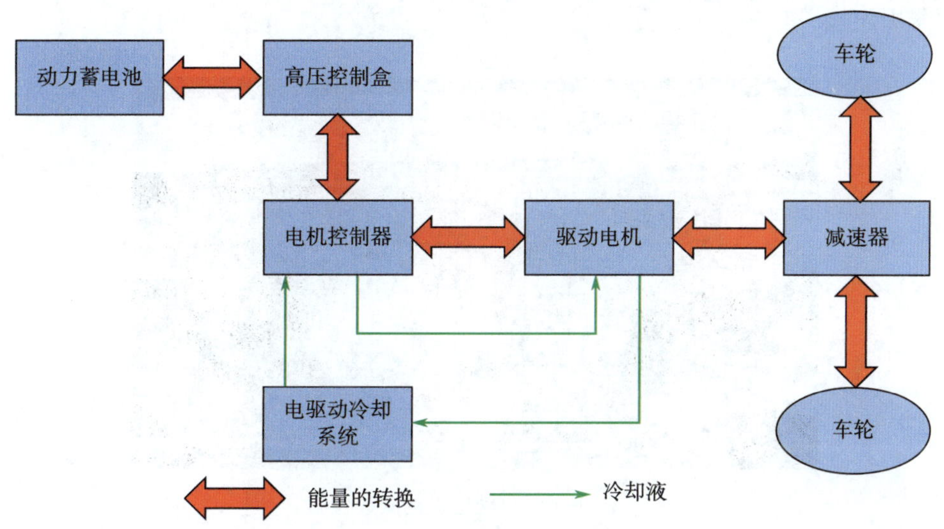

图 3-1-5　电驱动系统能量转化关系示意图

2）比亚迪 e5 电动汽车的驱动电机为交流永磁同步电机。驱动电机及减速器总成的技术参数见表 3-1-1。

表 3-1-1　驱动电机及减速器总成的技术参数

驱动电机的技术参数	参数指标
最大输出扭矩	310 N · m/（0～4 929 r/min）
额定扭矩	160 N · m/（0～4 775 r/min）
最大功率	160 kW/（4 929～12 000 r/min）
额定功率	80 kW/（4 775～12 000 r/min）
最大输出转速	12 000 r/min

续表

驱动电机的技术参数	参数指标
总成质量	103 kg
总减速比	9.342
变速器润滑油量	1.8 L
变速器润滑油类型	齿轮油 SAE80W-90（冬季环境温度低于 -15 ℃地区推荐换用 SAE75W-90）

（3）驱动电机的安装位置

图 3-1-6 所示为驱动电机的安装位置，驱动电机安装在前机舱动力总成支架下面，与减速器相连接。

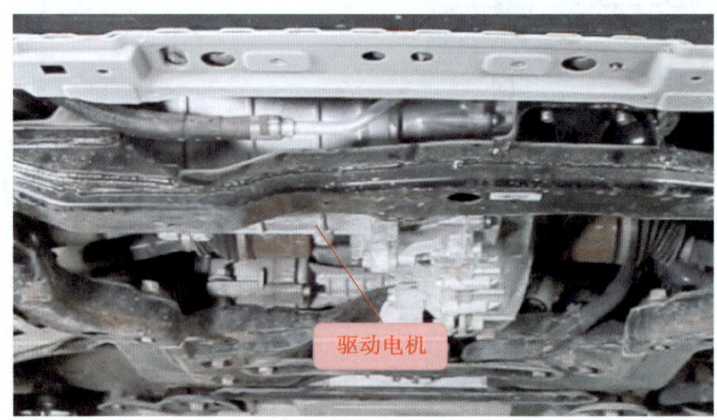

图 3-1-6　驱动电机的安装位置

（4）驱动电机的组成（以交流永磁同步电机为例）

1）永磁同步电机是电驱动系统的重要执行机构，是将电能转化为机械能的部件。

2）旋转变压器是一种电磁式传感器，又称同步分解器。作为速度及位置检测装置，旋转变压器可以将信息反馈给电机控制器，用来准确控制驱动电机的转速及位置。

3）温度传感器用来检测驱动电机的温度，电机控制器根据该温度信号对驱动电机实施控制，以免驱动电机过热。

（5）驱动电机的特点

1）体积小、功率密度大。由于新能源汽车的整车空间有限，因此，要求驱动电机的结构紧凑、尺寸小，这就意味着驱动电机和电机控制器的尺寸会受到很大的限制，必须缩小驱动电机的体积，提高驱动电机的功率密度和转矩密度。因此，一般选用高功率密度的永磁同步电机作为驱动电机。

2）效率高、高效工况区广、质量小。由于当前充电桩尚未广泛普及，续驶里程短一直是新能源汽车的短板，增加新能源汽车续驶里程的方法有以下几种：

①提升驱动电机的效率。

②驱动电机的高效工况区要足够广，以保证汽车在大部分工况下都处于高效状态。

③减小驱动电机质量，间接降低整车功耗，提升续驶里程。

3）安全性与舒适性强。新能源汽车还需关注驱动电机自身的安全性和舒适性。安全性是指驱动电机的可靠性，在恶劣环境下驱动电机应能正常工作。舒适性是指驱动电机在运行时不会使驾驶人产生体验上的不适感，应关注驱动电机运行时的振动和噪声情况。

3. 机械传动装置

机械传动装置的主要功能是将驱动电机的转速降低、扭矩增大，以实现整车对驱动电机的扭矩和转速需求。由于驱动电机本身具有较好的调速特性，纯电动汽车的变速机构可被大大简化，较多的是仅采用一种固定速比的减速装置，取消了变速器、离合器等部件。当采用轮毂式驱动电机分散驱动方式时，还可以取消驱动桥、机械差速器、半轴等传动部件。图 3-1-7 所示为电动汽车二级主减速器。

图 3-1-7　电动汽车二级主减速器

4. 驱动电机冷却系统

驱动电机作为电动汽车的驱动装置，其转子高速旋转时会产生高温，热量会通过驱动电机内部传递，如果不加以降温，驱动电机会无法正常工作，所以驱动电机内部设置有冷却液道，通过冷却液的循环与外界进行热交换，这样能将驱动电机的工作温度保持在一定范围内，以防止驱动电机过热。

电机控制器用于控制驱动电机的高压三相供电，在此过程中会产生热量，也需要通过冷却液循环散热。

二、电动汽车驱动电机系统的布置形式

根据电动汽车上驱动电机的数目不同，电动汽车驱动电机系统的布置形式可分为单电机驱动系统和多电机驱动系统两大类。

1. 单电机驱动系统

单电机驱动系统一般分为机械驱动式和电机－驱动桥组合式两种。

（1）机械驱动式

在保持内燃机汽车传动系统基本结构不变的基础上，用驱动电机替代传统汽车的内燃机，其驱动系统的整体结构与传统内燃机汽车的区别很小，主要由驱动电机、离合器、变速箱、传动轴和驱动桥等部件组成。

其结构特点是：结构复杂，效率低，不能有效发挥驱动电机的特点，不利于减小车身质量。这种驱动形式在纯电动汽车上很少应用，但由于混合动力汽车本身带有发动机，仍然需要通过变速器对发动机的输出转矩进行调整，所以混合动力汽车多采用机械驱动式。图 3-1-8 所示为机械驱动式单电机驱动系统。

图 3-1-8　机械驱动式单电机驱动系统

（2）电机－驱动桥组合式

电机－驱动桥组合式在纯电动汽车中有着较为广泛的应用，其总体构成是在驱动电机端盖的输出轴处加装主减速器和差速器等，驱动电机、固定速比减速器、差速器组合成一个驱动整体，通过固定速比的减速作用来放大驱动电机的输出转矩。由于取消了离合器和变速器，机械传动机构紧凑，传动效率得到提高，同时还使整车机械系统的质量减小、体积缩小，有利于整车布置，便于安装，能够有效扩大汽车动力蓄电池的布置空间和汽车的乘坐空间。但这种布置形式对驱动电机的调速要求比较高，与机械驱动式相比，此布置形式要求驱动电机在较窄速度范围内能够提供较大转矩。根据传统汽车的驱动形式不同来分，电机－驱动桥组合式有驱动电机前置前驱（FF）或驱动电机后置后驱（RR）两种形式。图 3-1-9 所示为电机－驱动桥组合式单电机驱动系统。

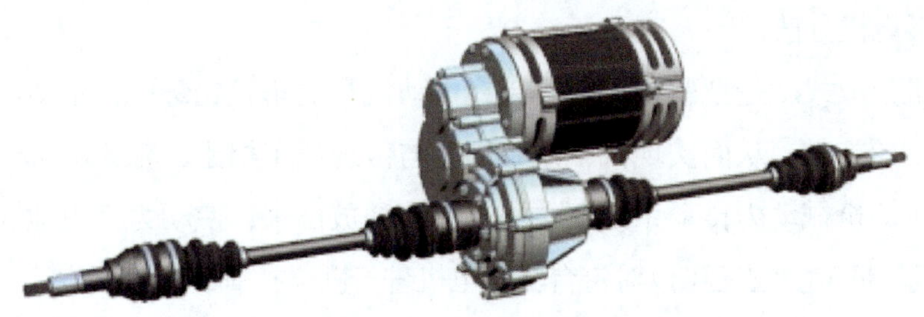

图 3-1-9 电机 - 驱动桥组合式单电机驱动系统

2. 多电机驱动系统

多电机驱动系统一般分为电机 - 驱动桥整体式和轮毂电机分散式两种。

（1）电机 - 驱动桥整体式

同电机 - 驱动桥组合式相比，电机 - 驱动桥整体式驱动系统进一步减少了动力传动系统的机械传动元件数量，因而整个动力传动系统的传动效率进一步提高，同时可以节省很多空间，形成了电动汽车独有的驱动系统布置形式。它一般由两个轮边电机分别与两个相同固定速比的减速器集成在一起，减速器输出直接与两个驱动轮连接，取消了机械差速器，两个轮边电机独立控制转速；在左右两台轮边电机中间安装了电子差速器，能使电动汽车得到更好的灵活性，可以方便地引入牵引力控制系统，通过控制车轮的驱动转矩或驱动轮主动制动等措施，提高汽车的通过性和在复杂路况上的动力性。这种驱动形式的主要特点是：整体布局简单、结构紧凑、传动效率高、质量和体积小，具有良好的通用性和互换性，容易实现多种功能，如驱动防滑、制动力分配、防侧滑等。电机 - 驱动桥整体式驱动系统在汽车上的布局也有驱动电机前置前驱（FF）和驱动电机后置后驱（RR）两种形式。图 3-1-10 所示为电机 - 驱动桥整体式多电机驱动系统。

图 3-1-10 电机 - 驱动桥整体式多电机驱动系统

（2）轮毂电机分散式

轮毂电机分散式就是把驱动电机安装在电动汽车的车轮轮毂中，驱动电机输出转矩直接带动驱动轮旋转，从而实现汽车的驱动。与传统汽车相比，轮毂电机分散式电动汽车把传统汽车的机械动力传动系统所占空间完全释放出来，使动力蓄电池、行李舱等有了足够的空间。同时，它还可以对每台驱动电机进行独立控制，有利于提高车辆的转向灵活性和主动安全性，可以充分利用路面的附着力，便于引进电子控制技术。采用轮毂电机分散式驱动系统必须要解决的问题是如何保证车辆行驶的方向稳定性，同时，驱动电机及其减速装置必须能够布置在有限的轮毂空间内，要求该类型驱动电机体积较小。图 3-1-11 所示为轮毂电机分散式多电机驱动系统。

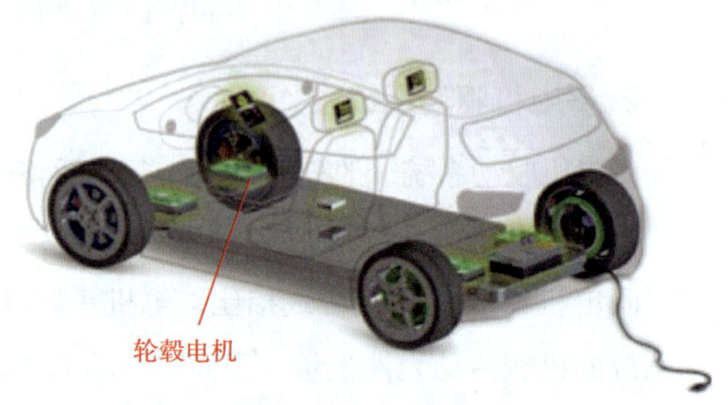

图 3-1-11　轮毂电机分散式多电机驱动系统

三、驱动电机系统的检查与维护

1. 驱动电机系统的维护周期

（1）日常维护：每周 1～2 次。

（2）定期维护：每半年或每行驶 1 万千米维护 1 次。

2. 驱动电机的日常检查

（1）检查驱动电机的外观是否整洁。

（2）检查驱动电机插接器是否插接牢固。

（3）检查车辆运行过程中驱动电机是否有异响。

3. 驱动电机的定期检查

（1）检查驱动电机的外观是否整洁。

（2）检查驱动电机插接器是否插接牢固。

（3）检查驱动电机螺栓是否紧固。

（4）检查驱动电机的绝缘性能是否良好。

（5）检查车辆运行过程中驱动电机是否有异响。

（6）检查驱动电机定子绕组的电阻值是否符合技术标准要求。

（7）检查驱动电机旋转变压器的各绕组电阻值是否符合技术标准要求。

（8）检查驱动电机温度传感器的电阻值是否符合技术标准要求。

 **提示：**

（1）检查电机控制器时一定要断开高低压电，断开插接器时要注意人身安全。

（2）在对纯电动汽车高压部件进行维护作业前，必须做好高压安全防护准备。

任务实施

驱动电机及高压电控总成的检查与维护	
一、驱动电机外观的检查与清洁	
	1. 驱动电机外观的检查 检查驱动电机是否有磕碰、损坏，表面是否漏液 提示： ◆检查驱动电机外观时需戴耐磨损手套
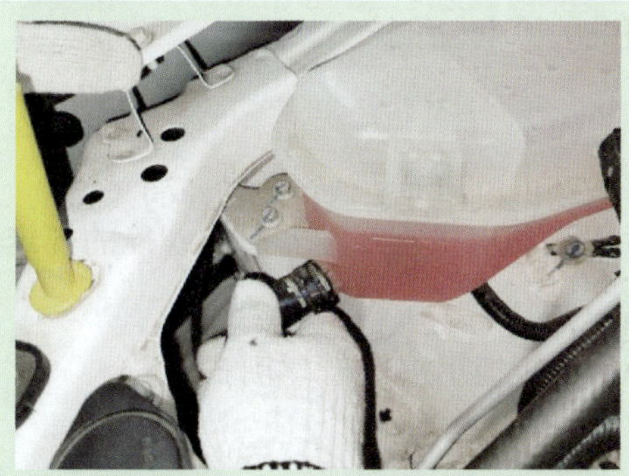	2. 驱动电机冷却液管道的检查 检查驱动电机的冷却液液面高度是否正常，冷却液管道是否泄漏 提示： ◆检查驱动电机的冷却液管道卡箍时需戴耐磨损手套
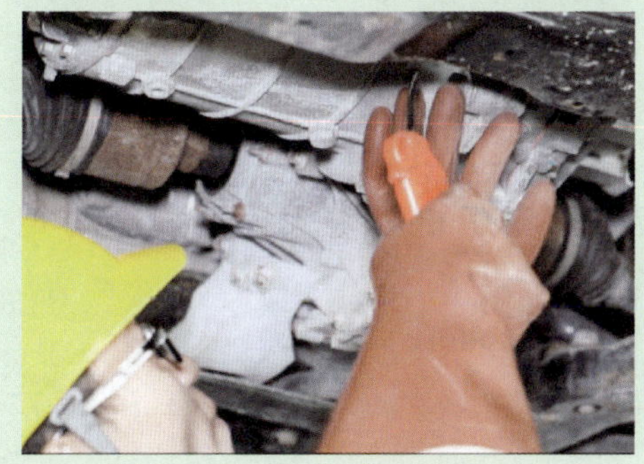	3. 驱动电机表面的清洁 清除驱动电机表面的灰尘、油泥，用高压气枪或干布对驱动电机表面进行清洁处理 提示： ◆严禁使用水枪通过喷水清洗驱动电机及高压部件

续表

驱动电机及高压电控总成的检查与维护	
二、驱动电机插接器的检查与维护	
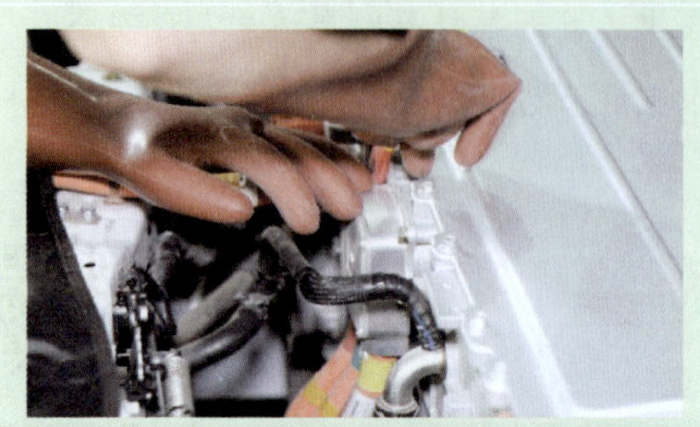	1. 驱动电机高压插接器的检查 戴上绝缘手套，检查驱动电机高压插接器插接是否牢固 提示： ◆上电时，严禁不戴绝缘手套进行驱动电机高压插接器的检查
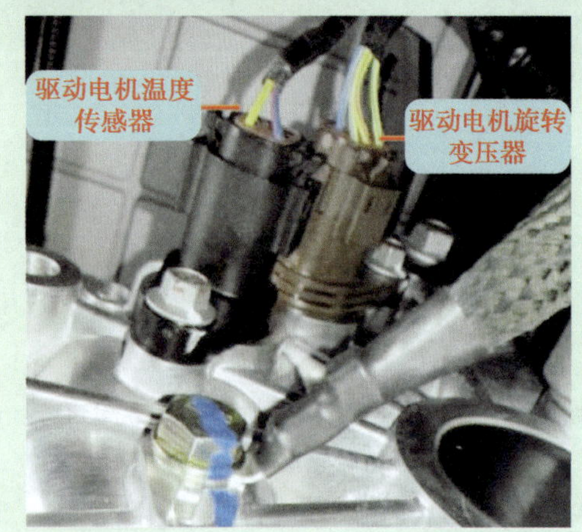	2. 驱动电机各传感器插接器的检查 检查驱动电机各传感器插接器是否插接牢固 提示： ◆检查驱动电机各传感器插接器时，严禁拖拽线束
三、驱动电机螺栓紧固情况的检查与维护	
	1. 驱动电机与变速器总成螺栓的紧固 紧固驱动电机与变速器总成螺栓的规定力矩为 30 N·m 提示： ◆用力矩扳手按规定力矩拧紧螺栓
	2. 驱动电机固定螺栓的紧固 紧固驱动电机固定螺栓的规定力矩为 50~55 N·m

续表

驱动电机及高压电控总成的检查与维护	
四、驱动电机绝缘性能及电阻值的检查与维护	
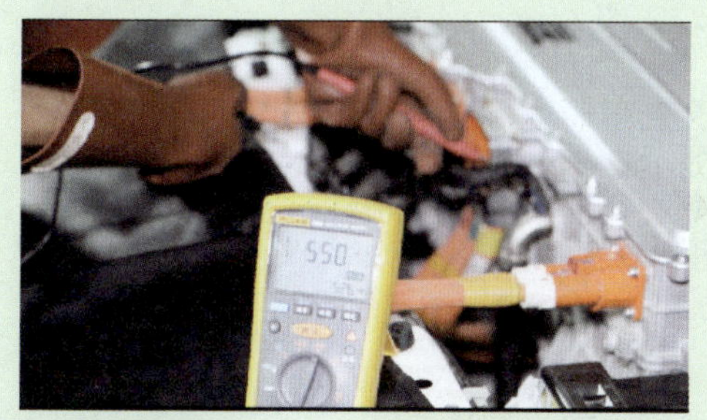	1. 检查驱动电机的绝缘性能。测量驱动电机搭铁绝缘情况时，将绝缘电阻测量仪量程调至 1 000 V，将黑表笔搭铁，用红表笔分别测量驱动电机三相端子绝缘电阻值，要求每相的测量值大于 100 MΩ 提示： ◆测量驱动电机三相绝缘情况前，先要对绝缘电阻测量仪进行检查，确定绝缘电阻测量仪工作正常后才能进行测量
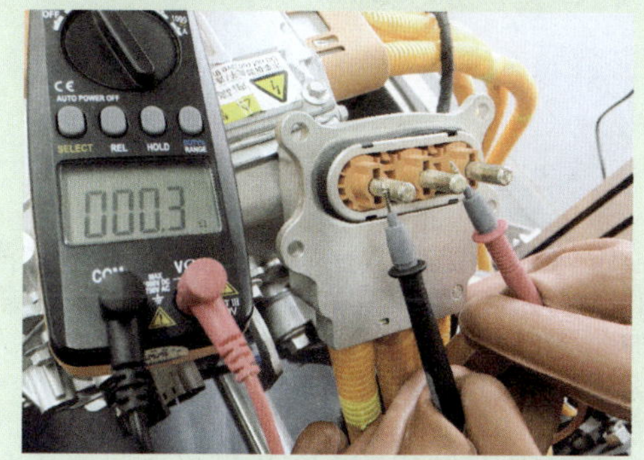	2. 检查驱动电机定子绕组电阻值。使用数字式万用表分别测量驱动电机三相定子绕组间的电阻值，均应小于 1 Ω
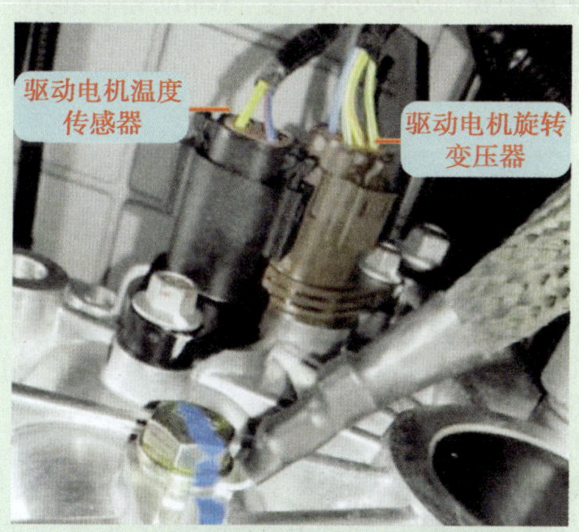 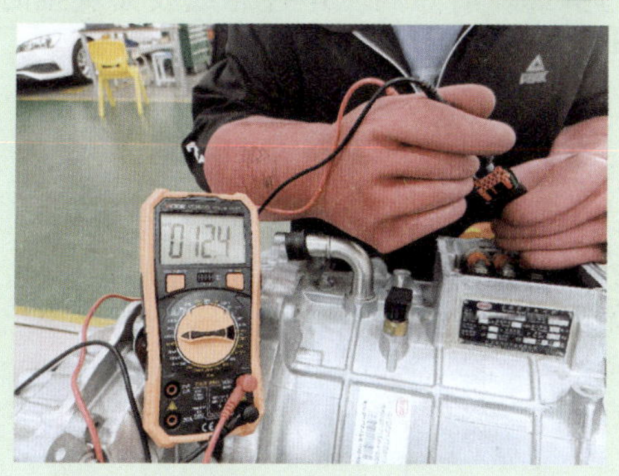	3. 检查驱动电机旋转变压器及驱动电机温度传感器的电阻值 （1）使用数字式万用表分别测量驱动电机旋转变压器正弦电阻值、余弦电阻值、励磁电阻值是否符合技术标准要求 （2）使用数字式万用表测量驱动电机温度传感器的电阻值是否符合技术标准要求

续表

驱动电机及高压电控总成的检查与维护	
五、驱动电机异响的检查与维护	
	检查车辆运行过程中驱动电机有无异响 提示： ◆进行驱动电机异响检查时，身体不要靠高压线太近
六、高压电控总成外观的检查与清洁	
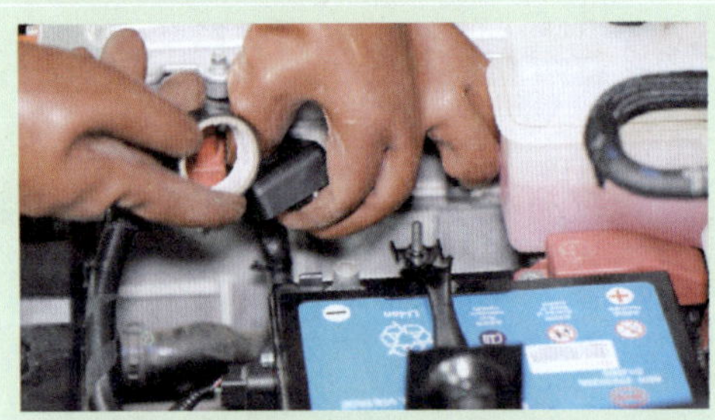 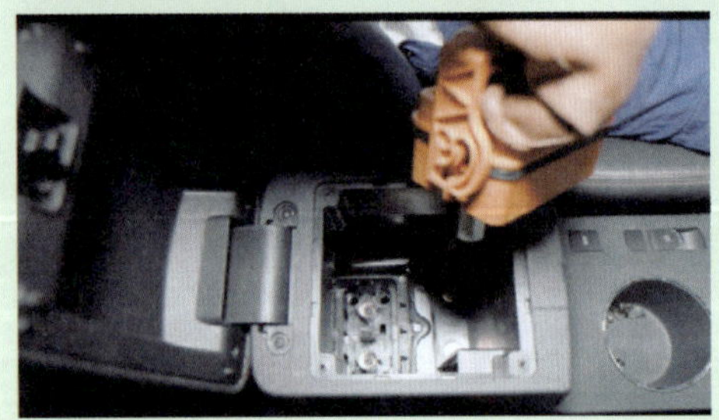	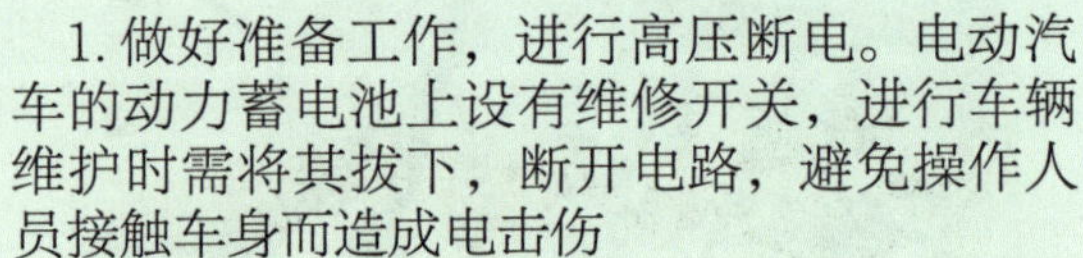 1. 做好准备工作，进行高压断电。电动汽车的动力蓄电池上设有维修开关，进行车辆维护时需将其拔下，断开电路，避免操作人员接触车身而造成电击伤 提示： ◆拔下维修开关前，要将辅助蓄电池负极断开，并进行绝缘保护
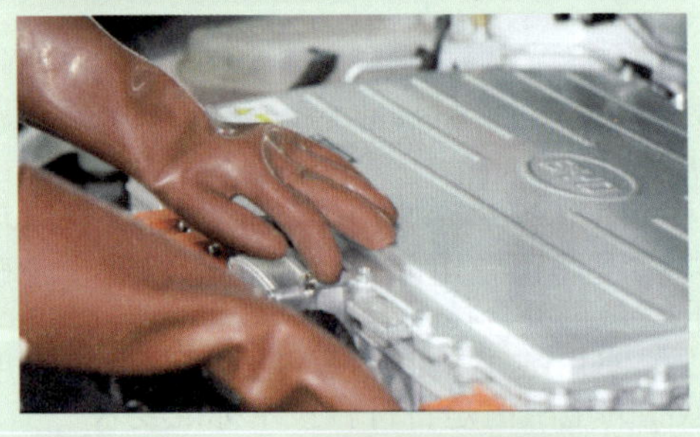	2. 高压电控总成外部检查与清洁。检查高压电控总成是否损坏，并清除高压电控总成表面的灰尘 提示： ◆高压电控总成为精密元器件，不可使用暴力拆卸。清除高压电控总成表面灰尘时，需用专用清洁工具
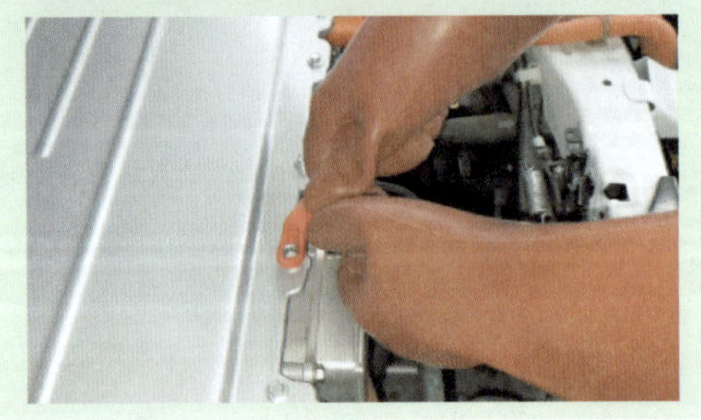	3. 检查并按规定力矩紧固高压电控总成的上盖螺栓

续表

驱动电机及高压电控总成的检查与维护	
七、高压电控总成插接器的检查与维护	
	检查高压电控总成高低压插接器连接是否紧固 提示： ◆检查高压插接器时，需戴绝缘手套；检查低压插接器时，需戴耐磨损手套

思考与练习

1. 简述驱动电机的组成、安装位置、类型、技术参数及特点。
2. 简述电机控制器的作用、安装位置及外部接口。

任务 2 | 驱动电机冷却系统的检查与维护

学习目标

1. 了解电动汽车驱动电机冷却系统的作用、工作方式和组成。
2. 掌握驱动电机冷却系统中各部件的检查方法。
3. 掌握冷却液的检查与更换方法。

任务描述

王先生的比亚迪 e5 电动汽车已行驶 100 000 km，按照使用手册要求，需更换驱动电机冷却液。作为维修人员，请你根据现场工作管理规范，完成驱动电机冷却系统的检查和维护，并向王先生解释电动汽车驱动电机冷却系统定期维护的重要性。

相关理论

一、电动汽车冷却系统的作用

电动汽车采用动力蓄电池作为动力源。动力蓄电池在对外放电和充电过程中会产生大量热量。目前，大部分电动汽车动力蓄电池采用锂离子电池。锂离子电池温度过高会引发爆炸，造成车辆损坏和人员伤亡；而在低温下锂离子的活性会降低，导致动力蓄电池功率降低。因此，动力蓄电池需要降温和保暖。

驱动电机和电机控制器在运行过程中会产生大量热量，这些热量会对驱动电机系统的正常工作和使用寿命造成不良影响。驱动电机在运行过程中产生的热对驱动电机的物理、电气和力学特征有重要的影响，当温度上升到一定程度时，驱动电机的绝缘材料性能会发生变化，最终使其失去绝缘能力。另外，随着驱动电机温度的升高，驱动电机中的金属部件强度、硬度也会逐渐下降。

由电子元器件构成的电机控制器也会由于温度过高而导致电子元器件性能下降，出

现不利影响，如温度过高会导致半导体节点、电路损害，增大电阻，甚至烧坏元器件。为保证驱动电机系统在运行过程中所产生的热能能及时散发出去，需要对驱动电机系统中的驱动电机和电机控制器进行冷却，以确保它们在适宜的温度范围内工作。

冷却系统的作用就是通过冷却液循环为驱动电机、电机控制器、动力蓄电池等高压部件散热。

二、电动汽车冷却系统的工作方式

电动汽车冷却系统的工作方式有风冷和水冷两种，以空气为冷却介质的冷却系统称为风冷系统，如图 3-2-1 所示为风冷式动力蓄电池冷却系统；以冷却液为冷却介质的冷却系统称为水冷系统，如图 3-2-2 所示为水冷式动力蓄电池冷却系统。

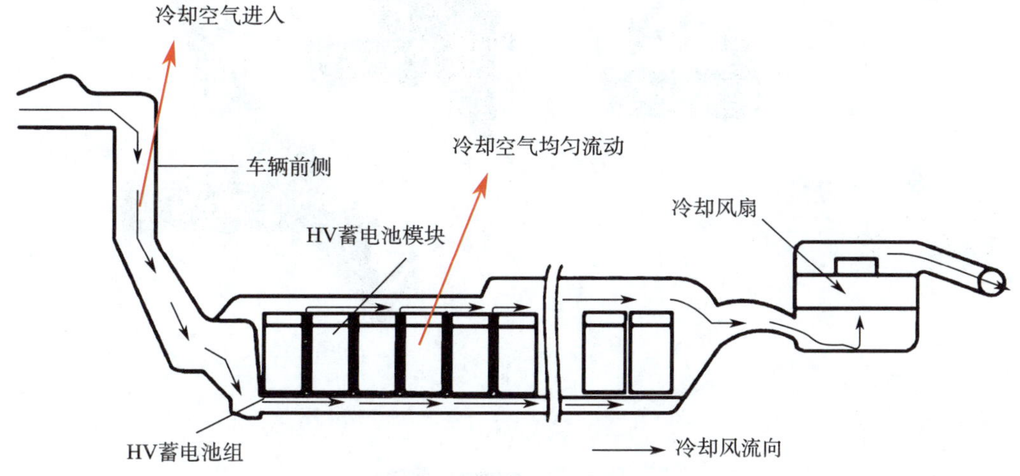

图 3-2-1　风冷式动力蓄电池冷却系统

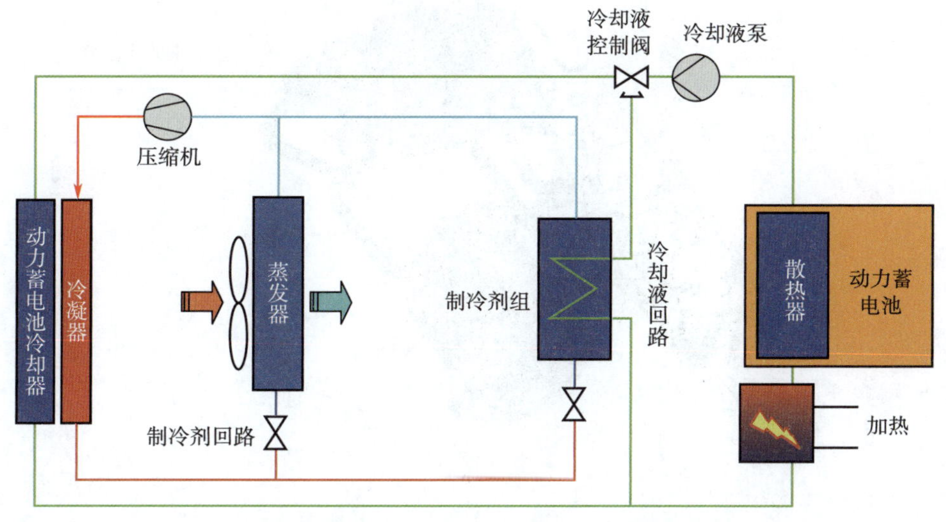

图 3-2-2　水冷式动力蓄电池冷却系统

三、电动汽车驱动电机冷却系统的组成

电动汽车驱动电机冷却系统采用水冷方式进行冷却，其冷却系统主要由电动水泵、散热器、散热风扇、膨胀水箱、冷却液管路、冷却液等组成，如图 3-2-3a 所示。冷却系统与驱动电机、电机控制器的连接如图 3-2-3b 所示。

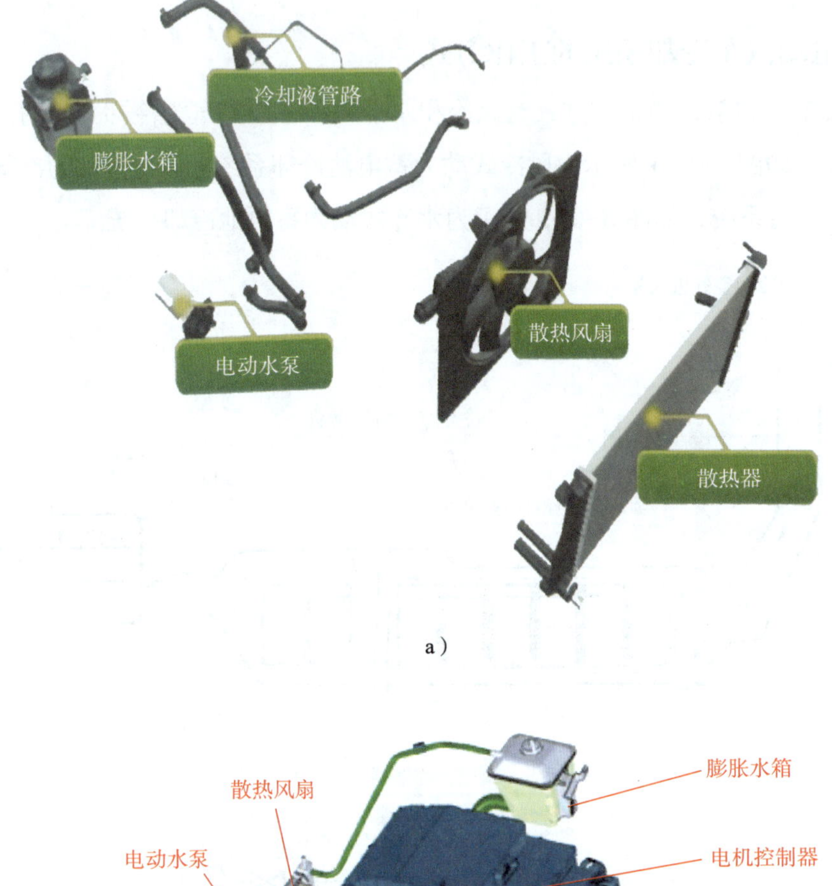

a）

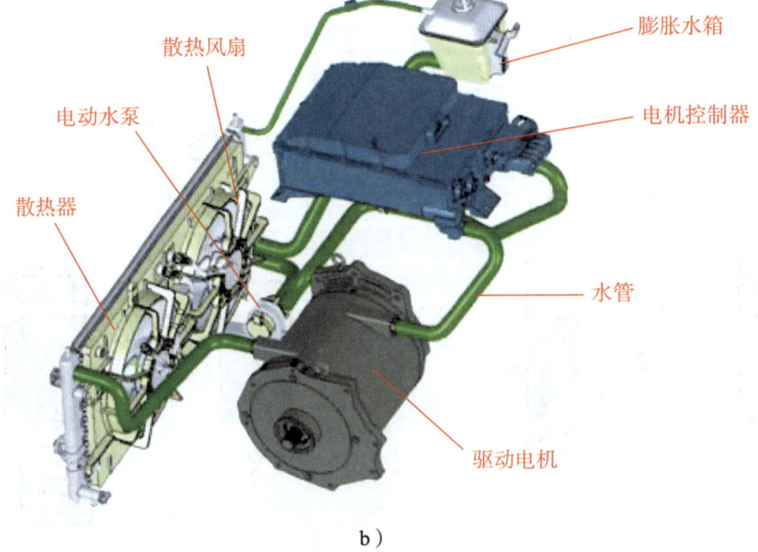

b）

图 3-2-3　电动汽车驱动电机冷却系统

a）驱动电机冷却系统　b）冷却系统与驱动电机、电机控制器的连接

1. 电动水泵

如图 3-2-4 所示，电动水泵主要由驱动电机壳体、炭刷架、炭刷、转子、永久磁铁、水泵底盖、水泵叶轮、水泵外壳组成。电动水泵的功能是对冷却液加压，保证其在冷却系统中循环流动。电动水泵是整个冷却系统中唯一的动力元件，负责为冷却液的循环提供机械能。

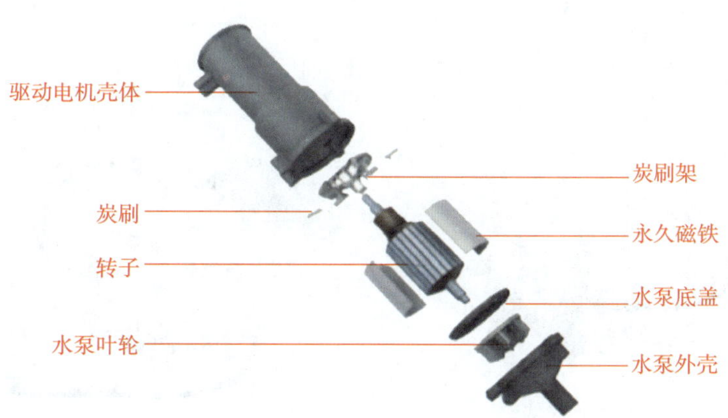

图 3-2-4 电动水泵的组成

2. 散热器

散热器是电动汽车驱动电机冷却系统的一部分，根据散热器的结构形式不同，散热器可分为直流型和横流型两大类。散热器主要由左储水室、右储水室、散热器翼片、散热器芯、进水管接口、出水管接口、放水螺栓以及溢流管接口等部件组成，如图 3-2-5 所示。

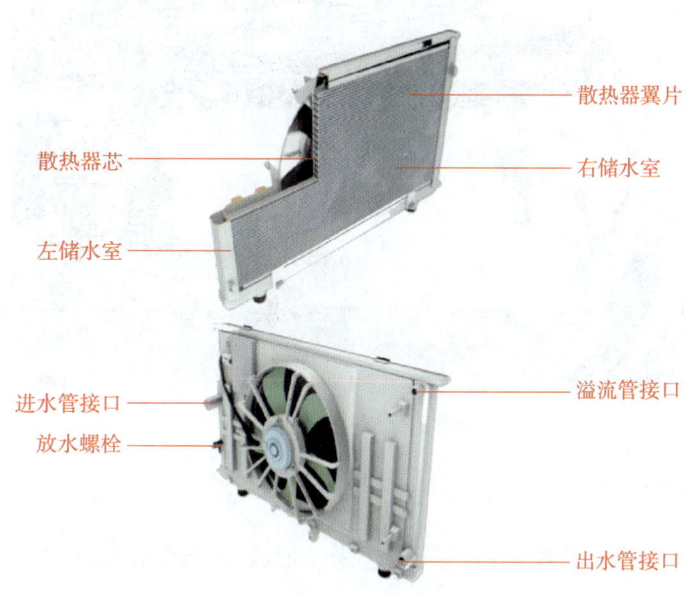

图 3-2-5 散热器的组成

3. 散热风扇

散热风扇组件位于散热器的内侧，主要由风扇扇叶、导风罩和电动机等部件组成，如图 3-2-6 所示。散热风扇用来提高通过散热器芯的空气流速，增强散热器的散热能力，加速冷却液的冷却。散热风扇是由整车控制器控制的，驱动电机和电机控制器的温度会影响散热风扇的转速。

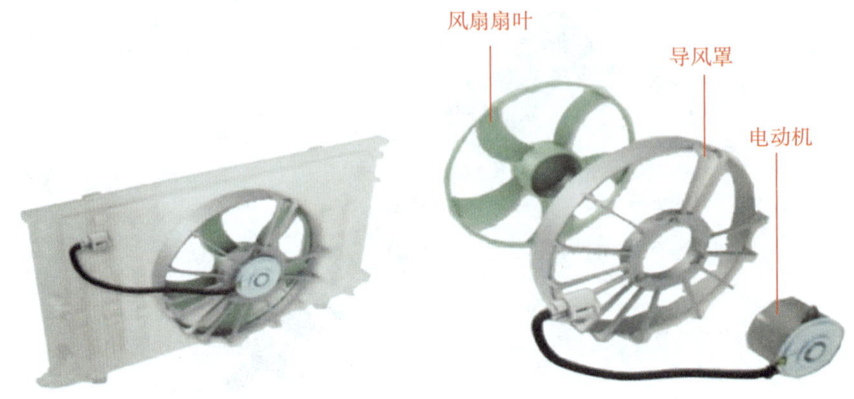

图 3-2-6　散热风扇的组成

4. 膨胀水箱

如图 3-2-7 所示，膨胀水箱的作用是为冷却系统冷却液的排气、膨胀和收缩提供受压容积，补充冷却液和缓冲“热胀冷缩”的变化，同时也作为冷却液加注口。

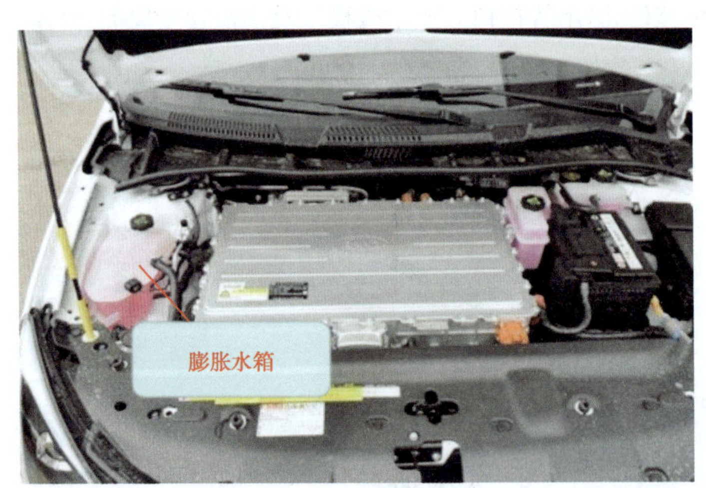

图 3-2-7　膨胀水箱

5. 冷却液管路

冷却液管路的作用是将冷却系统连接起来，形成一个封闭的循环系统。

6. 冷却液

如图 3-2-8 所示，冷却液又称防冻冷却液，是由水、防冻添加剂及防止金属产生锈蚀的添加剂组成的液体。冷却液在冷却管路中循环流动，会带走元器件工作时产生的多余热量，以确保它们在适宜的温度范围内工作。冷却液作为冷却介质，除了要具有良好的散热性能外，还应具有防结冰、防腐、防垢、防沸腾等作用。

图 3-2-8　冷却液

四、驱动电机冷却系统的工作原理

驱动电机冷却系统使用电动水泵来提高冷却液的压力，强制冷却液在电动水泵、驱动电机、电机控制器、散热器之间循环流动。换句话说，就是驱动电机冷却系统采用强制循环式水冷方式，由电动水泵提供循环动力。

如图 3-2-9 所示为驱动电机冷却系统的工作原理示意图。电动水泵将膨胀水箱中的冷却液泵入电机控制器，冷却液对电机控制器进行冷却后，从出水口流入驱动电机外壳水套，吸收驱动电机的热量后，冷却液随之升温，随后冷却液从驱动电机的出水口流出，经过冷却管路流入散热器，在散热器中冷却液通过散热器周围的空气散热而降温，最后冷却液经散热器出水软管返回电动水泵进行往复循环。

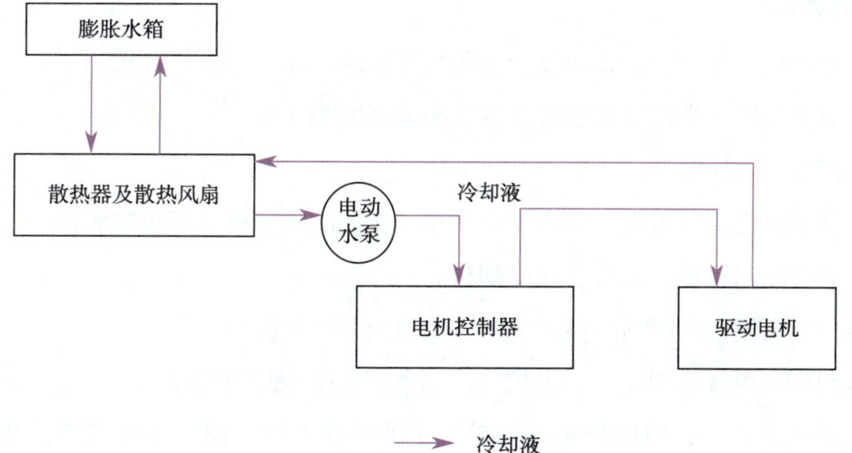

图 3-2-9　驱动电机冷却系统的工作原理示意图

五、冷却液质量的检查

1. 冷却液外观的检查

国家标准《机动车发动机冷却液》（GB 29743—2013）中规定，目视冷却液外观应清澈透明，无沉淀及悬浮物，无刺激性气味。

2. 冷却液冰点的检测

冷却液冰点应低于当地最低气温 10 ℃以上，才可保证安全使用。可使用冰点检测仪检测冷却液的冰点，如图 3-2-10 所示。

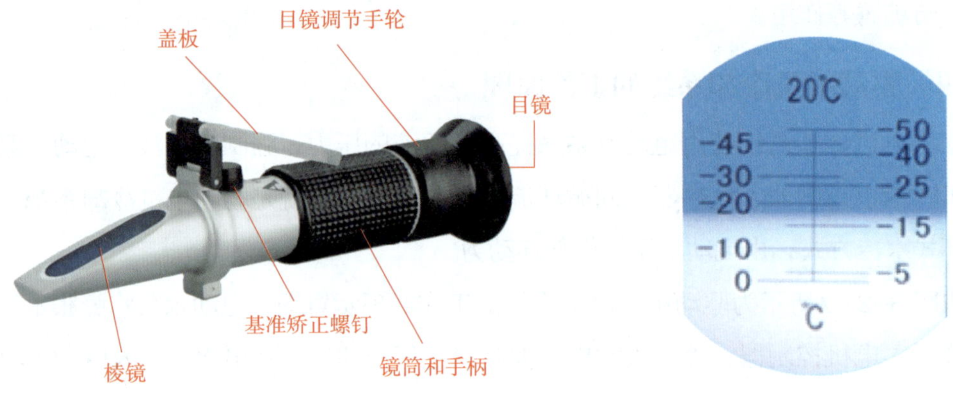

图 3-2-10　冰点检测仪

（1）将冰点检测仪调零

1）将冰点检测仪前部对准有光亮的方向，用目镜调节手轮调节目镜的折光度，直到能看到清晰的刻度。

2）打开盖板，在棱镜的表面滴一至两滴蒸馏水，盖上盖板并轻轻压平。

3）调节基准矫正螺钉，使明暗分界线和零刻度线一致。

（2）检测冷却液冰点

1）打开冰点检测仪盖板，将棱镜表面和盖板上的水分用纱布擦拭干净。

2）打开膨胀水箱盖，吸取少许冷却液。

3）滴一至两滴冷却液到棱镜表面，盖上盖板并轻轻压平。

4）从明暗分界线的刻度上读出数值，该数值就是冷却液的冰点。

5）检测完冰点后，将棱镜表面和盖板上的液体擦拭干净，等棱镜表面和盖板变干后，将冰点检测仪收好。

6）盖上膨胀水箱盖。至此冷却液的冰点检测完毕。

任务实施

驱动电机冷却系统的检查与维护	
一、驱动电机冷却系统的基本维护	
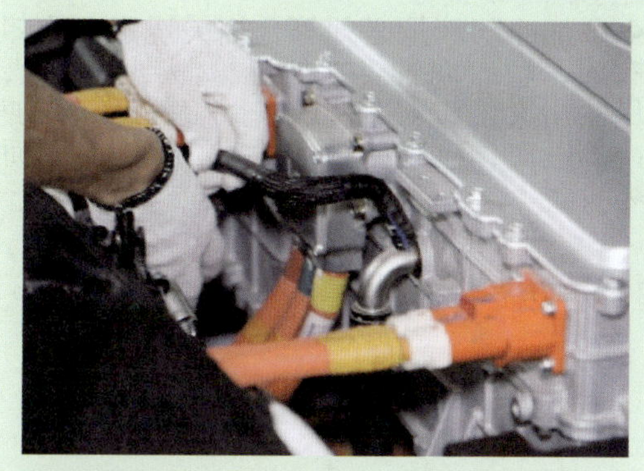	1. 检查冷却系统各管路和各部件接口处有无泄漏。若有，应予以维修或更换
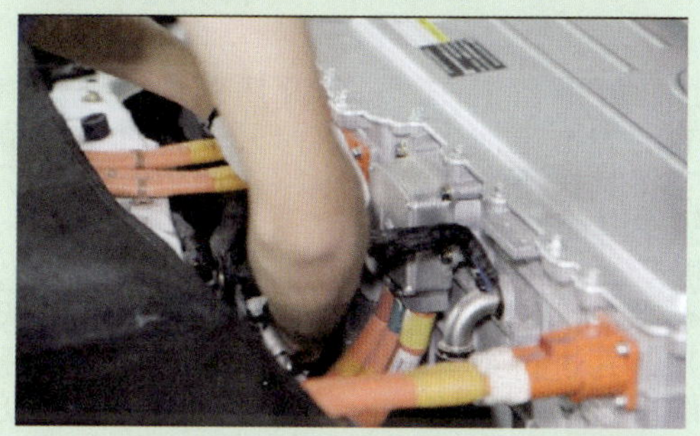	2. 检查电动水泵和散热风扇电动机电源导线是否有老化、破皮，电源线铜芯是否有外露现象，电动水泵及散热风扇工作是否正常。若有问题，需及时维修或更换
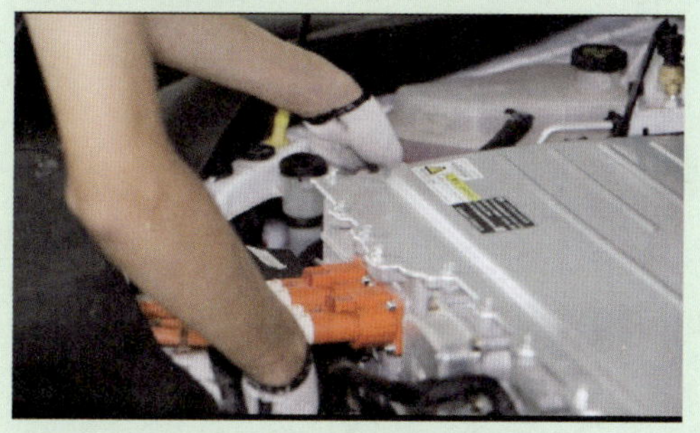	3. 检查散热器盖和软管处有无冷却液泄漏，芯体是否老化或堵塞。若有，应予以更换
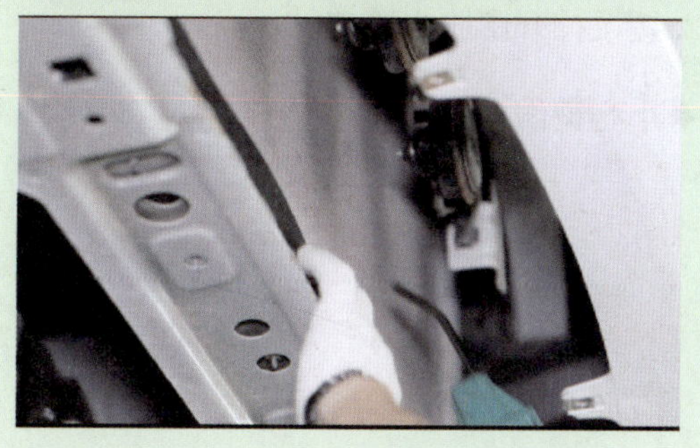	4. 清理散热器，检查散热器和空调散热通风管道，出现碎屑堆积时及时清理 提示： ◆驱动电机冷却后，在散热器后部（驱动电机侧）使用压缩空气冲走散热器或空调冷凝器内的碎屑，严禁使用水枪喷水的方式清洗散热器散热片

续表

驱动电机冷却系统的检查与维护	
	5. 检查电动汽车冷却液液位，在冷却液处于冷态时进行目视检查，膨胀水箱内的冷却液液面高度应保持在 MAX 与 MIN 两条标记线之间。应根据情况适当添加冷却液 提示： ◆添加冷却液量必须符合相关规定，冷却液有毒，也有腐蚀性，如不慎溅到皮肤上，应尽快用大量清水冲洗或去医院就医。在加注冷却液时，应避免将冷却液洒到车身上而损坏漆面
二、冷却液的检查及更换	
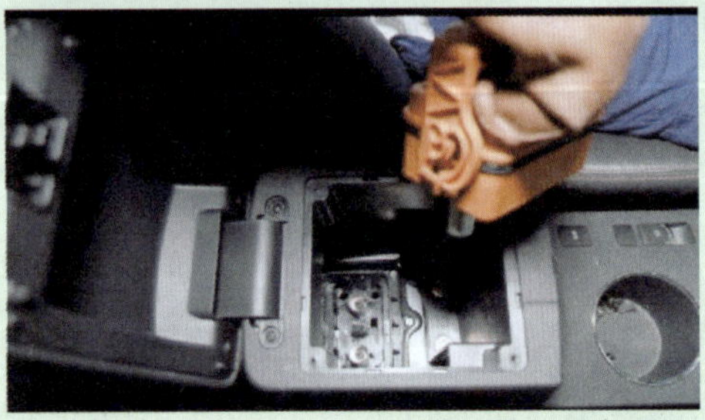 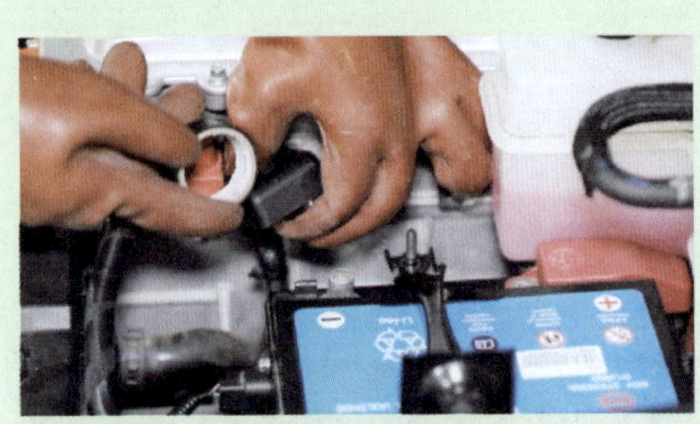	1. 做好准备工作，进行高压断电。电动汽车的动力蓄电池上设有维修开关，维护车辆时应将其拔下，以断开电路，避免维修人员接触车身而造成电击伤 提示： ◆拔下维修开关前，要将辅助蓄电池负极断开，并进行绝缘保护。在对电动汽车高压部件进行维护之前，一定要做好高压安全防护准备
	2. 缓慢拧开膨胀水箱盖 提示： ◆小心烫伤

续表

<table>
<tr><th colspan="2">驱动电机冷却系统的检查与维护</th></tr>
<tr><td>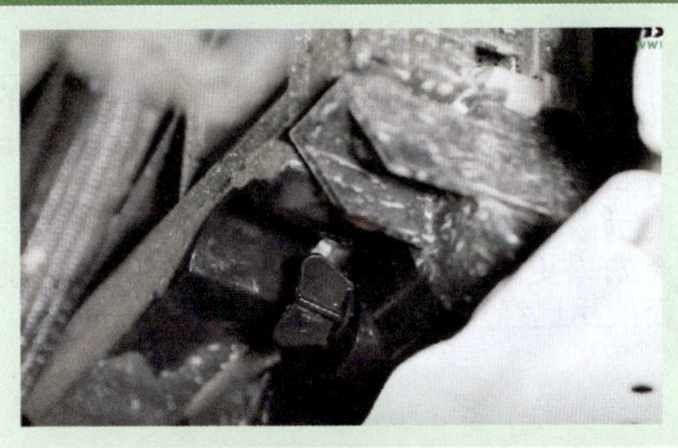</td><td>3. 举升车辆，拧松冷却液排放螺栓，排出冷却液。在冷却液排放干净后拧紧冷却液排放螺栓
提示：
◆将收集盘置于车下，用来收集排出的冷却液，防止废液污染环境。回收冷却液时必须按照相关规定进行处理</td></tr>
<tr><td>
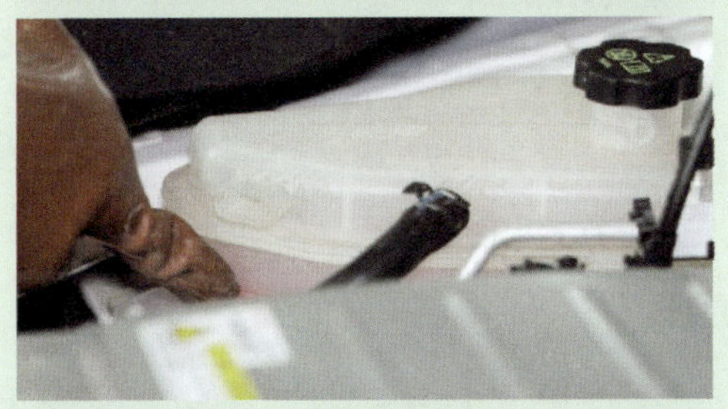</td><td>4. 降下车辆，将指定型号的冷却液从膨胀水箱口加入至接近 MAX 标记线</td></tr>
<tr><td></td><td>5. 拧上膨胀水箱盖</td></tr>
<tr><td></td><td>6. 按规定安全上电，待电动水泵循环运行 2～3 min 后再补充冷却液，重复以上加注操作，直至达到冷却系统冷却液加注量要求，并补充加注至接近 MAX 标记线位置</td></tr>
</table>

续表

驱动电机冷却系统的检查与维护	
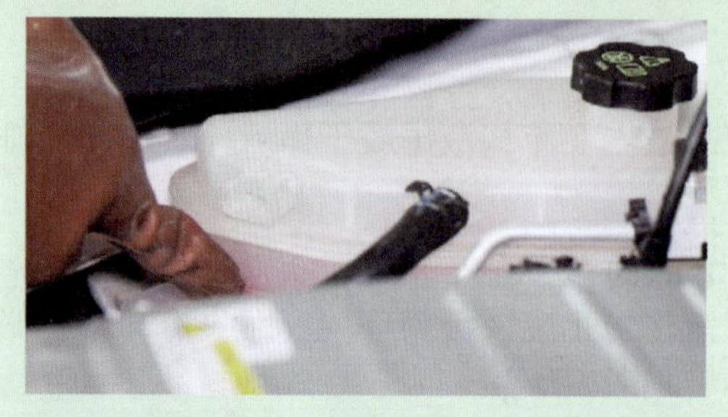	7. 待驱动电机冷却后，检查膨胀水箱中的冷却液液位，应处于 MAX 与 MIN 两条标记线之间 提示： ◆如果更换了散热器、驱动电机等，不能重新使用已经用过的冷却液
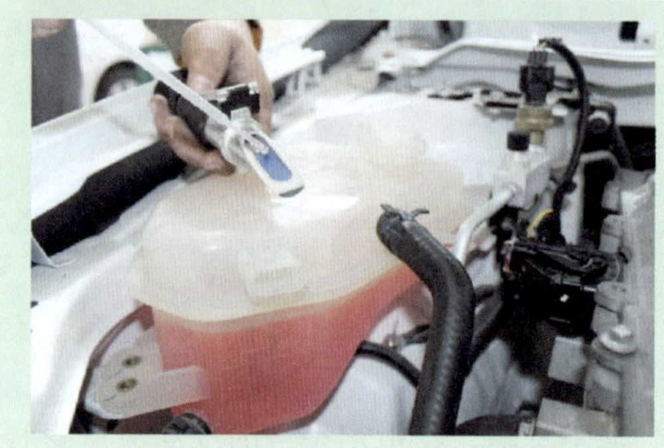	8. 在寒冷的冬季里加注完冷却液后应对其冰点进行检测，以保证冷却系统中冷却液冰点能满足使用要求

思考与练习

1. 简述电动汽车驱动电机冷却系统的作用、工作方式和组成。
2. 简述电动汽车驱动电机冷却系统的工作原理。

驱动电机系统的检查与维护实训任务工单

姓名		学号	
班级		小组成员	

一、接受任务

车主孙先生将汽车开到维修站进行驱动电机系统的维护与保养。维修技师需根据汽车生产厂家规定，对汽车的驱动电机系统进行检查与维护。

二、收集信息

1. 在图 1 中填写比亚迪 e5 电动汽车高压电控总成接口的名称。

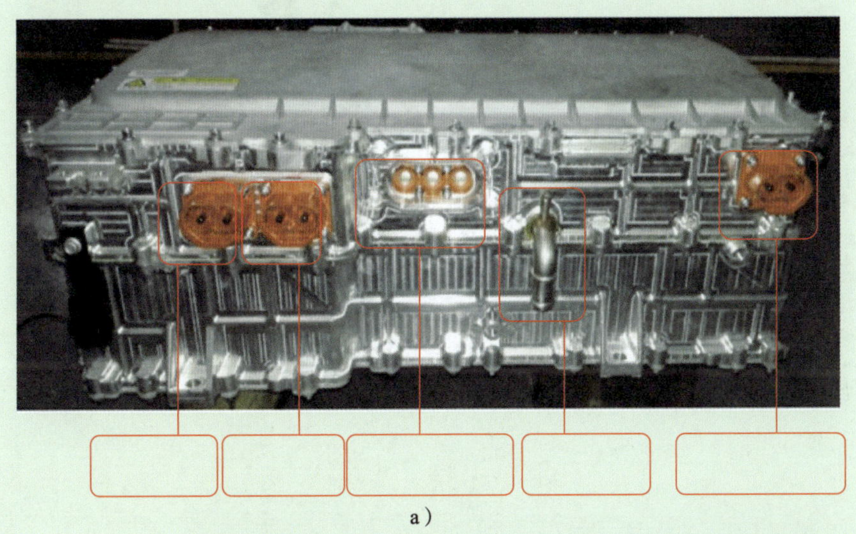

a）

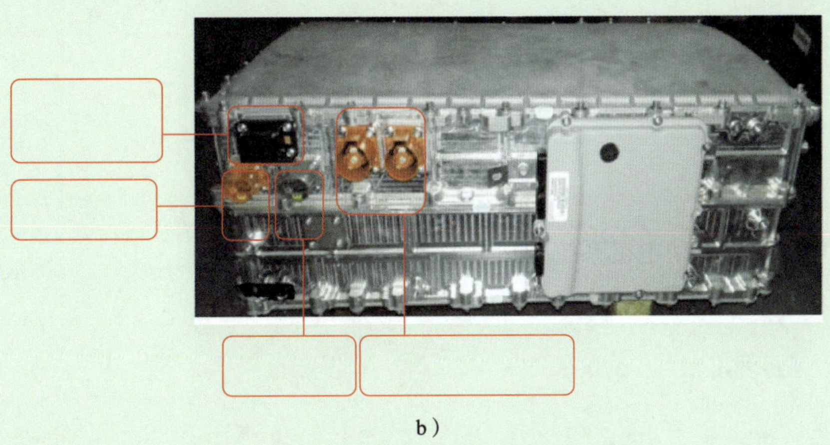

b）

图 1　比亚迪 e5 电动汽车高压电控总成接口

2. 在图 2 中填写驱动电机冷却系统各组成部件的名称。

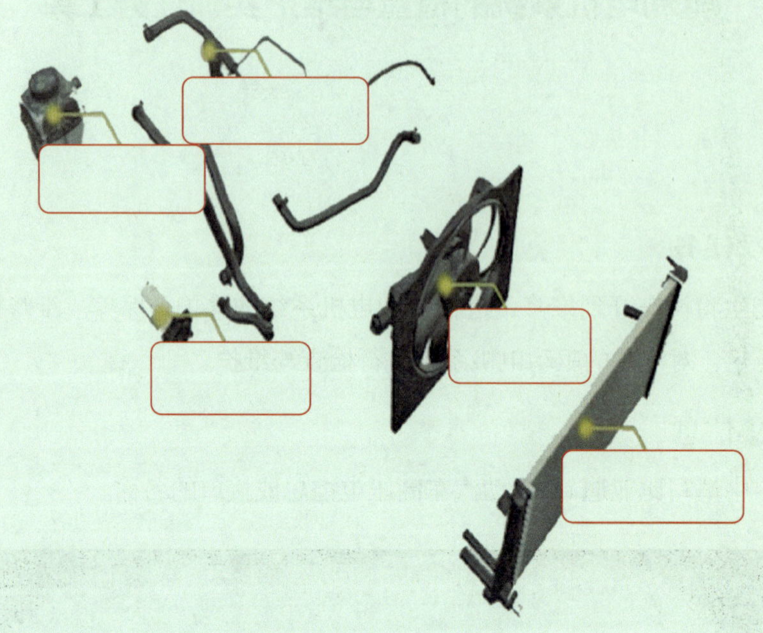

图 2 驱动电机冷却系统

3. 写出电机控制器的作用。

4. 写出驱动电机的作用。

5. 写出驱动电机的组成。

6. 写出电动汽车驱动电机系统的布置形式。

7. 写出电动汽车驱动电机冷却系统的作用。

8. 写出驱动电机冷却系统的工作原理。

三、制订计划

根据任务要求，在表 1 中填写所需准备的检测仪器和工具，将制订的工作计划填写在表 2 中。

表 1 检测仪器和工具

序号	名称	数量	清点情况
			□已清点
			□已清点
			□已清点
			□已清点
			□已清点
			□已清点
			□已清点
			□已清点
			□已清点
			□已清点

表 2 工作计划

序号	作业项目	操作要点

续表

序号	作业项目	操作要点
作业注意事项：		

四、任务实施

1. 驱动电机及高压电控总成的检查与维护

驱动电机及高压电控总成的检查与维护见表 3。

表 3 驱动电机及高压电控总成的检查与维护

序号	实施步骤	检查 / 执行结果	处理建议
1	检查驱动电机是否有磕碰、损坏，表面是否漏液；检查驱动电机冷却液的液面高度是否正常	□是 □否	
2	检查驱动电机的冷却液管道是否泄漏，清除驱动电机表面的灰尘、油泥，用高压气枪或干布对驱动电机表面进行清洁处理	□是 □否	
3	戴上绝缘手套，检查驱动电机高压插接器插接是否牢固；检查驱动电机各传感器是否插接牢固	□是 □否	
4	将驱动电机与变速器总成螺栓及驱动电机固定螺栓按规定力矩紧固	□是 □否	
5	戴好绝缘手套后测量驱动电机搭铁绝缘，将绝缘电阻测量仪量程调至 1 000 V，将黑表笔搭铁，用红表笔分别测量驱动电机三相端子绝缘电阻值，判断三相端子绝缘电阻值是否正常 U 相绝缘电阻值为（ ） V 相绝缘电阻值为（ ） W 相绝缘电阻值为（ ）	□是 □否	

续表

序号	实施步骤	检查 / 执行结果	处理建议
6	使用数字式万用表分别测量驱动电机旋转变压器正弦电阻值、余弦电阻值、励磁电阻值是否符合技术标准要求 正弦电阻值为（ ） 余弦电阻值为（ ） 励磁电阻值为（ ） 使用数字式万用表测量驱动电机温度传感器的电阻值是否符合技术标准要求 驱动电机温度传感器的电阻值为（ ） 对应温度为（ ）	□是 □否	
7	检查车辆运行过程中驱动电机有无异响	□是 □否	
8	做好准备工作，进行高压断电，检查高压电控总成是否损坏，清除高压电控总成表面的灰尘，检查并按规定力矩紧固高压电控总成的上盖螺栓	□是 □否	
9	戴上绝缘手套，检查驱动电机高压插接器插接是否牢固；戴上耐磨损手套，检查低压插接器插接情况	□是 □否	

2. 驱动电机冷却系统的检查与维护

驱动电机冷却系统的检查与维护见表 4。

表 4　驱动电机冷却系统的检查与维护

序号	实施步骤	检查 / 执行结果	处理建议
1	检查冷却系统各管路和各部件接口处有无泄漏；检查电动水泵和散热风扇电动机电源导线是否老化、破皮，电源线铜芯是否有外露现象，电动水泵及散热风扇工作是否正常	□是 □否	
2	检查散热器盖和软管处有无冷却液泄漏，芯体是否老化或堵塞；检查散热器和空调散热通风管道，出现碎屑堆积时及时清理	□是 □否	
3	定期检查电动汽车冷却液液位，在冷却液处于冷态时进行目视检查，膨胀水箱内的冷却液液面高度应保持在 MAX 与 MIN 两条标记线之间	□ MAX 标记线以上 □ MIN 标记线以下 □ MAX 标记线与 MIN 标记线之间	

冷却液的更换步骤见表 5。

表 5　冷却液的更换步骤

序号	实施步骤	检查 / 执行结果	处理建议
1	做好准备工作，进行高压断电	□是　□否	
2	拧开膨胀水箱盖	□是　□否	
3	举升车辆，拧松冷却液排放螺栓，排出冷却液。在冷却液排放干净后拧紧冷却液排放螺栓	□是　□否	
4	降下车辆，将指定型号的冷却液从膨胀水箱口加入至接近 MAX 标记线	□是　□否	
5	拧上膨胀水箱盖	□是　□否	
6	按规定安全上电，待电动水泵循环运行 2~3 min 后再补充冷却液，重复以上加注操作，直至达到冷却系统冷却液加注量要求，并补充加注至接近 MAX 标记线位置	□是　□否	
7	待驱动电机冷却后，检查膨胀水箱中的冷却液液位，应处于 MIN 与 MAX 两条标记线之间	□是　□否	
8	冷却液冰点检测 冰点检测值为（　　）	□是　□否	

五、质量检查

实训指导教师检查本组作业情况，并针对实训过程中出现的问题提出改进建议，见表 6。

表 6　质量检查

序号	评价项目	评价结果
1	正确完成驱动电机及高压电控总成的检查与维护	
2	正确完成驱动电机冷却系统的检查与维护	
综合评价（作业问题及改进建议）：		

六、考核评价

考核评价见表 7。

表 7　　考核评价

<table>
<tr><th>项目</th><th colspan="2">评分标准</th><th>配分</th><th>得分</th></tr>
<tr><td>接受任务</td><td colspan="2">明确工作任务，理解任务在车辆维护与保养中的重要程度</td><td>5</td><td></td></tr>
<tr><td rowspan="3">收集信息</td><td colspan="2">了解驱动电机和电机控制器的作用及组成</td><td>5</td><td></td></tr>
<tr><td colspan="2">了解驱动电机冷却系统的作用、组成及工作原理</td><td>5</td><td></td></tr>
<tr><td colspan="2">了解高压电控总成各接口名称</td><td>5</td><td></td></tr>
<tr><td rowspan="3">制订计划</td><td colspan="2">能制订驱动电机及高压电控总成的检查与维护作业计划</td><td>5</td><td></td></tr>
<tr><td colspan="2">能协同小组成员安排任务分工</td><td>2</td><td></td></tr>
<tr><td colspan="2">能在任务实施前准备好所需要的检测仪器和工具</td><td>3</td><td></td></tr>
<tr><td rowspan="3">任务实施</td><td>任务名称</td><td>评分说明</td><td>配分</td><td>得分</td></tr>
<tr><td>驱动电机及高压电控总成的检查与维护</td><td>未检查驱动电机是否有磕碰、损坏及表面是否漏液，未检查驱动电机冷却液液面高度是否正常扣 5 分；未清理驱动电机扣 5 分；未紧固驱动电机螺栓扣 5 分；未正确进行驱动电机绝缘性能及绝缘电阻值检查扣 10 分；未检查高压电控总成扣 10 分</td><td>35</td><td></td></tr>
<tr><td>驱动电机冷却系统的检查与维护</td><td>未检查冷却液液位扣 5 分；未检查管路泄漏情况及电动水泵、风扇线路情况和工作情况扣 5 分；未检查散热器、软管处泄漏情况及芯体老化、堵塞情况扣 5 分；冷却液未排放干净扣 5 分；加注冷却液量不正确，加注完冷却液后未运行电动水泵扣 5 分；未进行冷却液冰点检测扣 5 分</td><td>30</td><td></td></tr>
<tr><td>质量检查</td><td colspan="2">学生完成任务，操作过程规范</td><td>5</td><td></td></tr>
<tr><td colspan="4">总得分</td><td></td></tr>
</table>

模块四 高压辅助器件及车身电器设备的检查与维护

任务 1 | DC/DC 变换器的检查与维护

学习目标

1. 了解电动汽车 DC/DC 变换器的作用和安装位置。
2. 掌握电动汽车 DC/DC 变换器的检查与维护方法。

●任务描述

王先生的江淮 IEV6E 电动汽车已行驶 50 000 km，现车主反映汽车无法上电，通过检查发现辅助蓄电池电压很低。作为维修人员，请你根据现场工作管理规范，完成电动汽车 DC/DC 变换器的检查与维护，并向王先生解释电动汽车 DC/DC 变换器定期维护的重要性。

相关理论

一、DC/DC 变换器的作用与安全防护功能

图 4-1-1 所示为江淮 IEV6E 电动汽车 DC/DC 变换器，其作用是将动力蓄电池的高压直流电转换为整车低压 12 V 直流电，向车辆附属电器设备提供电能并对辅助电源充电，相当于传统汽车的发电机，具有效率高、体积小、耐受恶劣工作环境等特点。

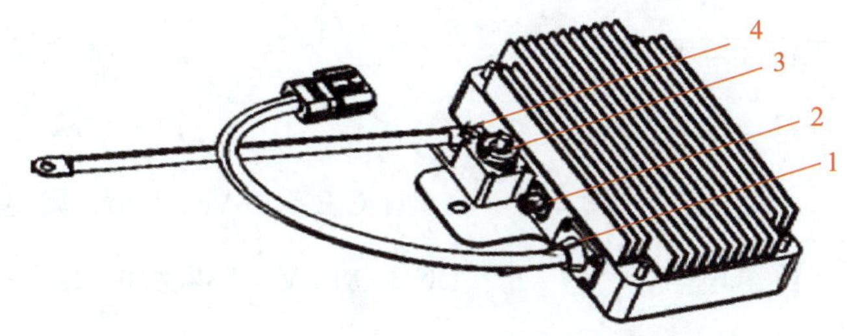

图 4-1-1 江淮 IEV6E 电动汽车 DC/DC 变换器

1—高压直流输入 2—信号插接器 3—输出正极接线柱 4—搭铁线

为了使 DC/DC 变换器在出现故障时保证系统能可靠安全地运行及保护部件不会损坏，DC/DC 变换器具有以下安全防护功能：

1. 输入低电压保护

当 DC/DC 变换器输入端电压低于最低电压规定值时，DC/DC 变换器会锁死输出；当输入端电压升至最低电压规定值以上时，DC/DC 变换器自动恢复工作。

2. 输入反接保护

如果 DC/DC 变换器输入端高压正负极接反，则 DC/DC 变换器进行反接保护，锁死输出，但不会损坏。当反接消除后，DC/DC 变换器正常工作。

3. 输出短路保护

DC/DC 变换器具有输出短路保护功能，当短路故障消除后，DC/DC 变换器可恢复正常工作。

4. 过温保护

当 DC/DC 变换器温度达到 80 ℃时，DC/DC 变换器首先采取降低功率的方法来降温；当 DC/DC 变换器温度达到 90 ℃时，DC/CD 变换器采用关机保护措施；当 DC/DC 变换器温度降至 80 ℃时，DC/DC 变换器又自动恢复工作。

DC/DC 变换器的主要技术指标见表 4-1-1。

表 4-1-1　DC/DC 变换器的主要技术指标

序号	主要技术指标	规定值
1	输入端电压	220～450 V
2	输出端电压	13.8（1±1%）V
3	功率	1 kW
4	冷却形式	自然风冷
5	工作环境温度	-20～60 ℃
6	工作环境相对湿度	5%～95%
7	耐压	DC 2 500 V/1 min，漏电流 <5 mA
8	绝缘电阻	DC 1 000 V、环境温度 25 ℃时大于 20 MΩ

二、DC/DC 变换器的外部电路

图 4-1-2 所示为江淮 IEV6E 电动汽车 DC/DC 变换器与动力蓄电池、12 V 辅助蓄电池、低压电器设备、蓄电池管理系统的整车接线示意图，DC/DC 变换器的高压直流输入直接接到动力蓄电池正负极上，低压输出接到 12 V 辅助蓄电池上，然后输出到各低压电器设备上。

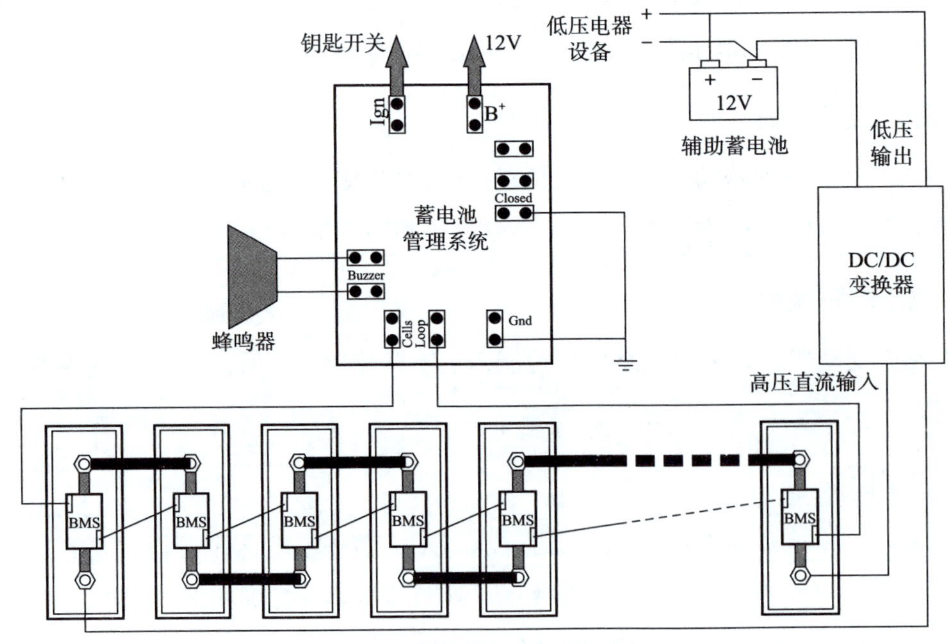

图 4-1-2　江淮 IEV6E 电动汽车 DC/DC 变换器整车接线示意图

三、DC/DC 变换器的安装位置

图 4-1-3 所示为江淮 IEV6E 电动汽车 DC/DC 变换器的安装位置。

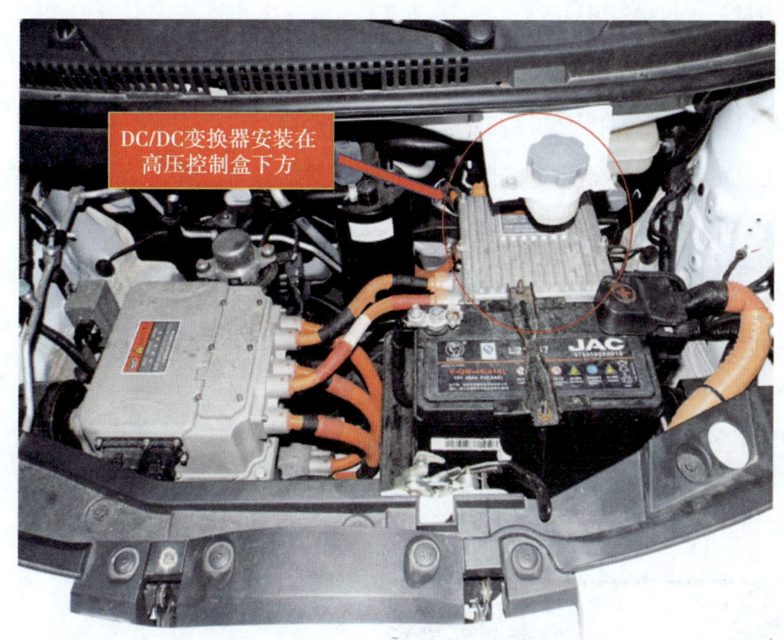

图 4-1-3 江淮 IEV6E 电动汽车 DC/DC 变换器的安装位置

四、DC/DC 变换器的工作流程

1. 将整车置于“ON”挡上电或通过充电唤醒上电。

2. 动力蓄电池完成高压系统预充电流程。

3. 整车控制器为 DC/DC 变换器提供使能信号。

4. DC/DC 变换器开始工作。

五、DC/DC 变换器功能的检测

1. 检测方法

（1）将汽车钥匙开关置于“OFF”挡，断开所有用电器件，拔出汽车钥匙。

（2）用万用表电压挡测量辅助蓄电池的端电压，记录此电压值。

（3）将汽车钥匙开关置于“ON”挡位置，给车辆上电。

（4）再次测量辅助蓄电池的端电压，该电压即为 DC/DC 变换器输出电压。

2. 检测结果判断

上电时，测量的 DC/DC 变换器正常输出电压应为 13.5～14 V。如果两次测量的电压一致，且均低于 13.5 V，说明 DC/DC 变换器故障，应检查插接器是否正常连接，高压熔丝是否熔断，使能信号是否给出。

六、DC/DC 变换器的检查

1. 检查 DC/DC 变换器散热齿上是否有杂物。
2. 检查 DC/DC 变换器低压插接器是否可靠连接。
3. 检查 DC/DC 变换器高压插接器是否可靠连接。
4. 检查 DC/DC 变换器外壳是否有明显碰撞痕迹。

任务实施

DC/DC 变换器的检查与维护	
一、DC/DC 变换器连接线束的检查	
	1. 检查 DC/DC 变换器外壳是否有明显的碰撞痕迹，对 DC/DC 变换器模块是否造成损坏
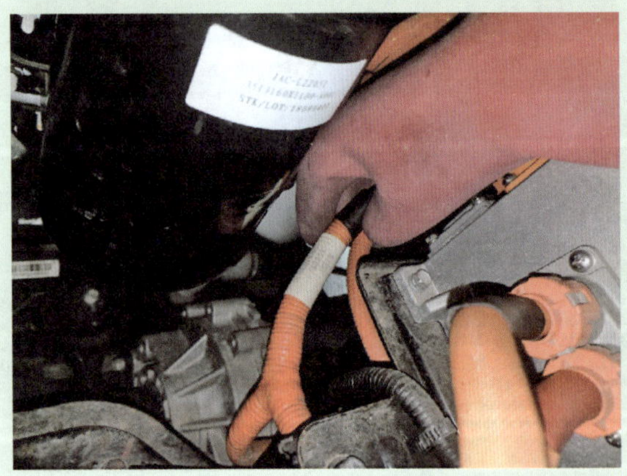	2. 检查 DC/DC 变换器各连接线束是否破裂，高低压接线端子连接是否牢固，有无松动

续表

DC/DC 变换器的检查与维护	
二、DC/DC 变换器输出电压的检查	
	1. 检查电路线束及插接器连接处是否对插到位，有无松动、腐蚀、破损等问题 在保证整车线束正常连接的情况下，全车通电前使用万用表测量辅助蓄电池端电压，并记录
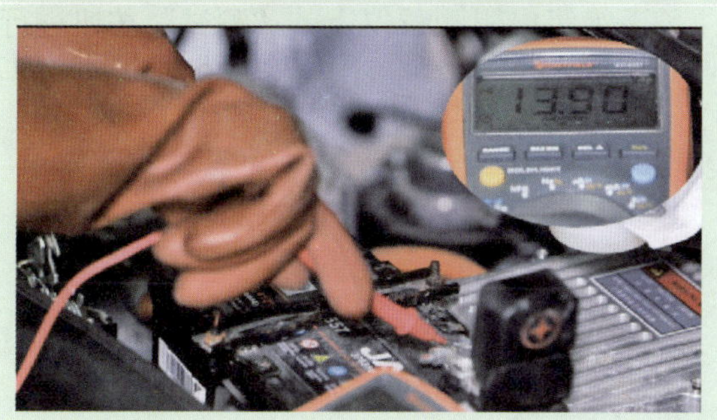	2. 整车通电，使用万用表再次测量辅助蓄电池端电压，并记录 提示： ◆ DC/DC 变换器正常输出电压为 13.8（1±1%）V，将两次测量电压值进行对比，判断 DC/DC 变换器工作是否正常
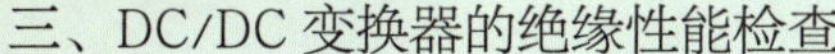三、DC/DC 变换器的绝缘性能检查	
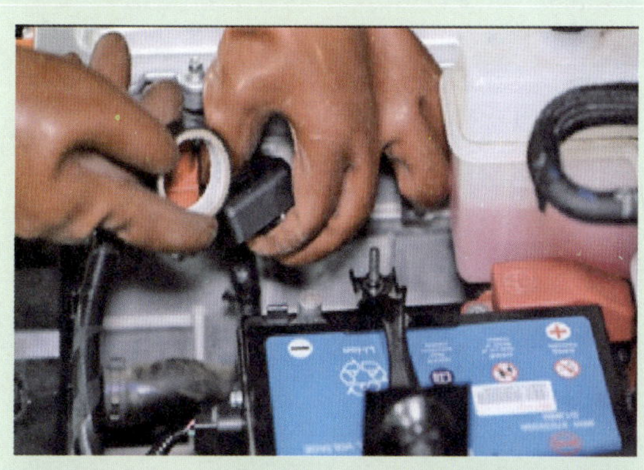 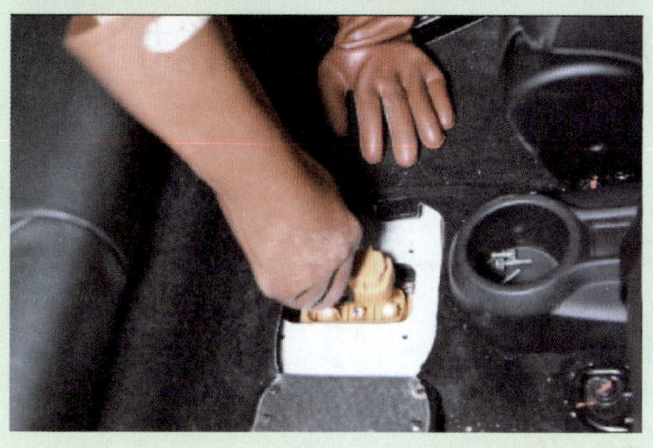	1. 做好准备工作，进行高压断电。电动汽车的动力蓄电池上设有维修开关，维护车辆时要将其拔下，以断开电路，避免维修人员接触车身造成电击伤 提示： ◆拔下维修开关前，要将辅助蓄电池负极断开，并进行绝缘保护

续表

DC/DC 变换器的检查与维护	
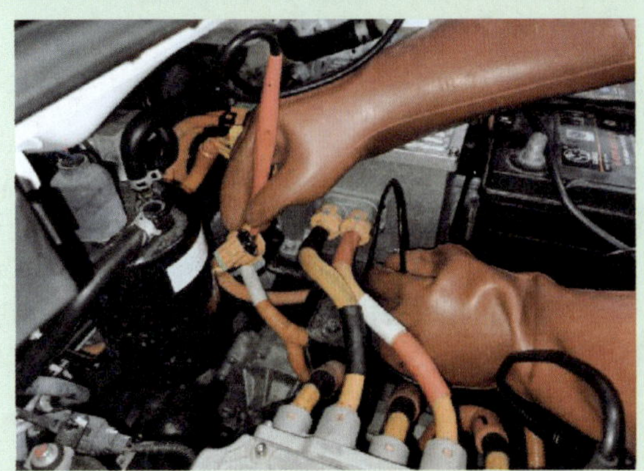 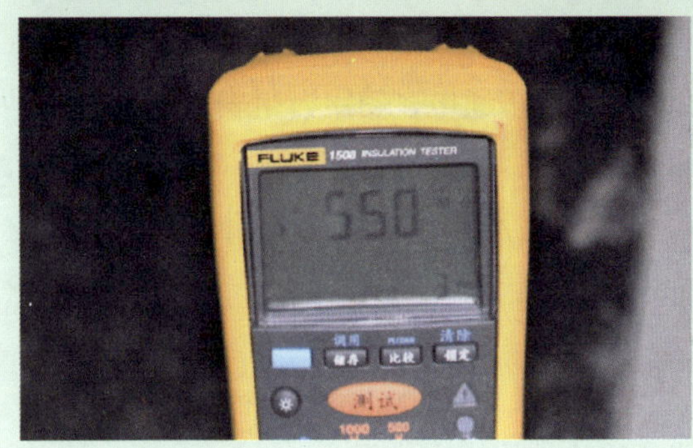	2. 戴好绝缘手套后，将绝缘电阻测量仪负表笔与电缆外壳或车身搭铁点充分有效连接，用绝缘电阻测量仪正表笔分别测量 DC/DC 变换器端子 A 和端子 B，并按下绝缘电阻测量仪上的“测试”按钮进行读数，将测得绝缘电阻值与标准值进行比较，判断其绝缘性能是否正常

思考与练习

1. 简述 DC/DC 变换器的作用与安全防护功能。
2. 简述 DC/DC 变换器的检查与维护方法。

任务 2 车载充电机的检查与维护

学习目标

1. 了解电动汽车车载充电机的作用和安装位置。
2. 掌握电动汽车车载充电机的检查与维护方法。

任务描述

王先生的江淮 IEV6E 电动汽车已行驶 20 000 km，现车主反映车载充电机无法充电。作为维修人员，请你根据现场工作管理规范，完成电动汽车车载充电机的检查与维护，并向王先生解释电动汽车车载充电机定期维护的重要性。

相关理论

一、车载充电机的作用

图 4-2-1 所示为江淮 IEV6E 电动汽车车载充电机，车载充电机能将交流电转变为高压直流电，为动力蓄电池充电，并按要求控制其电流。车载充电机具有安全地自动充满电的能力，能依据蓄电池管理系统提供的数据，动态调节充电电流或电压参数，执行相应的动作，完成充电过程。

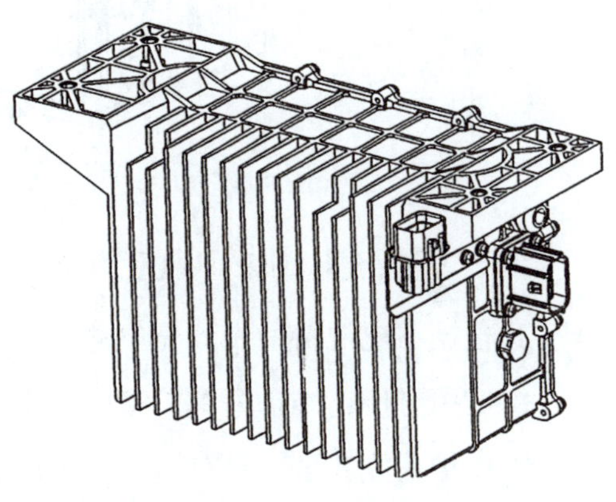

图 4-2-1 江淮 IEV6E 电动汽车车载充电机

二、车载充电机的安装位置

图 4-2-2 所示为江淮 IEV6E 电动汽车车载充电机的安装位置。

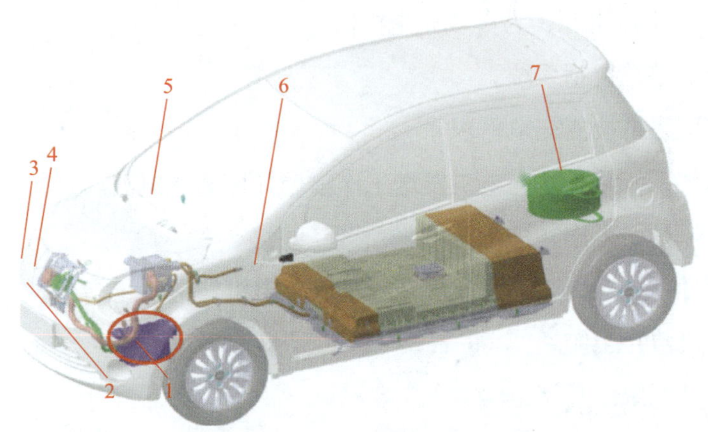

图 4-2-2 江淮 IEV6E 电动汽车车载充电机的安装位置

1—车载充电机 2—直流充电插座总成 3—交流充电插座总成 4—充电口支架
5—充电指示灯 6—定时充电开关 7—充电插头整理包

三、车载充电机的接口

图 4-2-3 所示为江淮 IEV6E 电动汽车车载充电机的接口示意图。

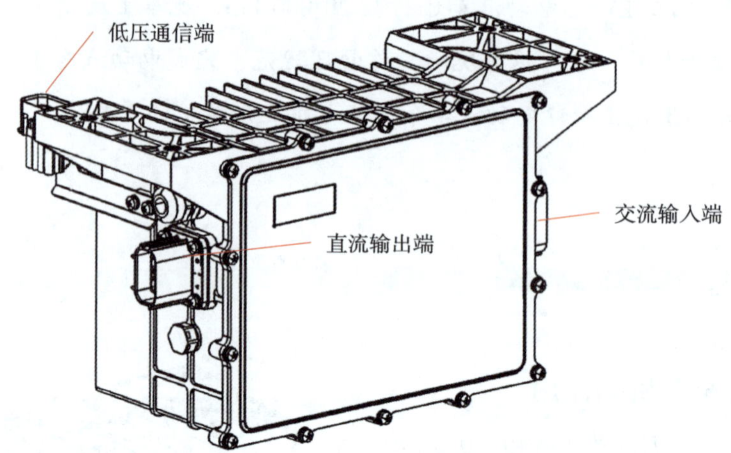

图 4-2-3　江淮 IEV6E 电动汽车车载充电机的接口示意图

四、车载充电机的特点

1. 根据蓄电池特性设计充电曲线，可以延长蓄电池的使用寿命。
2. 使用方便，维护简单，智能充电，无须人工职守。
3. 保护功能齐全，具有过压、欠压、过流、过热、短路、输出反接等保护功能。
4. 显示直观，充电过程和故障采用指示灯指示，方便观察充电和故障情况。
5. 采用高频开关技术，使车载充电机的工作效率高、体积和质量小。

五、车载充电机的工作流程

1. 插上 220 V 交流电源，为车载充电机供电。
2. 用低压唤醒整车控制系统。
3. 蓄电池管理系统检测充电需求。
4. 蓄电池管理系统给车载充电机发送工作指令并接通继电器。
5. 车载充电机开始工作，进行充电。
6. 蓄电池管理系统检测充电完成后，给车载充电机发送停止指令。
7. 车载充电机停止工作。
8. 蓄电池管理系统断开继电器。

六、车载充电机的检查

1. 检查车载充电机的散热风扇上是否有异物。

2. 检查车载充电机的散热齿上是否有杂物。

3. 检查低压插接器是否松动。

4. 检查高压插接器是否可靠连接。

5. 检查车载充电机的外壳是否有明显碰撞痕迹。

任务实施

车载充电机的检查与维护	
一、车载充电机连接线束及外观的检查	
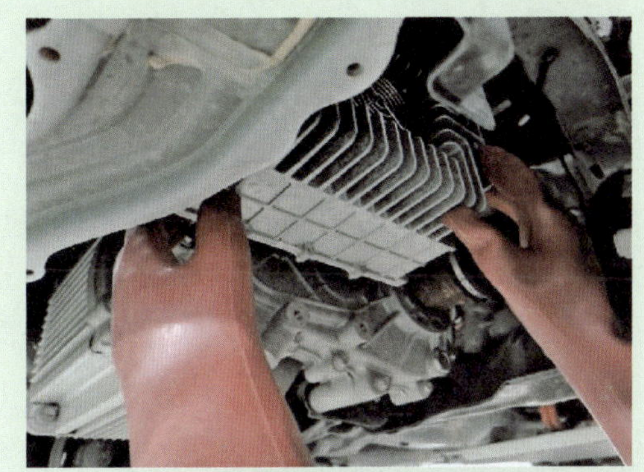	1. 检查车载充电机表面是否有明显碰撞痕迹，外壳有无变形和破损，必要时进行更换
	2. 检查车载充电机各连接线束是否破裂，高低压接线端子连接是否牢固，应保证可靠连接
二、充电插座的检查与维护	
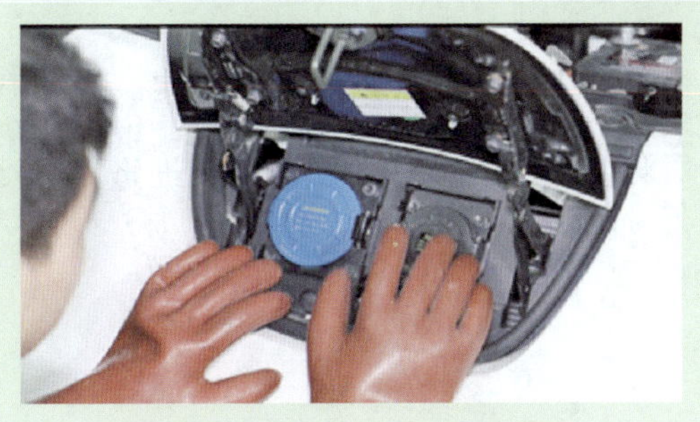	1. 检查充电插座是否有裂纹、表面是否有灰尘和异物、端子孔是否烧蚀，充电插座内密封圈是否正常

续表

车载充电机的检查与维护	
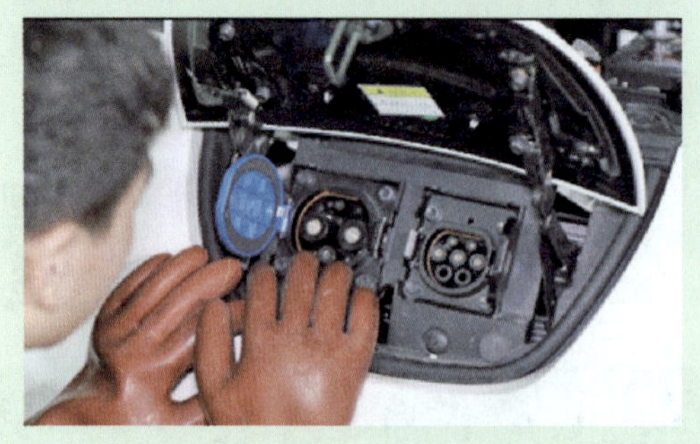	提示： ◆必须执行该项检查，并确认充电插座内密封圈无断裂 ◆密封圈位于充电插座端口内部。如果充电插座密封圈损坏，需更换密封圈 2. 清理充电插座。如果充电口盖损坏，需更换充电口盖。如果直流充电插座和交流充电插座损坏，需更换插座
三、车载充电机功能的检查	
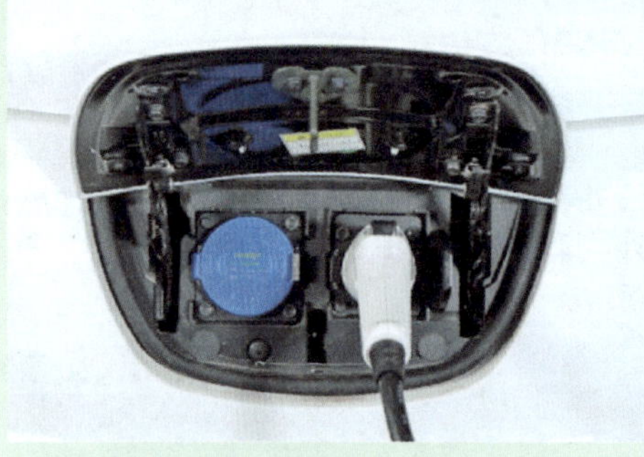	1. 为车载充电机连接交流电源
	2. 检查车载充电机的充电指示灯是否点亮，若充电指示灯不亮，说明车载充电机故障，应检查车载充电机的工作情况
四、充电插座绝缘电阻值的测量	
	1. 做好准备工作，进行高压断电。电动汽车的动力蓄电池上设有维修开关，维护车辆时应将其拔下，断开电路，避免维修人员接触车身造成电击伤

续表

车载充电机的检查与维护	
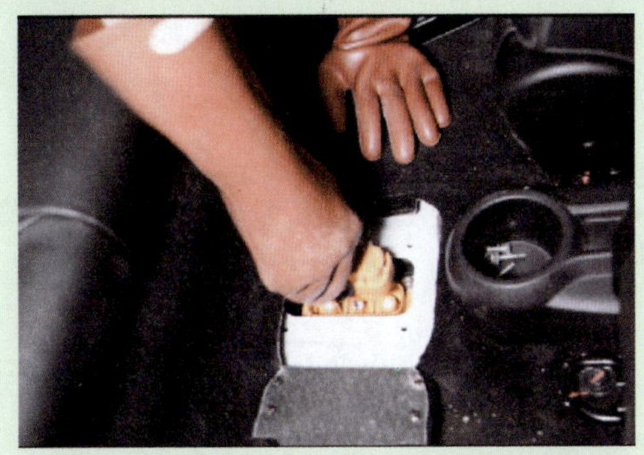	提示： ◆拔下维修开关前，要将辅助蓄电池负极断开，并进行绝缘保护
	2. 测量交流充电插座（A）L、N 端对搭铁（PE）的绝缘电阻值，绝缘电阻值应大于 20 MΩ 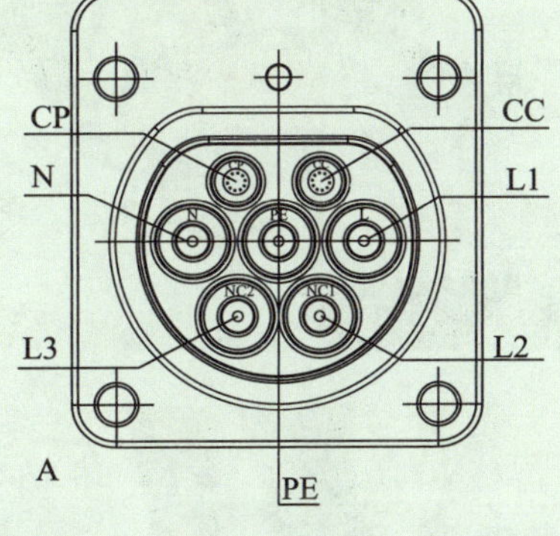 提示： ◆操作人员应佩戴绝缘手套 ◆用绝缘电阻测量仪测量绝缘电阻值时需选用 1 000 V 挡
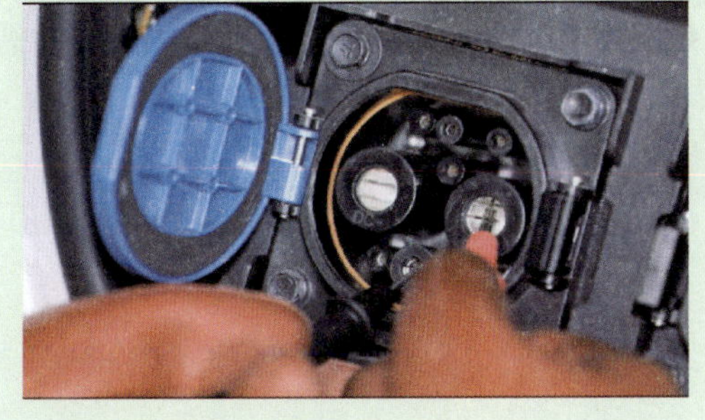	3. 测量直流充电插座（B）DC−、DC+ 端对搭铁（PE）的绝缘电阻值，绝缘电阻值应大于 20 MΩ 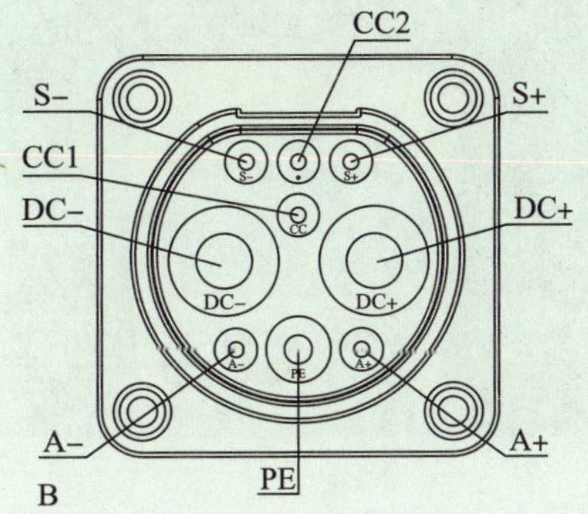

续表

车载充电机的检查与维护

提示：

◆用绝缘电阻测量仪测量绝缘电阻值时需选用 1 000 V 挡

五、车载充电机绝缘电阻值的测量

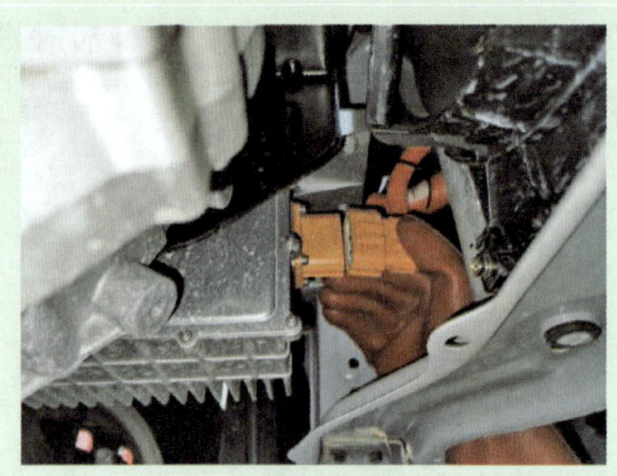

1. 断开车载充电机的高压连接

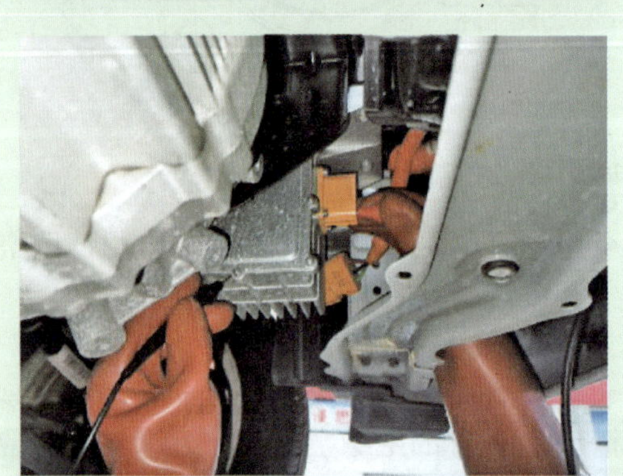

2. 测量车载充电机的输入端及输出端对车载充电机壳体的绝缘电阻，绝缘电阻值应大于 20 MΩ

提示：

◆用绝缘电阻测量仪测量绝缘电阻值时需选用 1 000 V 挡

思考与练习

1. 简述车载充电机的作用。
2. 简述车载充电机的安装位置和检查方法。

任务 3 | 高压控制盒的检查与维护

学习目标

1. 了解电动汽车高压控制盒的作用和安装位置。
2. 掌握电动汽车高压控制盒的检查与维护方法。

任务描述

王先生的江淮 IEV6E 电动汽车已行驶 20 000 km，现需要对高压控制盒进行维护。作为维修人员，请你根据现场工作管理规范，完成电动汽车高压控制盒的检查与维护，并向王先生解释电动汽车高压控制盒定期维护的重要性。

相关理论

一、高压控制盒的作用

如图 4-3-1 所示为电动汽车高压控制盒，作为整车动力电源系统的控制部件，高压控制盒具有电力分配、总电压总电流测量、短路保护、充放电控制、高压互锁、上电预充电、通信等功能，并能极大地方便整车电源系统的维护，在整车动力系统中起到重要作用。

图 4-3-1　电动汽车高压控制盒

二、高压控制盒的安装位置

图 4-3-2 所示为江淮 IEV6E 电动汽车高压控制盒的安装位置。

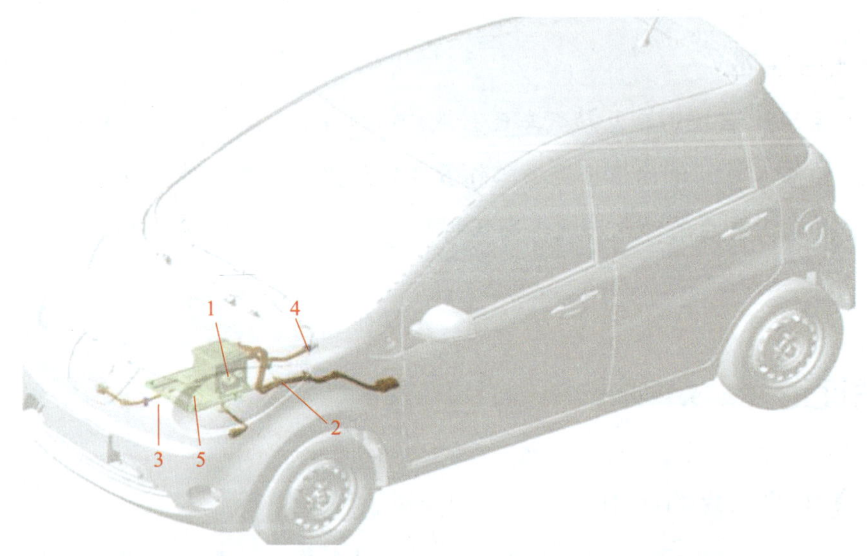

图 4-3-2　江淮 IEV6E 电动汽车高压控制盒的安装位置

1—高压控制盒　2—高压主电缆　3—高压配电电缆
4—PTC 加热器高压电缆　5—高压控制盒支架总成

三、高压控制盒的线缆接口

图 4-3-3 所示为江淮 IEV6E 电动汽车高压控制盒的线缆接口，其接口名称和功能见表 4-3-1。

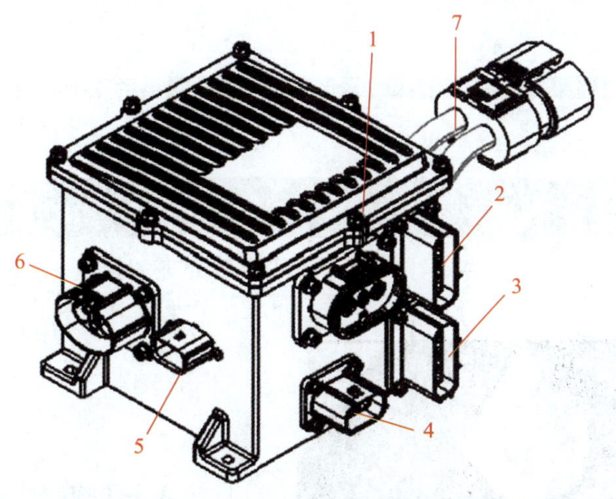

图 4-3-3　江淮 IEV6E 电动汽车高压控制盒的线缆接口

表 4-3-1　　江淮 IEV6E 电动汽车高压控制盒的线缆接口名称和功能

序号	接口名称	功能
1	主电缆插接器	连接至高压主电缆
2	高压配电电缆插接器	连接至高压配电电缆，给空调系统输送电能，并向车载充电机输出电能
3	PTC 加热器高压电缆插接器	连接至空调 PTC 加热器
4	DC/DC 变换器高压电缆插接器	连接至 DC/DC 变换器
5	低压插接器	实现高压互锁及高压接线盒内部继电器控制
6	快充插接器	连接至直流充电插座总成
7	功率控制单元母线插接器	连接至电机控制器

四、高压控制盒的检查

1. 检查高压控制盒壳体外观整洁状况。
2. 检查低压插接器的连接情况。
3. 检查高压插接器的连接情况。
4. 检查高压控制盒外壳是否有明显变形。
5. 检查插接器端子损坏情况。

高压控制盒的检查与维护	
一、高压控制盒连接线束及外壳的检查	
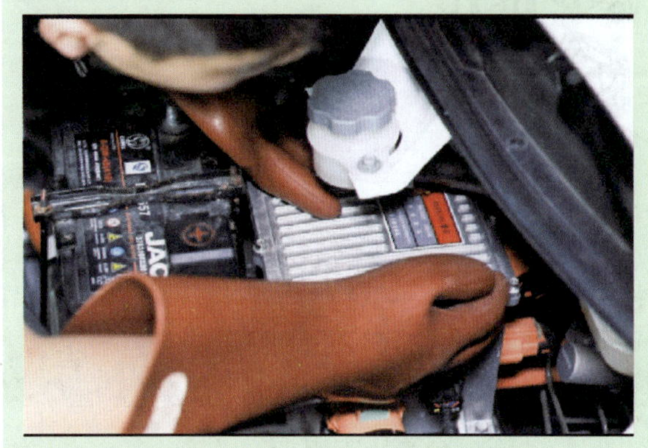	1. 检查高压控制盒外表面清洁情况，查看高压控制盒外壳有无明显变形，必要时进行更换
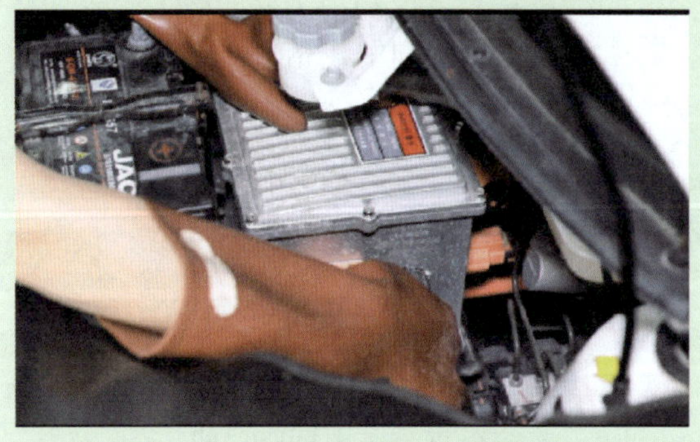	2. 检查高压控制盒连接线束是否破裂，高低压接线端子连接是否牢靠，必要时进行更换
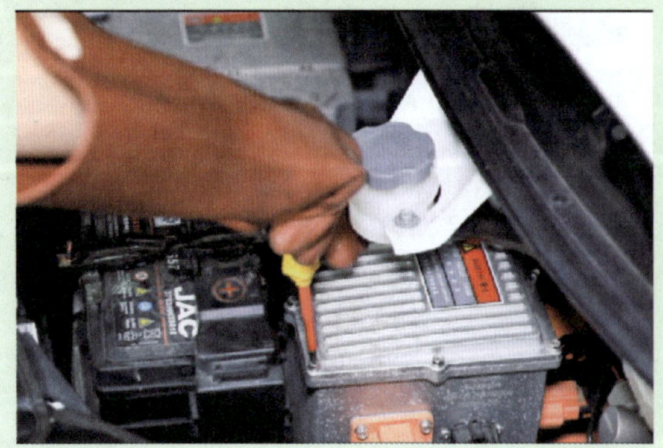	3. 检查高压控制盒紧固螺栓有无松动和锈蚀，应紧固、无锈蚀

续表

<table>
<tr><th colspan="2">高压控制盒的检查与维护</th></tr>
<tr><td colspan="2">二、高压控制盒的绝缘性能检查</td></tr>
<tr><td>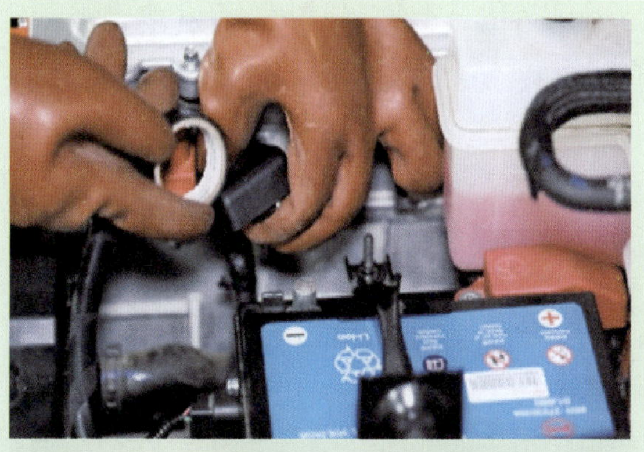
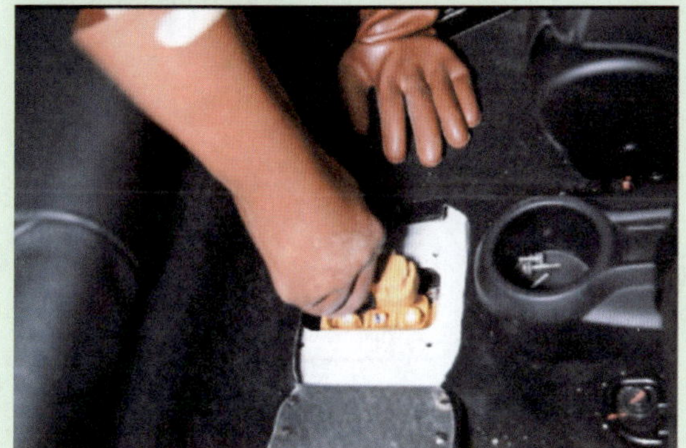</td><td>1. 做好准备工作，进行高压断电。电动汽车的动力蓄电池上设有维修开关，维护车辆时要将其拔下，断开电路，避免维修人员接触车身而造成电击伤
提示：
◆拔下维修开关前，要将辅助蓄电池负极断开，并进行绝缘保护</td></tr>
<tr><td>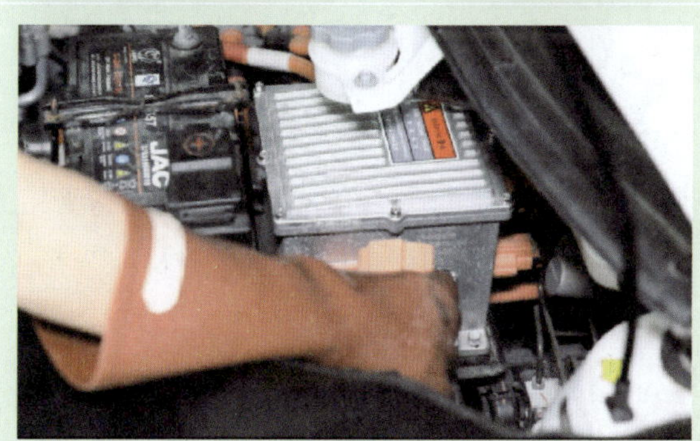
</td><td>2. 断开高压控制盒上的高压连接线束</td></tr>
<tr><td>
</td><td>3. 测量高压控制盒的各端口对壳体的绝缘电阻值，要求绝缘电阻值大于 20 MΩ
提示：
◆用绝缘电阻测量仪测量绝缘电阻值时应选用 1 000 V 挡
◆为防止拆卸过程中可能造成的人身伤害，维修人员一定要穿戴好防护用品，避免直接接触高压组件而导致触电事故</td></tr>
</table>

思考与练习

1. 简述高压控制盒的作用和安装位置。
2. 简述高压控制盒的检查与维护步骤。

高压辅助器件的检查与维护实训任务工单

姓名		学号	
班级		小组成员	

一、接受任务

车主孙先生将汽车开到维修站进行高压辅助器件的维护与保养。维修技师需根据汽车生产厂家规定，对汽车的高压辅助器件进行检查与维护。

二、收集信息

1. 在图 1 下方填写江淮 IEV6E 电动汽车 DC/DC 变换器各接口的名称。

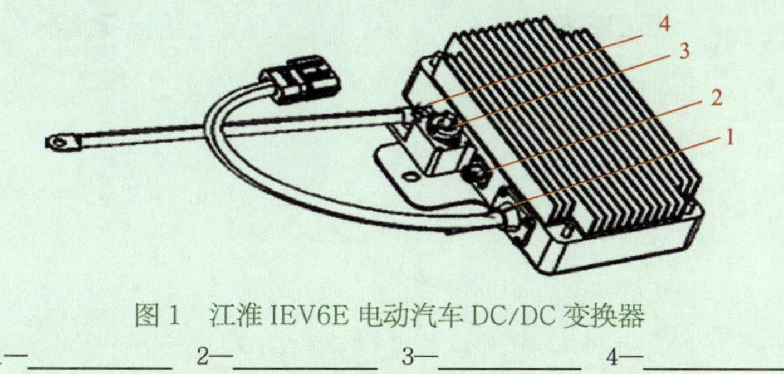

图 1　江淮 IEV6E 电动汽车 DC/DC 变换器

1—__________　2—__________　3—__________　4—__________

2. 在图 2 中填写江淮 IEV6E 电动汽车车载充电机各接口的名称。

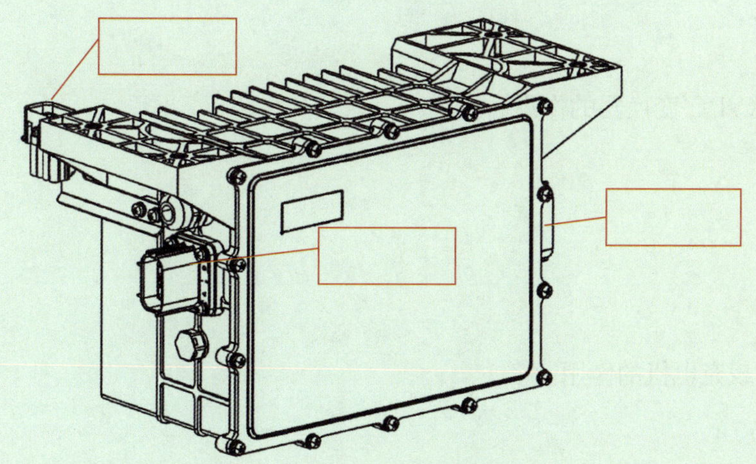

图 2　江淮 IEV6E 电动汽车车载充电机的接口示意图

3. 按照图 3 所示，在表 1 中填写高压控制盒各线缆接口的名称和功能。

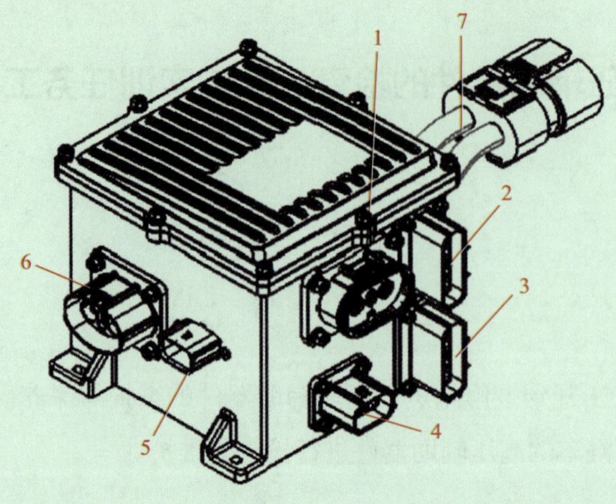

图 3　江淮 IEV6E 电动汽车高压控制盒的线缆接口

表 1　江淮 IEV6E 电动汽车高压控制盒的线缆接口名称和功能

序号	接口名称	功能
1		
2		
3		
4		
5		
6		
7		

4. 写出 DC/DC 变换器的作用。

5. 写出车载充电机的作用。

6. 写出高压控制盒的作用。

三、制订计划

根据任务要求，在表 2 中填写所需准备的检测仪器和工具，将制订的工作计划填写在表 3 中。

表 2　　检测仪器和工具

序号	名称	数量	清点情况
			□已清点
			□已清点
			□已清点
			□已清点
			□已清点
			□已清点
			□已清点
			□已清点
			□已清点
			□已清点

表 3　　工作计划

序号	作业项目	操作要点

续表

序号	作业项目	操作要点

作业注意事项：

四、任务实施

1. DC/DC 变换器的检查与维护

DC/DC 变换器的检查与维护见表 4。

表 4　DC/DC 变换器的检查与维护

序号	实施步骤	检查 / 执行结果	处理建议
1	检查 DC/DC 变换器外壳是否有明显的碰撞痕迹，对 DC/DC 变换器模块是否造成损坏	□是　□否	
2	检查 DC/DC 变换器各连接线束是否破裂，高低压接线端子连接是否牢固，有无松动	□是　□否	
3	在保证整车线束正常连接的情况下，全车通电前使用万用表测量辅助蓄电池端电压，查看辅助蓄电池端电压是否正常，并记录辅助蓄电池端电压，为（　　）	□是　□否	
4	整车通电，使用万用表再次测量辅助蓄电池端电压，查看辅助蓄电池端电压是否正常，并记录辅助蓄电池端电压，为（　　）	□是　□否	
5	将绝缘电阻测量仪负表笔与电缆外壳或车身搭铁点充分有效连接，用绝缘电阻测量仪正表笔分别测量 DC/DC 变换器端子 A 和端子 B，并按下绝缘电阻测量仪上的“测试”按钮进行读数，将测得绝缘电阻值与标准值进行比较，判断其绝缘性能是否正常 端子 A 绝缘电阻为（　　），端子 B 绝缘电阻为（　　）	□是　□否	

2. 车载充电机的检查与维护

车载充电机的检查与维护见表 5。

表 5　车载充电机的检查与维护

序号	实施步骤	检查 / 执行结果	处理建议
1	检查车载充电机表面是否有明显碰撞痕迹，外壳有无变形和破损	□是　□否	
2	检查车载充电机各连接线束是否破裂，高低压接线端子连接是否牢固，有无松动	□是　□否	
3	连接交流电源后检查车载充电机充电指示灯是否亮起	□是　□否	
4	检查充电插座是否有裂纹、表面是否有灰尘和异物、端子孔是否烧蚀，充电插座内密封圈是否正常	□是　□否	
5	断开车载充电机的高压连接	□是　□否	
6	测量交流充电插座（A）L、N 端对 PE 的绝缘电阻值，与标准值进行比较，判断其绝缘性能是否正常 L 端对 PE 绝缘电阻值为（　　），N 端对 PE 绝缘电阻值为（　　）	□是　□否	
7	测量直流充电插座（B）DC-、DC+ 端对 PE 的绝缘电阻值，与标准值进行比较，判断其绝缘性能是否正常 DC- 端对 PE 绝缘电阻值为（　　） DC+ 端对 PE 绝缘电阻值为（　　）	□是　□否	
8	测量车载充电机的输入端及输出端对车载充电机壳体的绝缘电阻值，与标准值进行比较，判断其绝缘性能是否正常 输入端对车载充电机壳体的绝缘电阻值为（　　） 输出端对车载充电机壳体的绝缘电阻值为（　　）	□是　□否	

3. 高压控制盒的检查与维护

高压控制盒的检查与维护见表 6。

表 6　　高压控制盒的检查与维护

序号	实施步骤	检查 / 执行结果	处理建议
1	检查高压控制盒外表面清洁情况，查看高压控制盒外壳有无明显变形	□是　□否	
2	检查高压控制盒连接线束是否破裂，高低压接线端子连接是否牢靠	□是　□否	
3	检查高压控制盒紧固螺栓有无松动和锈蚀	□是　□否	
4	断开高压控制盒上的高压连接线束，测量高压控制盒的各端口对壳体的绝缘电阻，与标准值进行比较，判断其绝缘性能是否正常	□是　□否	

五、质量检查

实训指导教师检查本组作业情况，并针对实训过程中出现的问题提出改进建议，见表 7。

表 7　　质量检查

序号	评价项目	评价结果
1	正确完成 DC/DC 变换器的检查与维护	
2	正确完成车载充电机的检查与维护	
3	正确完成高压控制盒的检查与维护	
综合评价（作业问题及改进建议）：		

六、考核评价

考核评价见表 8。

表 8　　考核评价

<table>
<tr><th>项目</th><th colspan="2">评分标准</th><th>配分</th><th>得分</th></tr>
<tr><td>接受任务</td><td colspan="2">明确工作任务，理解任务在车辆维护与保养中的重要程度</td><td>5</td><td></td></tr>
<tr><td rowspan="3">收集信息</td><td colspan="2">了解 DC/DC 变换器的作用及检查方法</td><td>5</td><td></td></tr>
<tr><td colspan="2">了解车载充电机的作用及检查方法</td><td>5</td><td></td></tr>
<tr><td colspan="2">了解高压控制盒的作用及检查方法</td><td>5</td><td></td></tr>
<tr><td rowspan="3">制订计划</td><td colspan="2">能制订高压辅助器件的检查与维护作业计划</td><td>5</td><td></td></tr>
<tr><td colspan="2">能协同小组成员安排任务分工</td><td>2</td><td></td></tr>
<tr><td colspan="2">能在任务实施前准备好所需要的检测仪器和工具</td><td>3</td><td></td></tr>
<tr><td rowspan="4">任务实施</td><th>任务名称</th><th>评分说明</th><th>配分</th><th>得分</th></tr>
<tr><td>DC/DC 变换器的检查与维护</td><td>未检查 DC/DC 变换器外壳及各连接线束是否破裂、高低压接线端子是否连接牢固扣 5 分；未在通电前检查辅助蓄电池端电压并记录扣 5 分；未在通电后再次检查辅助蓄电池端电压并记录扣 5 分；未正确进行 DC/DC 变换器绝缘性能的检查扣 10 分</td><td>25</td><td></td></tr>
<tr><td>车载充电机的检查与维护</td><td>未检查车载充电机外观情况、车载充电机各连接线束连接情况及破损情况扣 5 分；未正确进行充电插座的检查及绝缘电阻的测量扣 15 分</td><td>20</td><td></td></tr>
<tr><td>高压控制盒的检查与维护</td><td>未检查各线束破损情况和各端子连接情况扣 5 分；未检查高压控制盒紧固螺栓有无松动和锈蚀扣 5 分；未进行高压控制盒绝缘性能检查扣 10 分</td><td>20</td><td></td></tr>
<tr><td>质量检查</td><td colspan="2">学生完成任务，操作过程规范</td><td>5</td><td></td></tr>
<tr><td colspan="4">总得分</td><td></td></tr>
</table>

任务4 | 车身电器设备的检查与维护

学习目标

1. 了解电动汽车车身电器设备的组成、特点和各部件的作用。
2. 掌握电动汽车辅助蓄电池的检查与维护方法。
3. 掌握电动汽车仪表的检查与维护方法。
4. 掌握电动汽车照明及信号灯光的检查与维护方法。
5. 掌握电动汽车刮水和洗涤系统的检查与维护方法。

任务描述

王先生的比亚迪 e5 电动汽车已行驶 50 000 km，现车主反映该车左转向灯不亮。作为维修人员，请你根据现场工作管理规范，完成车身电器设备的检查与维护工作，并向王先生介绍电动汽车车身电器设备定期检查与维护的重要性。

相关知识

汽车车身电器设备是汽车的重要组成部分。随着近年来电子技术的发展，电动汽车越来越智能化，汽车车身电器设备种类也越来越丰富。

一、电动汽车车身电器设备的组成

电动汽车车身电器设备一般包含以下四部分：

1. 低压电源

低压电源即辅助蓄电池，能为其他车身电器设备提供安全电能。

2. 低压用电设备

低压用电设备包括照明设备，如近光灯、远光灯、阅读灯等，为车辆提供车内外照明；警告与信号装置，如转向灯、喇叭等，为行人和其他车辆提供安全警告信号；仪表

与监测系统，如里程表、电量表和温度表等，实时检测和报告汽车运行情况；舒适娱乐装置，如收音机、电动门窗和电动刮水器等，用于提高汽车驾驶和乘坐的舒适性。

3. 电子控制设备

电子控制设备是由微机控制的各个系统，如整车控制器、防抱死制动系统、电动助力转向系统、蓄电池管理系统、自动座椅安全气囊、定速巡航系统等，以进一步提升汽车驾驶的安全可靠性。

4. 配电设备

配电设备包括中央接线盒、熔丝盒、开关、继电器、插接器和导线等，为汽车车身电器设备安全运行、操作和维修提供方便。

二、电动汽车车身电器设备的特点

1. 汽车车身电器设备大多数采用直流电驱动。

2. 汽车车身电器设备的额定电压有 12 V、24 V 两种。电动汽车普遍采用 12 V 直流电源。

3. 负极搭铁。将 12 V 辅助蓄电池的负极接到车架上称为“负极搭铁”。

4. 单线制电源。电源到用电设备之间只用一根导线连接，又称单线制，可节省导线，使线路清晰、安装检修方便，用电设备不用与车体绝缘。

三、电动汽车车身电器设备的作用

1. 辅助蓄电池

如图 4-4-1 所示，辅助蓄电池作为电动汽车低压电源，为车身电器和蓄电池管理系统提供电能。当辅助蓄电池电压不足时，由动力蓄电池通过 DC/DC 变换器为辅助蓄电池补充电能。

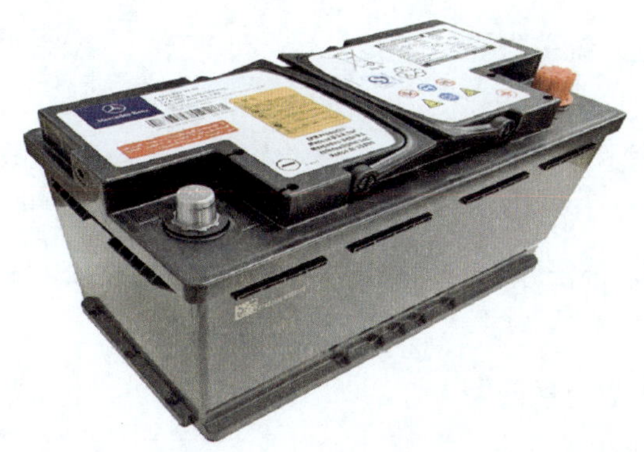

图 4-4-1　辅助蓄电池

2. 电动汽车仪表

图 4-4-2 所示为比亚迪 e5 电动汽车仪表板，仪表板上对应指示灯的名称见表 4-4-1。

图 4-4-2　比亚迪 e5 电动汽车仪表板

1—功率表　2—信息显示屏　3—车速表

表 4-4-1　　仪表板上对应指示灯的名称

图示	名称	图示	名称
	转向指示灯		示廓灯指示灯
	远光指示灯		后雾灯指示灯
OK	“OK”指示灯		定速巡航主指示灯（装有时）
ECO	“ECO”指示灯（装有时）		前雾灯指示灯（装有时）
	智能钥匙系统警告灯	ABS	ABS 故障警告灯
	主警告指示灯		胎压故障警告灯（装有时）
OFF	ESP OFF 警告灯（装有时）		ESP 故障警告灯（装有时）
	动力蓄电池电量低警告灯		驱动功率限制警告灯

续表

图示	名称	图示	名称
	低速提示警告灯（装有时）		前照灯调节指示灯
	防盗指示灯		安全带未系警告灯
	SRS 故障警告灯		转向系统故障警告灯
	电子驻车状态指示灯		驻车系统故障警告灯
	动力蓄电池充电连接指示灯		充电系统故障警告灯
	动力蓄电池故障警告灯		动力蓄电池过热警告灯
	动力系统故障警告灯		电机冷却液温度过高警告灯

3. 刮水系统

刮水系统的作用是刮除风窗玻璃上的雨水、积雪、尘土和污物，为驾驶人提供良好的视野，确保行车安全。

4. 洗涤系统

为了清除附着在风窗玻璃上的脏污，汽车增设了风窗玻璃洗涤器。风窗玻璃洗涤器与刮水器配合工作，为驾驶人提供良好的视野。

四、电动汽车车身电器设备的检查

1. 辅助蓄电池的检查

检查蓄电池外观有无破损、电解液有无泄漏；检查蓄电池极柱是否被氧化；检查正负极电缆夹是否松动；检查蓄电池电量观察窗口是否显示为绿色。

2. 电动汽车仪表的检查

（1）检查电动汽车仪表板屏幕表面有无划痕和开裂。

（2）车辆上电后，检查汽车控制系统自检功能是否正常，有无故障灯点亮；启动车辆后“READY”指示灯或“OK”指示灯是否正常点亮。

（3）踩下制动踏板，用手前后拨动换挡杆，检查换挡杆在每个挡位间有无明显的过渡感，仪表显示的挡位符号是否正确；换挡杆位置居中时，换挡是否平顺、无卡滞；换挡杆在倒挡位置时，检查倒车雷达、倒车影像是否正常工作。

（4）启动驻车制动，检查制动灯是否点亮；解除驻车制动时，检查制动灯是否熄灭。

3. 电动汽车照明及信号灯光的检查

（1）外部照明或信号灯光的检查

检查外部照明或信号灯光需要拨动灯光组合开关，检查远光灯、近光灯、前雾灯、示廓灯、牌照灯、转向灯、倒车灯、制动灯、后雾灯、危险警告信号灯工作是否正常，检查仪表是否显示相应标志，检查组合开关各转换挡之间有无明显阻尼感。

（2）前照灯、仪表灯的检查

开启近光灯时，检查前照灯调整开关是否正常，有无相应的执行电机转动声，灯光开关位置上下移动有无卡滞现象；开启示廓灯后，拨动仪表照明亮度调节开关，检查仪表屏幕亮度有无明显变化。

4. 刮水和洗涤系统的检查

（1）检查储液箱有无渗漏。

（2）检查储液箱液位是否正常。

（3）检查各喷嘴喷液情况是否良好。

（4）检查前刮水器各挡动作快慢是否正常，前后刮水器刮水片运行区域是否正常，关闭刮水器开关后自动回位功能是否正常。

（5）检查玻璃清洗液冰点是否符合要求。

5. 插接器、线束的检查

检查各线束有无破损、固定点是否松动，各搭铁点连接是否牢靠，有无生锈、松动现象；检查各线束工作过程中有无过热现象，检查各插接器卡扣有无损坏、松动和退针现象。

6. 其他舒适系统的检查

（1）检查电动车门玻璃升降器工作是否正常，有无异响和卡滞。

（2）检查左右电动外后视镜四向调节功能是否正常，调节过程中有无异响和卡滞，折叠功能是否正常。

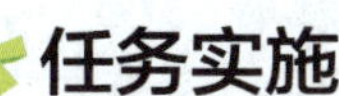

任务实施

车身电器设备的检查与维护

一、辅助蓄电池的检查与维护

1. 检查辅助蓄电池外观有无破损、电解液有无泄漏，若有破损和泄漏，需及时更换辅助蓄电池；检查辅助蓄电池极柱是否氧化，若氧化，用砂纸打磨并清理干净

2. 检查辅助蓄电池正负极电缆夹是否松动，若松动，则予以紧固

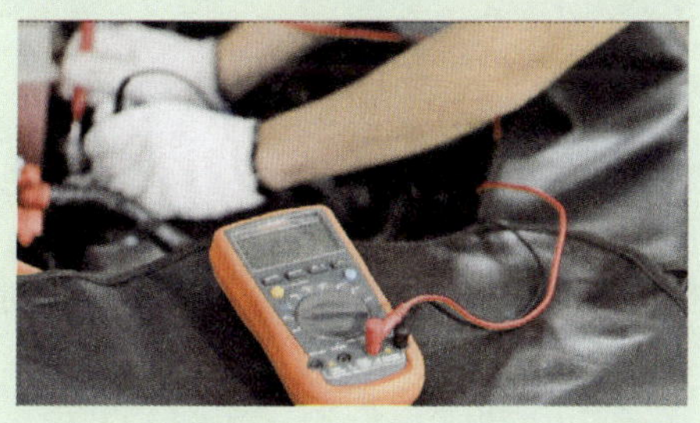

3. 使用万用表测量辅助蓄电池电压是否正常。如果辅助蓄电池电压过低，需充电或更换新的辅助蓄电池

二、辅助蓄电池的更换

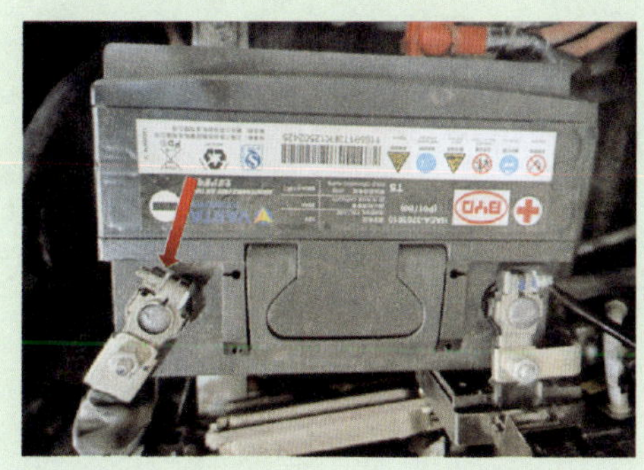

1. 拧松辅助蓄电池负极柱上的电缆接头螺栓，取下负极电缆

续表

车身电器设备的检查与维护	
	2. 拧松辅助蓄电池正极柱上的电缆接头螺栓，取下正极电缆
	3. 拆下辅助蓄电池固定夹板的固定螺栓，取下固定夹板，取出辅助蓄电池，并安装新的辅助蓄电池（安装顺序与拆卸顺序相反）
三、仪表的检查	
	1. 检查电动汽车仪表板屏幕表面有无划痕和开裂
	2. 车辆上电后，检查汽车控制系统自检功能是否正常，有无故障灯点亮

续表

车身电器设备的检查与维护	
	3. 发动车辆后，查看“READY”指示灯或“OK”指示灯是否点亮。除驻车制动器、安全带未系指示灯点亮外，其他故障指示灯均应不点亮
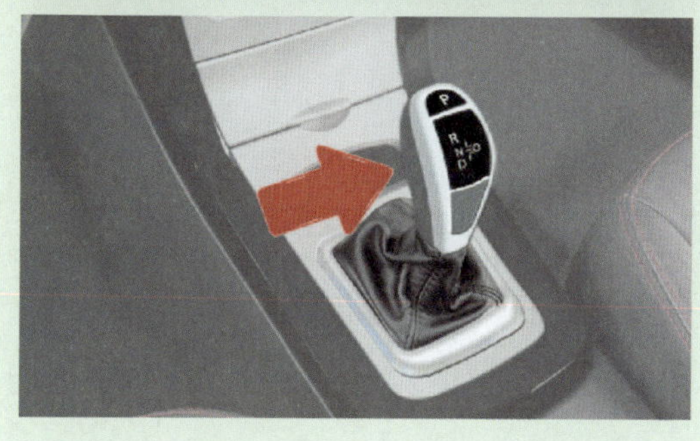	4. 拨动换挡杆，查看仪表板显示的相应挡位符号是否正确

续表

车身电器设备的检查与维护	
四、照明及信号灯光的检查	
 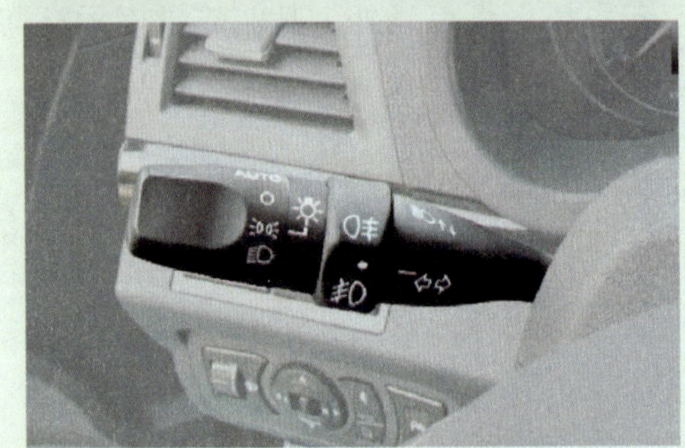	1. 转动灯光组合开关，检查远光灯、近光灯、前雾灯、示廓灯、牌照灯、转向灯、倒车灯、制动灯、后雾灯、危险警告信号灯工作是否正常，检查仪表是否显示相应标志，检查组合开关各转换挡之间有无明显阻尼感
	2. 开启示廓灯后，拨动仪表照明亮度调节开关，检查仪表屏幕亮度有无明显变化
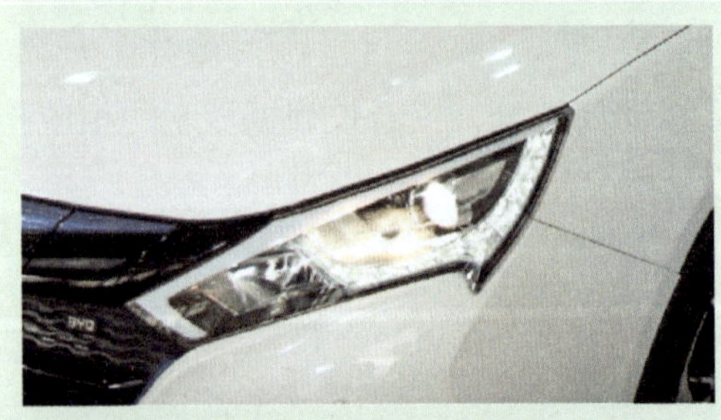 	3. 开启近光灯时，检查前照灯调整开关是否正常，有无相应的执行电机转动声，灯光开关位置上下移动有无卡滞现象

续表

<table>
<tr><th colspan="2">车身电器设备的检查与维护</th></tr>
<tr><td colspan="2">五、刮水和洗涤系统的检查与维护</td></tr>
<tr><td>
</td><td>1. 上抬或下拉刮水器组合开关，检查刮水器各挡位工作是否正常，刮水器刮水片的刮水性能是否良好</td></tr>
<tr><td>
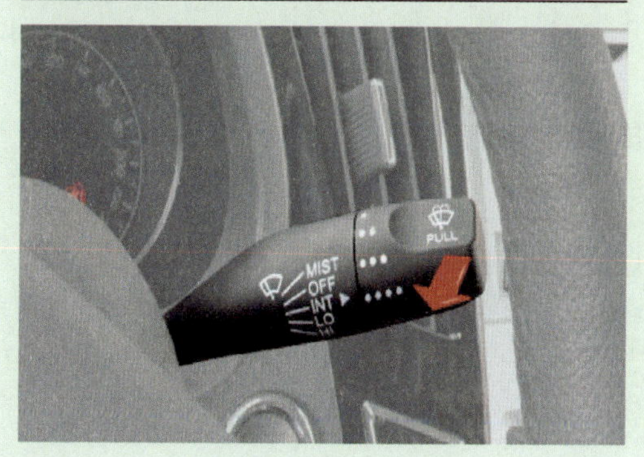</td><td>2. 检查喷淋装置工作是否正常</td></tr>
</table>

续表

车身电器设备的检查与维护	
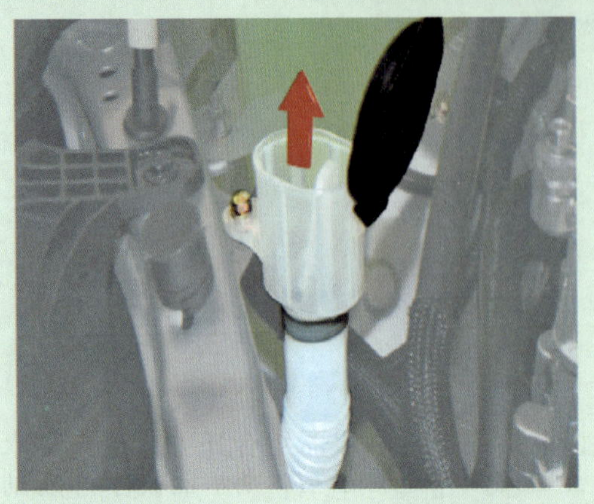	3. 风窗玻璃洗涤器储液罐位于前机舱内右前照灯后部，打开储液罐盖，检查储液罐的液位是否正常。若玻璃清洗液不足，需及时添加
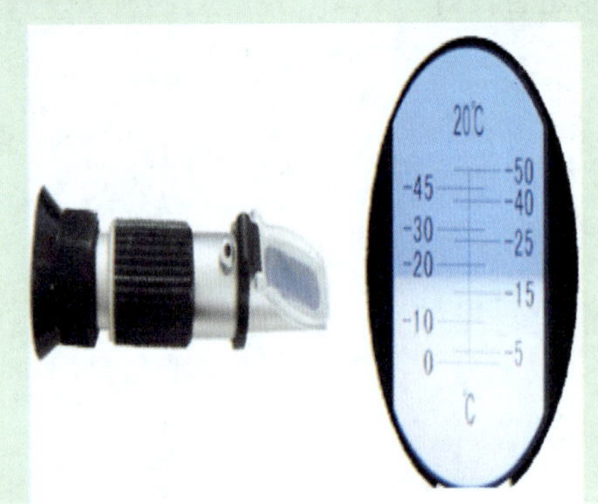	4. 检查玻璃清洗液的冰点是否符合要求 提示： ◆一般要求玻璃清洗液在最低温度约 -25 ℃（在某些气候恶劣的地区约为 -35 ℃）时不会冻结
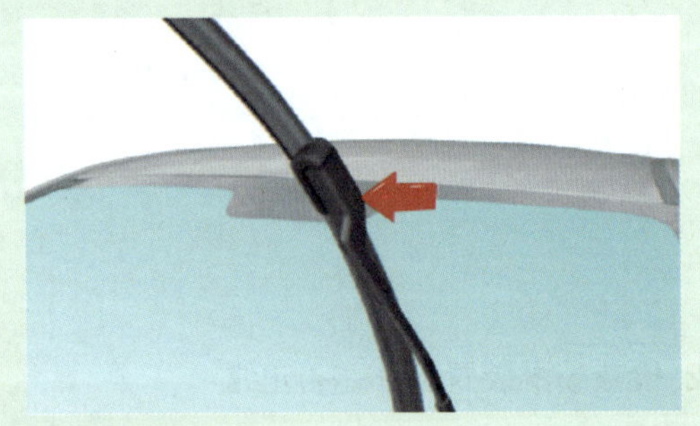	5. 更换刮水片 用大拇指和其他手指抓住刮水臂上端，小心地提起刮水臂和刮水片总成并取下，更换新的刮水片 提示： ◆应定期更换刮水片，建议每半年更换一次
六、其他舒适系统的检查与维护	
	1. 检查电动车门玻璃升降器工作是否正常，有无异响和卡滞

续表

车身电器设备的检查与维护	

	2. 检查左右电动外后视镜四向调节功能是否正常，调节过程中有无异响和卡滞，折叠功能是否正常

思考与练习

1. 简述电动汽车车身电器设备的组成及作用。
2. 简述电动汽车车身电器设备的特点。

车身电器设备的检查与维护实训任务工单

姓名		学号	
班级		小组成员	

一、接受任务

车主孙先生将汽车开到维修站进行车身电器设备的维护与保养。维修技师需根据汽车生产厂家规定，对车身电器设备进行检查与维护。

二、收集信息

1. 电动汽车车身电器设备一般包含__________、__________、__________、__________四个部分。

2. 写出电动汽车车身电器设备的特点。

3. 写出辅助蓄电池的作用。

4. 在表 1 中写出仪表板上各指示灯的名称。

表 1　仪表板上各指示灯的名称

图示	名称	图示	名称

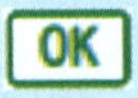 OK			

续表

图示	名称	图示	名称
ECO			

三、制订计划

根据任务要求，在表 2 中填写所需准备的检测仪器和工具，将制订的工作计划填写在表 3 中。

表 2　　检测仪器和工具

序号	名称	数量	清点情况
			□已清点
			□已清点

续表

序号	名称	数量	清点情况
			□已清点
			□已清点
			□已清点
			□已清点
			□已清点
			□已清点
			□已清点
			□已清点

表 3　　工作计划

序号	作业项目	操作要点

作业注意事项：

四、任务实施

车身电器设备的检查与维护见表 4。

表 4 车身电器设备的检查与维护

序号	实施步骤	检查 / 执行结果	处理建议
1	检查辅助蓄电池极柱是否氧化、渗液，电缆夹是否松动，使用万用表测量辅助蓄电池电压是否正常	□是 □否	
2	更换辅助蓄电池	□是 □否	
3	检查电动汽车仪表板屏幕表面有无划痕和开裂；车辆上电后，检查汽车控制系统自检功能是否正常，有无故障灯点亮	□是 □否	
4	发动车辆后，查看“READY”指示灯或“OK”指示灯是否点亮。除驻车制动器、安全带未系指示灯点亮外，其他故障指示灯均应不点亮。拨动换挡杆，查看仪表板显示的相应挡位符号是否正确	□是 □否	
5	转动灯光组合开关，检查远光灯、近光灯、前雾灯、示廓灯、牌照灯、转向灯、倒车灯、制动灯、后雾灯、危险警告信号灯工作是否正常，检查仪表是否显示相应标志，检查组合开关各转换挡之间有无明显阻尼感	□是 □否	
6	开启示廓灯后，拨动仪表照明亮度调节开关，检查仪表屏幕亮度有无明显变化	□有 □无	
7	开启近光灯时，检查前照灯调整开关是否正常，有无相应的执行电机转动声，灯光开关位置上下移动有无卡滞现象	□有 □无	
8	上抬或下拉刮水器组合开关，检查刮水器各挡位工作是否正常，刮水器刮水片的刮水性能是否良好	□是 □否	
9	检查喷淋装置工作是否正常	□是 □否	
10	检查储液罐中玻璃清洗液液位是否正常，玻璃清洗液是否充足	□是 □否	
11	检查玻璃清洗液的冰点是否符合要求 玻璃清洗液的冰点为（　　）	□是 □否	
12	更换刮水片	□是 □否	
13	检查电动车门玻璃升降器工作是否正常，有无异响和卡滞	□有 □无	

续表

序号	实施步骤	检查 / 执行结果	处理建议
14	检查左右电动外后视镜四向调节功能是否正常，调节过程中有无卡滞和异响，折叠功能是否正常	□是　□否	

五、质量检查

实训指导教师检查本组作业情况，并针对实训过程中出现的问题提出改进建议，见表5。

表5　质量检查

序号	评价项目	评价结果
1	正确完成车身电器设备的检查与维护	
综合评价（作业问题及改进建议）:		

六、考核评价

考核评价见表6。

表6　考核评价

项目	评分标准	配分	得分
接受任务	明确工作任务，理解任务在车辆维护与保养中的重要程度	5	
收集信息	了解电动汽车车身电器设备的组成与作用	5	
	了解电动汽车车身电器设备的特点	5	
	了解电动汽车仪表指示灯的含义	5	
制订计划	能制订电动汽车车身电器设备检查与维护的作业计划	5	
	能协同小组成员安排任务分工	2	
	能在实施前准备好所需要的检测仪器和工具	3	

续表

项目	评分标准		配分	得分
任务实施	任务名称	评分说明	配分	得分
	车身电器设备的检查与维护	未正确完成辅助蓄电池的检查与维护扣 10 分；未正确完成辅助蓄电池的更换扣 15 分；未正确完成仪表的检查扣 10 分；未正确完成外部照明及信号灯光的检查扣 10 分；未正确完成刮水与洗涤系统的检查与维护扣 15 分；未正确完成电动车窗、电动外后视镜的检查扣 5 分	65	
质量检查	学生完成任务，操作过程规范		5	
总得分				

模块五 空调系统的检查与维护

任务 1 | 空调制冷系统的检查与维护

学习目标

1. 了解电动汽车空调制冷系统的组成。
2. 掌握电动汽车空调制冷系统的工作原理。
3. 掌握电动汽车空调制冷系统的检查与维护方法。

●任务描述

王先生的比亚迪 e5 电动汽车已行驶 50 000 km，现车主反映汽车行驶时空调不制冷，打开空调开关和鼓风机开关，发现出风口无冷风吹出。作为维修人员，请你根据现场工作管理规范，完成电动汽车空调制冷系统的检查与维护，并向王先生解释电动汽车空调制冷系统定期维护的重要性。

相关理论

电动汽车空调系统是实现对车内空气制冷、加热、换气和空气净化的装置。它可以为乘员提供舒适的乘车环境，降低驾驶人的疲劳强度，提高行车安全性。

电动汽车空调系统主要由制冷系统、暖风系统、通风和空气净化系统、控制系统组成，其主要作用体现在以下几个方面：

1. 空调系统能控制车内的温度，既能加热空气，也能冷却空气，以便把车内温度控制在一个舒适的范围内。

2. 空调系统能排出空气中的湿气，营造一个舒适的环境。

3. 空调系统可吸入新风，具有通风功能。

4. 空调系统可过滤空气，排除空气中的灰尘和花粉。

5. 空调系统还有去除前风窗雾气的功能，以保证驾驶人视线良好。

纯电动汽车没有发动机作为空调压缩机的动力源，也没有发动机余热可以利用，以达到取暖、除霜的效果，所以电动汽车空调系统与传统汽车空调系统在组成上存在较大差别。图 5-1-1 所示为电动汽车空调系统的组成，主要包括电动压缩机、PTC 加热器、连接管路、冷凝器、压力开关、鼓风机、膨胀阀等。

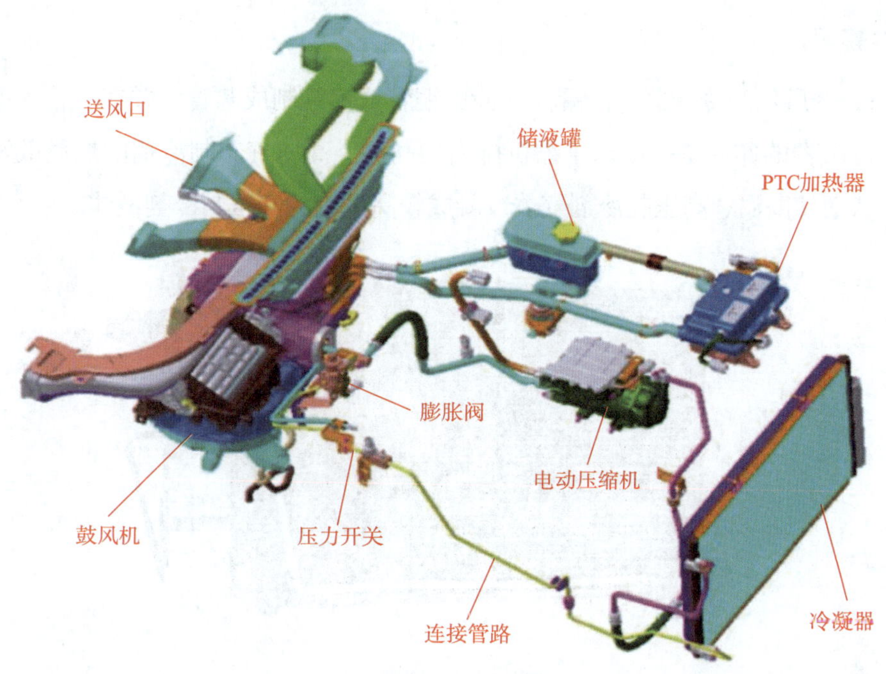

图 5-1-1 电动汽车空调系统的组成

一、电动汽车空调制冷系统的组成

电动汽车空调制冷系统能对车内空气进行冷却降温和除湿，使车内空气变得凉爽舒适。电动汽车空调制冷系统主要由电动压缩机、冷凝器、蒸发器、膨胀阀、储液干燥器、压力开关及连接管路等组成。

1. 电动压缩机

图 5-1-2 所示为电动压缩机。电动压缩机是汽车空调制冷系统的“心脏”，其作用是维持制冷剂在制冷系统中的循环，吸收来自蒸发器的低温、低压制冷剂蒸气并进行压缩，使其压力和温度升高，并将压缩后的制冷剂蒸气送往冷凝器。

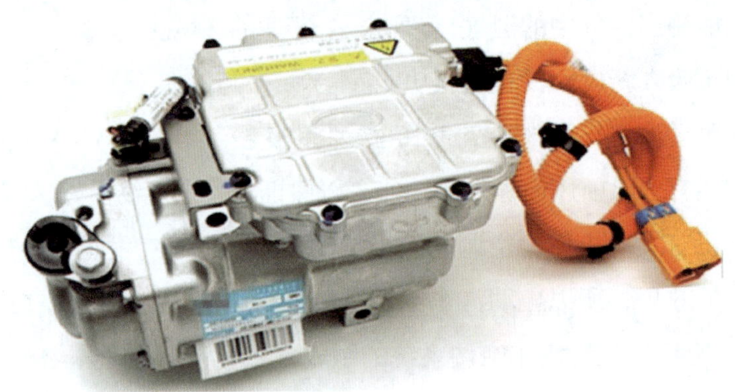

图 5-1-2　电动压缩机

2. 冷凝器

图 5-1-3 所示为冷凝器。冷凝器一般由铜管或铝管制成芯管，并在芯管周围焊接有散热片。冷凝器的作用是把电动压缩机排出的高温、高压气态制冷剂的热量散发到车外空气中，从而使高温、高压制冷剂气体冷凝成较高温度的高压制冷剂液体。

图 5-1-3　冷凝器

3. 蒸发器

图 5-1-4 所示为蒸发器。蒸发器的结构与冷凝器类似，但作用与冷凝器正好相反。蒸发器的主要作用是提供足够的空间，使经过节流的制冷剂在其内部蒸发，并吸收流经蒸发器的空气中的热量及水分（水蒸气），使空气的温度和湿度下降之后吹入车内空间。

图 5-1-4　蒸发器

4. 膨胀阀

图 5-1-5 所示为膨胀阀。膨胀阀是空调制冷系统中最主要的元件之一，是空调制冷系统高压管路与低压管路的分界点。在空调制冷系统中，膨胀阀主要起到以下作用：

（1）节流降压

膨胀阀能使从冷凝器出来并经储液干燥器干燥的中温、高压液态制冷剂经过膨胀阀节流后变为低温、低压、雾状制冷剂进入蒸发器。

图 5-1-5　膨胀阀

（2）调节制冷剂流量

由于制冷负荷在工作过程中一直发生变化，为了保证车内温度稳定，制冷系统工作正常，膨胀阀自动调节进入蒸发器的制冷剂流量，使制冷剂流量满足制冷循环的要求。

5. 储液干燥器

图 5-1-6 所示为储液干燥器。储液干燥器的主要作用是储存制冷剂，过滤制冷剂中的水分和其他异物，进行高低压保护，保证流向膨胀阀的制冷剂为液态制冷剂。

图 5-1-6　储液干燥器

储液干燥器主要由过滤器、干燥罐、进口管、出口管及吸出管等组成。经过冷凝器降温的制冷剂首先通过进口管流入干燥罐内，经过过滤器滤网和干燥罐中干燥剂过滤后，通过吸出管和出口管流向膨胀阀。由于吸出管位于储液干燥器底部，液态制冷剂密度大，一般也处于储液干燥器底部，从而能保证从储液干燥器中流出的制冷剂为液态制冷剂。

6. 压力开关

图 5-1-7 所示为压力开关。压力开关安装在电动汽车空调制冷剂循环管路中，用来检测制冷系统循环管路的压力。当压力开关检测到压力异常时，可以启动相应的保护电路，防止造成对电动汽车空调制冷系统的损坏。常见的压力开关主要有高压开关、低压开关、双重压力开关和三重压力开关等。

图 5-1-7　压力开关

7. 连接管路

图 5-1-8 所示为空调连接管路。连接管路的作用是将空调制冷系统连接起来，形成一个封闭的循环系统。在空调连接管路中，管径较粗的是低压管路，管径较细的是高压管路。

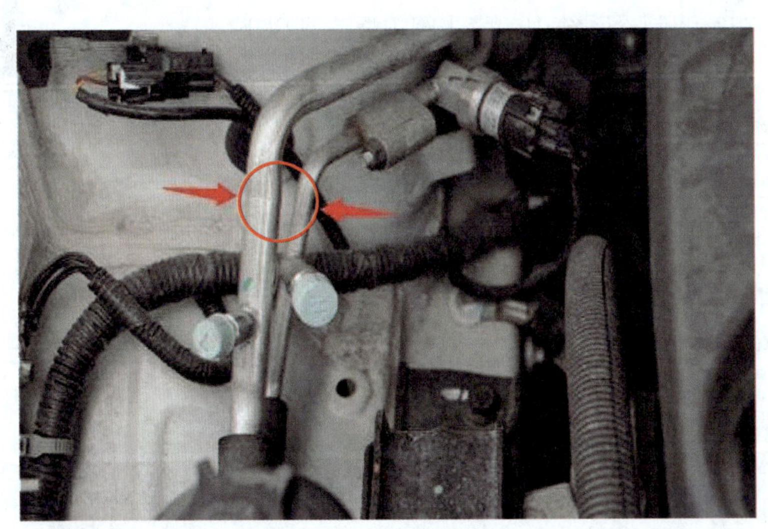

图 5-1-8　空调连接管路

二、电动汽车空调制冷系统的工作原理

电动汽车空调制冷系统与传统汽车空调制冷系统相比较，压缩机的驱动方式由机械驱动变成了电驱动，但其制冷原理基本一致。图 5-1-9 所示为电动汽车空调制冷系统的工作原理。

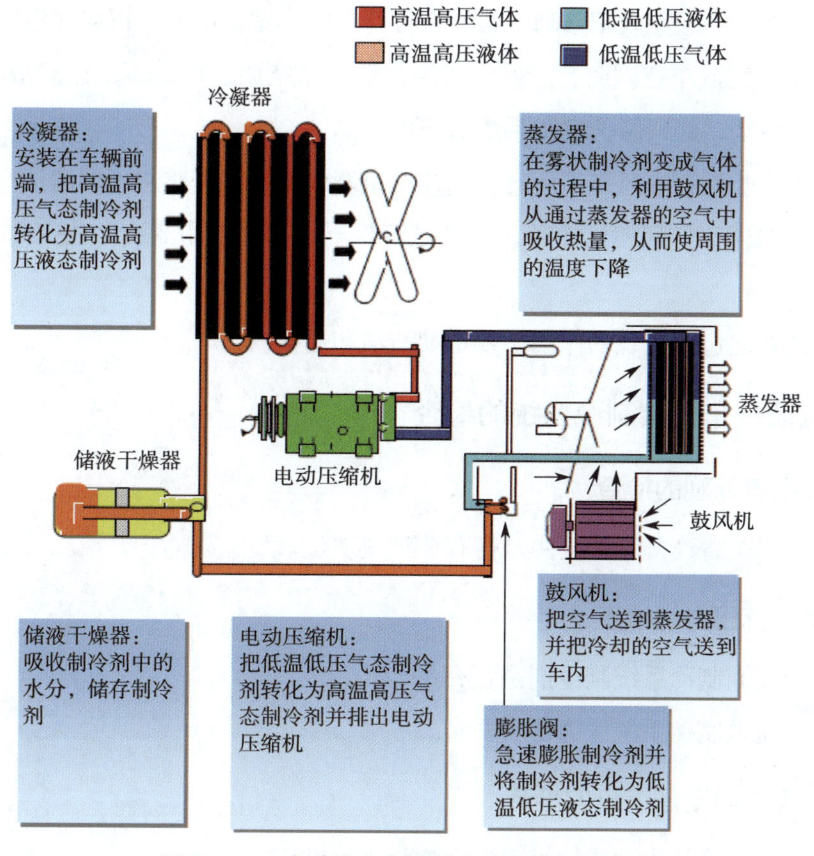

图 5-1-9 电动汽车空调制冷系统的工作原理

当制冷系统工作时，通过电动压缩机控制器驱动电动压缩机工作，驱使制冷剂在密封的空调系统中循环。电动压缩机将低温低压气态制冷剂压缩为高温高压气态制冷剂后排出电动压缩机（压缩过程），并经连接管路流入冷凝器，在冷凝器内散热、降温，冷凝为高温高压液态制冷剂流出（冷凝过程）。高温高压液态制冷剂经连接管路进入储液干燥器内，经过干燥、过滤后流进膨胀阀节流，变成低温低压液态制冷剂进入蒸发器（节流膨胀过程），在蒸发器内吸收流经蒸发器的空气热量，使空气温度降低，吹出冷风，产生制冷效果（蒸发制冷过程）。在蒸发制冷过程中，制冷剂本身因吸收热量而蒸发为低温低压气态制冷剂，经连接管路被电动压缩机吸入进行压缩，进入下一个循环。只要电动压缩机持续工作，制冷剂就会在空调系统中持续循环，产生制冷效果。一旦电动压缩机停止工作，空调系统内制冷剂随即停止流动，不产生制冷效果。

三、电动汽车空调制冷系统的使用注意事项

1. 发动汽车时空调应处于关闭状态，否则会增加电源系统的负担。汽车停止时应关闭空调。

2. 打开空调时应关闭车窗，降低热负荷，增强制冷效果，减轻空调制冷负担。

3. 夏季时车辆应避免太阳暴晒，最好在打开车门、车窗散热后再启动空调制冷系统。

4. 长期不使用汽车空调时，最好每两周启动汽车空调运行一下，让润滑油和制冷剂在空调系统中流动，起到保护空调系统的作用。

5. 空调不宜长期在小风量下运行，这样对空调内部通风管路起不到清洁作用。

6. 因为冷凝器工作环境比较差，容易脏污，要定期检查和清洁，让空调的散热效果达到最佳。

7. 空调滤芯起过滤空气的作用，要定期清洁和更换。

四、电动汽车空调制冷系统的检查

1. 制冷系统外观的检查

检查制冷系统各连接管路接头是否有油污或灰尘。

2. 制冷系统压力的检查

（1）检查空调制冷系统制冷剂是否充足。

（2）检查空调制冷系统压力是否异常。

3. 制冷系统电动压缩机的检查

检查空调制冷系统电动压缩机工作声响是否异常。

4. 制冷系统制冷剂泄漏情况的检查

检查制冷系统制冷剂是否泄漏。

任务实施

空调制冷系统的检查与维护	
一、空调制冷系统的外观检查	
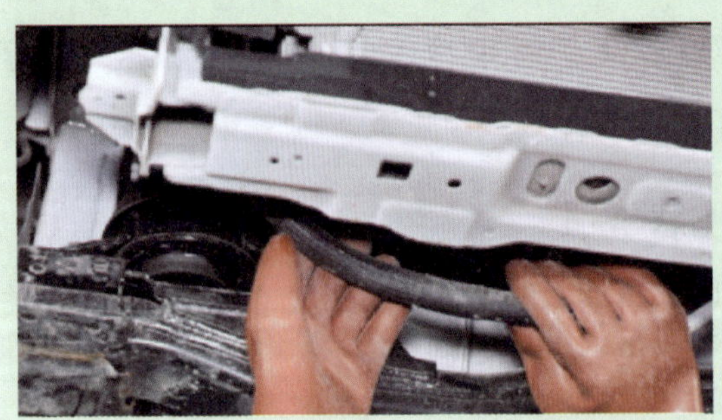	1. 检查空调管路是否凹陷，是否有制冷剂泄漏，如果空调管路有凹陷和制冷剂泄漏，需维修或更换

续表

<table>
<tr><th colspan="2">空调制冷系统的检查与维护</th></tr>
<tr><td>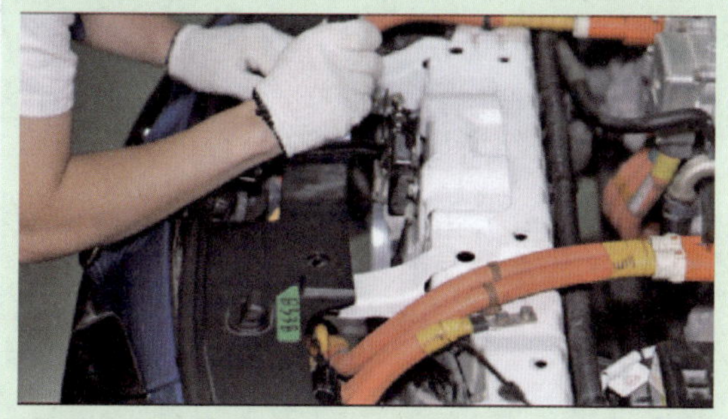</td><td>2. 检查冷凝器表面是否脏污，可用气枪吹净冷凝器表面，并检查散热片是否变形</td></tr>
<tr><td>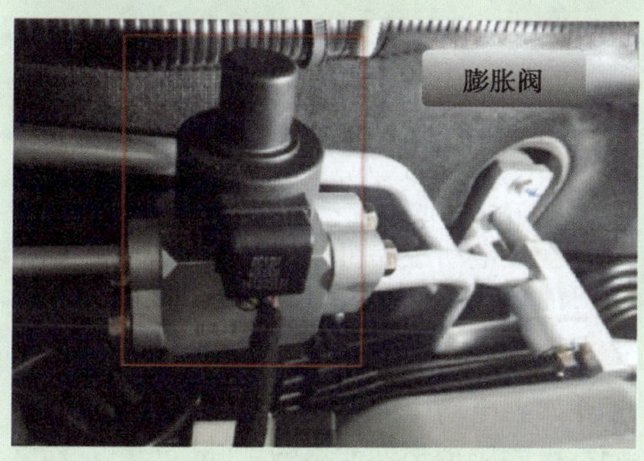</td><td>3. 检查低压管路是否结霜，若结霜说明膨胀阀开度过大，应调节膨胀阀开度</td></tr>
<tr><td colspan="2">二、空调制冷系统压力的检查</td></tr>
<tr><td>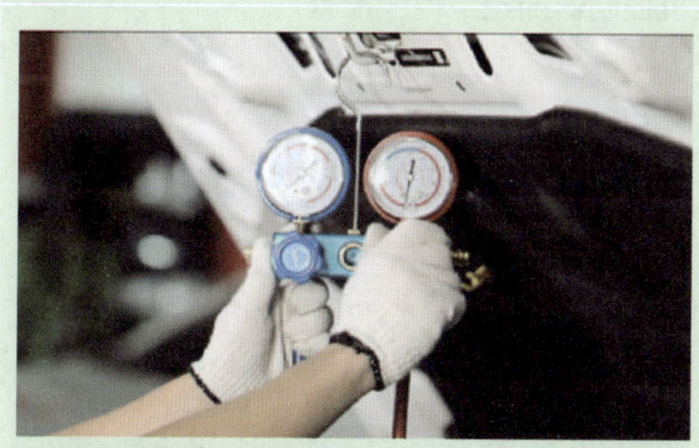</td><td>1. 将空调检测用歧管压力表组高低压开关完全关闭，连接软管，红色软管接高压阀口，蓝色软管接低压阀口</td></tr>
<tr><td>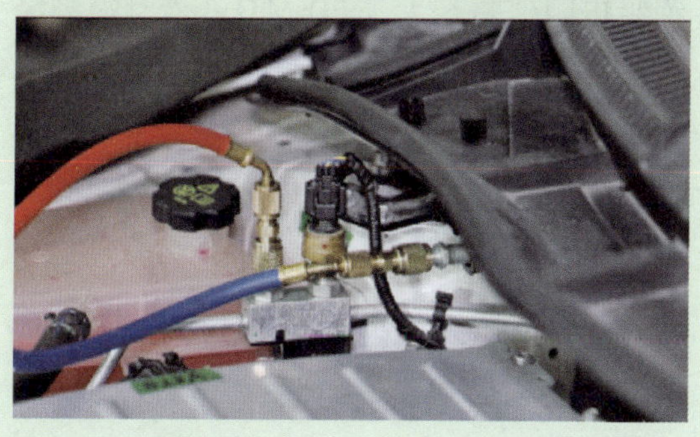</td><td>2. 选择合适的快速插头，将软管另一端与车辆上的空调管道高低压加注阀相连，蓝色软管接低压侧（防护帽上标有“L”），红色软管接高压侧（防护帽上标有“H”）</td></tr>
</table>

续表

空调制冷系统的检查与维护	
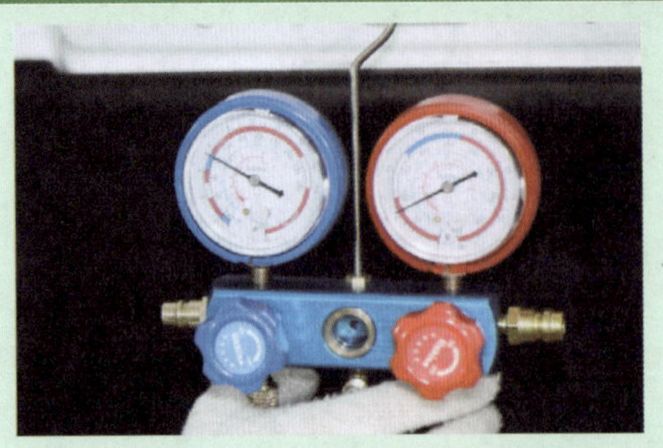	3. 启动空调制冷功能，在空调运行时检查歧管压力表组所显示的压力是否正常 提示： ◆比亚迪 e5 电动汽车空调制冷系统正常工作时，低压侧压力应为 0.8～1.2 MPa，高压侧压力应为 2.6～3.0 MPa
三、空调制冷系统电动压缩机的检查与维护	
	1. 举升车辆，检查电动压缩机表面是否脏污、变形，安装是否牢固，用潮湿的抹布将电动压缩机清理干净，确保晾干后，将电动压缩机重新装回 2. 检查电动压缩机线路及插接器连接处是否对插到位，有无松动、破损、腐蚀现象 3. 注意听电动压缩机工作的声响是否正常 提示： ◆如果电动压缩机发出类似金属摩擦的声响，可能是轴承损坏或动、静盘异响，需要修复或更换
四、空调制冷系统电动压缩机控制器的绝缘性能检查	
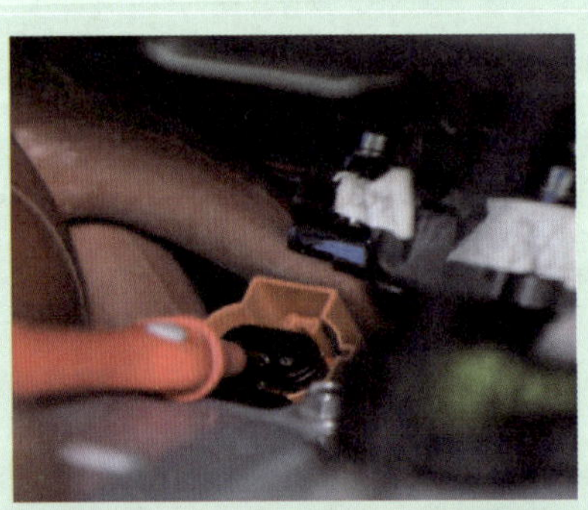 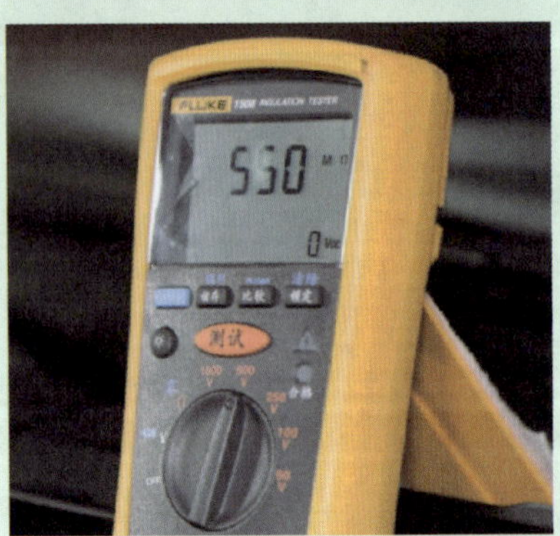	用绝缘电阻测量仪在直流 1 000 V 挡下测量电动压缩机控制器高压端子与外壳之间的绝缘电阻值是否大于 50 MΩ，若测得绝缘电阻值小于 50 MΩ，应修复或更换 提示： ◆测量绝缘电阻时要做好安全防护

续表

<table>
<tr><th colspan="2">空调制冷系统的检查与维护</th></tr>
<tr><td colspan="2">五、空调制冷功能的检查</td></tr>
<tr><td>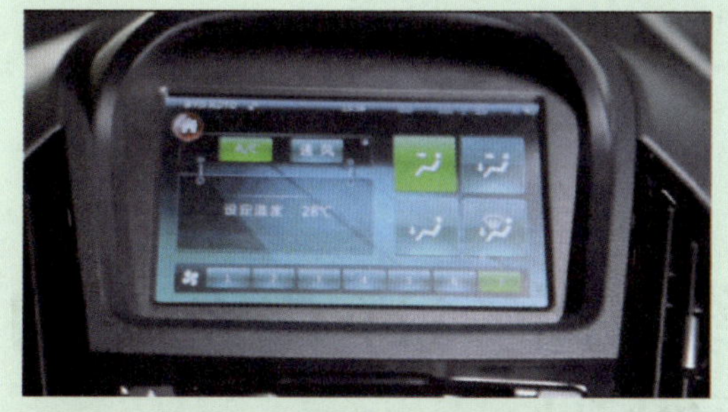</td><td>1. 当环境温度高于 20 ℃时，将车门全部打开，开启 A/C 开关，选择气流为迎面出风模式，选择进风模式为内循环，设置鼓风机速度为最大，设置温度为最冷</td></tr>
<tr><td>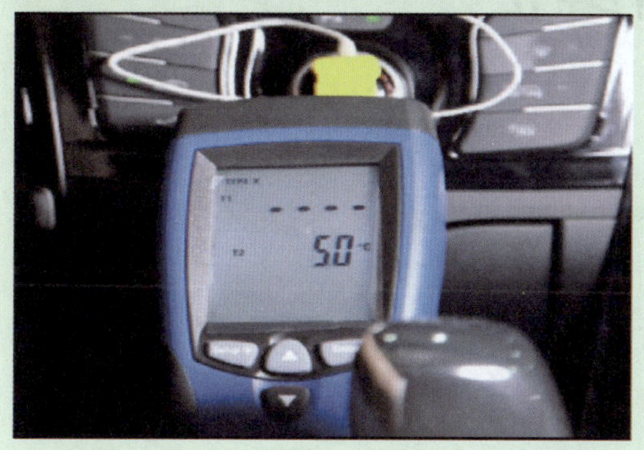</td><td>2. 5~6 min 后测试出风口温度，出风口温度应在 0~5 ℃范围内</td></tr>
<tr><td colspan="2">六、制冷剂泄漏情况的检查</td></tr>
<tr><td></td><td>1. 打开制冷剂检漏仪开关，调整好制冷剂检漏仪的灵敏度</td></tr>
<tr><td>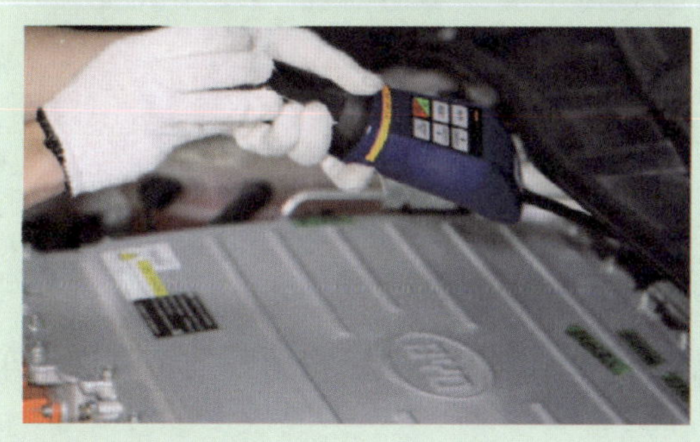</td><td>2. 用制冷剂检漏仪的探头接近空调管道及各连接部位。若接近部位有制冷剂泄漏，制冷剂检漏仪指示灯会快速闪烁，警报器鸣叫频率会同步加快，提示维护人员该部位有制冷剂泄漏，应及时处理</td></tr>
</table>

思考与练习

1. 简述电动汽车空调制冷系统的组成。
2. 简述电动汽车空调制冷系统的工作原理。

任务 2 | 空调通风系统和空气净化系统的检查与维护

学习目标

1. 了解电动汽车空调通风系统的通风方式。
2. 了解电动汽车空调通风系统的组成。
3. 了解电动汽车空调空气净化系统的净化方式。
4. 掌握电动汽车空调滤清器的检查与维护方法。

任务描述

王先生的比亚迪 e5 电动汽车已行驶 50 000 km，现车主反映最近打开汽车空调时有异味。作为维修人员，请你根据现场工作管理规范，完成电动汽车空调通风系统和空气净化系统的检查与维护，并向王先生解释电动汽车通风系统和空气净化系统定期维护的重要性。

相关理论

一、电动汽车空调通风系统的通风方式

电动汽车空调通风系统的作用是在汽车行驶时保证车内通风，将新鲜的空气送入车内，并驱排出污浊空气。

电动汽车空调通风系统主要有三种通风方式：自然通风、强制通风与综合通风。

1. 自然通风

汽车空调中的外循环系统指的是自然通风。自然通风是利用汽车行驶过程中车身内外表面产生的风压差，在适当的地方开设通风口和排气口，最终实现在密闭状态下的车内空气的通风换气。

2. 强制通风

当汽车车速低或停车时，车身内外表面气压差不足，仅仅依靠自然通风不能保证车内空气新鲜程度，此时需要强制通风。强制通风的主要部件是鼓风机。鼓风机将车外新鲜空气强制送入车内，最终实现通风换气。

3. 综合通风

综合通风是指汽车上同时采用自然通风和强制通风两种通风方式。目前，汽车上基本采用综合通风的方式。综合通风结构复杂，但省电、经济性好、运行成本低。特别是在春秋季，用综合通风导入的凉爽外部空气取代制冷系统工作，同样可以保证车内的舒适性要求。

二、电动汽车空调通风系统的组成

图 5-2-1 所示为电动汽车空调通风系统的组成，其主要由鼓风机、空气混合风门、进气模式风门、出风口等组成。

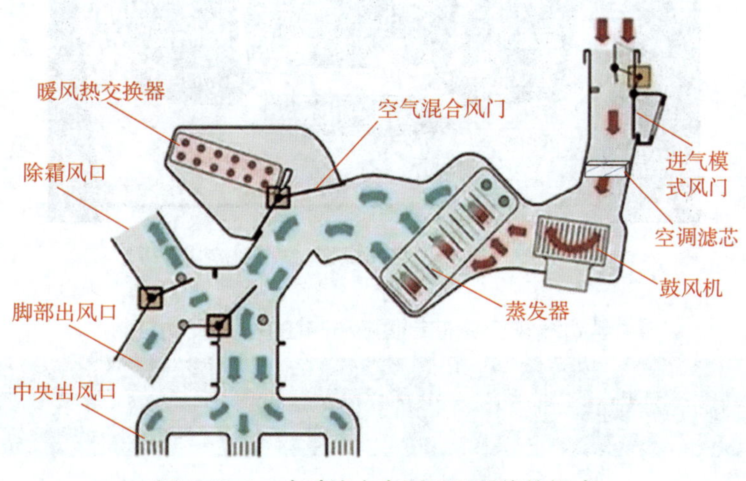

图 5-2-1　电动汽车空调通风系统的组成

三、电动汽车空调空气净化系统的净化方式

电动汽车空调空气净化系统的作用是除去有害气体及粉尘，使车内保持清洁舒适的

环境。电动汽车空调空气净化系统主要采用活性炭、催化反应器、负离子发生器三种方式来去除异味和有毒气体，并需对室外流入室内的空气和室内循环空气进行净化。

在汽车行驶过程中，粉尘是最大的污染物，电动汽车空调空气净化系统对室外空气中粉尘的净化主要采取过滤除尘和静电除尘两种形式。

1. 过滤除尘

过滤除尘通过在空调系统的送风口和回风口处设置空气滤清装置来净化空气，主要对尘埃等颗粒物进行过滤。

2. 静电除尘

静电除尘则在空气入口的过滤器后面再设置一套静电除尘装置来净化空气。静电除尘利用高压电极产生高压电场，对空气进行电离，使尘粒带电，然后在电场作用下产生定向运动，沉降在正负电极上，从而实现对空气的过滤除尘。

四、电动汽车空调控制面板按键的功能

图 5-2-2 所示为比亚迪 e5 电动汽车空调控制面板，其按键的名称及功能见表 5-2-1。

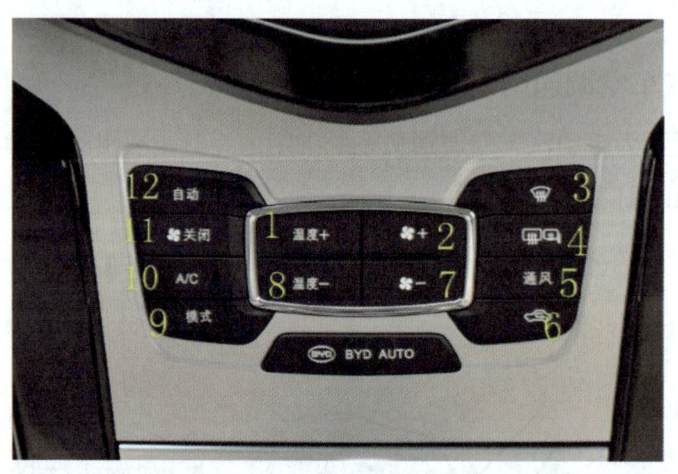

图 5-2-2 比亚迪 e5 电动汽车空调控制面板

表 5-2-1 电动汽车空调控制面板按键的名称及功能

图 5-2-2 中的序号	名称	功能
1	温度控制（温度升高）按键	用于调节车内温度
2	风速调节（风速升高）按键	用于调节空调风速，以调节空调制冷速度和强度

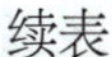

续表

图 5-2-2 中的序号	名称	功能
3	前除霜按键	为前风窗玻璃除霜开关，开启后出风口向前风窗玻璃吹风
4	后风窗和外后视镜除雾按键	按下此按键，可使后风窗玻璃和外后视镜除雾器工作
5	通风按键	按下此按键，空调吹出的风为自然风，风量挡位默认为 1 挡、吹面模式、外循环，且空调温度不可调节
6	内外循环按键	按下此按键，按键指示灯点亮（绿色），此时为内循环。若按下此按键后按键指示灯熄灭，此时为外循环
7	风速调节（风速降低）按键	用于调节空调风速，以调节空调制冷速度和强度
8	温度控制（温度降低）按键	用于调节车内温度
9	模式调节按键	用于改变空调出风口风向
10	A/C 开关按键	按下此按键，按键指示灯点亮（绿色），电动压缩机开启；再次按下此按键，按键指示灯熄灭，电动压缩机停止工作，出风挡位及出风模式保持不变
11	空调关闭按键	按下此按键，在任何空调模式下即刻关闭空调系统
12	自动模式按键	按下此按键，指示灯点亮（绿色），空调系统进入全自动模式

五、通风系统和空气净化系统的检查

1. 空调控制面板按键功能的检查

（1）若出现空调控制面板按键功能异常，需进行控制面板电路检修。

（2）若空调系统出现风量不足或异响等情况，需进行鼓风机及其电路检修。

2. 风道通风装置的检查

检查风道通风装置是否清洁，调节功能是否正常。

3. 空调滤清器的更换

一般情况下，空调滤清器的更换周期为汽车每行驶 15 000 km 或每年更换一次。如果汽车经常在恶劣环境中行驶，其空调滤清器应在汽车行驶不超过 10 000 km 时更换一次。在日常检查与维护过程中，应经常检查空调滤清器，查看其内部是否有异物或灰尘堆积。

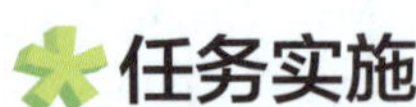

任务实施

空调通风系统和空气净化系统的检查与维护	
一、空调控制面板按键功能的检查	
	1. 调节空调风量，检查空调风量是否符合要求
	2. 调节空调出风模式，检查各出风口是否正常出风
	3. 调节内外循环按钮，检查空调能否进行内外循环模式的切换

续表

空调通风系统和空气净化系统的检查与维护	
	4. 按下风窗玻璃除霜按钮，检查出风口能否正常出风
二、风道通风装置的检查	
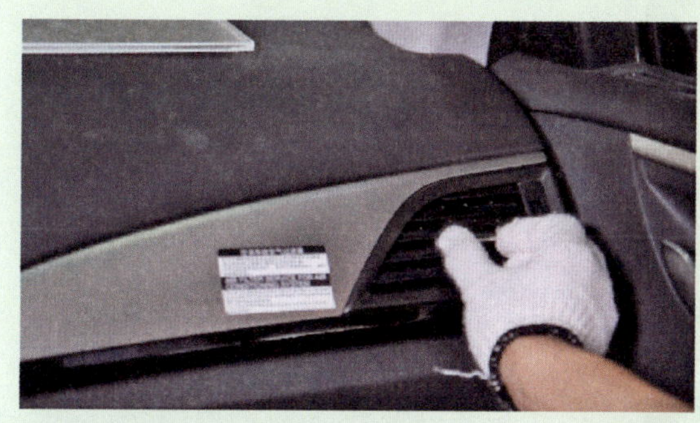	1. 检查左右侧风道通风装置的上下左右调节功能和清洁状况，检查风道是否过脏，是否发出异响，确保风道清洁，通风良好，无异响
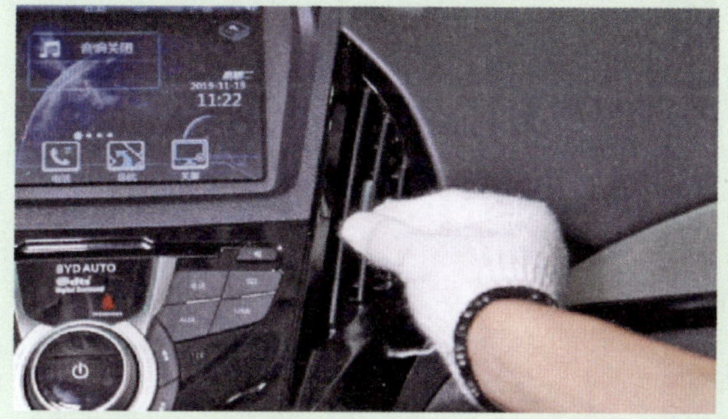	2. 检查控制面板中央出风口的上下左右调节功能和清洁情况
三、空调滤清器的检查与更换	
	1. 拆开空调滤清器外护板卡扣，取出挡板

续表

空调通风系统和空气净化系统的检查与维护	
	2. 取出空调滤清器，检查其是否脏污。如果空调滤清器脏污不明显，进行简单清理即可。如果空调滤清器严重脏污，则更换新的空调滤清器
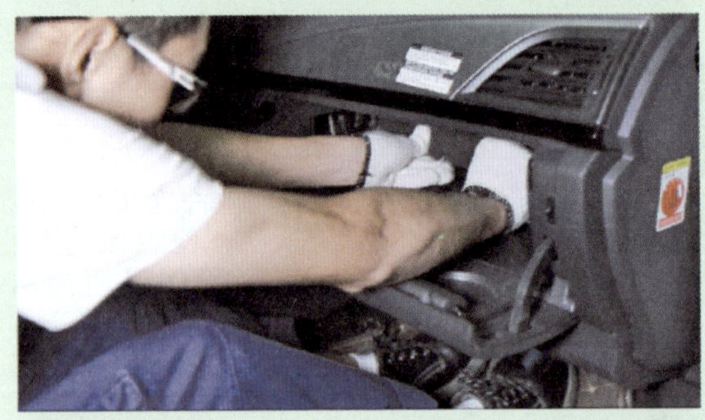 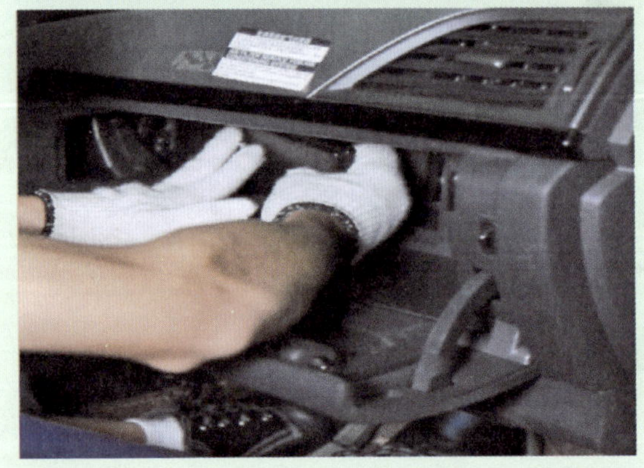	3. 处理好后将空调滤清器装回原处，并盖好挡板

思考与练习

1. 简述电动汽车空调通风系统的通风方式和组成。
2. 简述电动汽车空调空气净化系统的净化方式。
3. 简述电动汽车空调控制面板按键的名称及功能。

任务 3 | 空调暖风系统的检查与维护

学习目标

1. 了解电动汽车空调暖风系统的作用和组成。
2. 掌握电动汽车空调暖风系统的工作原理。
3. 掌握电动汽车空调暖风系统的检查与维护方法。

任务描述

王先生的比亚迪 e5 电动汽车已行驶 30 000 km，现车主反映打开汽车空调暖风系统很长一段时间后，车内温度变化仍不明显。作为维修人员，请你根据现场工作管理规范，完成电动汽车空调暖风系统的检查与维护，并向王先生解释电动汽车空调暖风系统定期维护的重要性。

相关理论

一、电动汽车空调暖风系统的作用

电动汽车空调暖风系统主要有取暖和除霜两种作用，通过将冷空气送入热交换器，吸收某种热源的热量，提高空气的温度，再将热空气送入车内。

1. 取暖

冬季天气寒冷，人们在行驶中的汽车内会感觉寒冷，这时汽车空调可以向车内提供暖气，提高车内的温度，使乘坐人员不再感觉到寒冷。

2. 除霜

冬季或者初春时汽车室内外温差较大，风窗玻璃上会结霜或起雾，从而影响到驾驶人和乘员的视线，不利于行车安全，这时可以用暖风除去玻璃上的霜和雾。

二、电动汽车空调暖风系统的组成

电动汽车没有用来采暖的发动机余热，没有作为汽车空调冬天采暖的热源。电动汽车的暖风其实是通过暖风装置将动力蓄电池的电能转化为热能的过程，目前大多数电动汽车都使用了PTC暖风装置，而PTC暖风装置又可细分为直接加热空气或加热冷却循环水后再发热两种形式。

图5-3-1所示为比亚迪e5电动汽车暖风系统的组成，其采用PTC加热器加热冷却液后供给暖风芯体，从而向车内供暖。

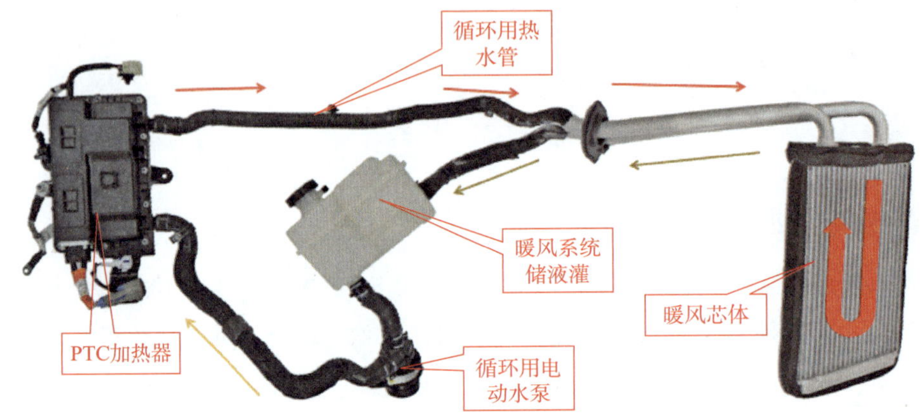

图5-3-1　比亚迪e5电动汽车暖风系统的组成

1. PTC加热器

图5-3-2所示为PTC加热器及其安装位置。PTC加热器加热冷却液后供给暖风芯体。该PTC加热器自带水温传感器、高压互锁装置、IGBT温度传感器、电压采集与电流采集以及对应的自动保护程序，水温传感器用来监测流经PTC加热器的水温数值。

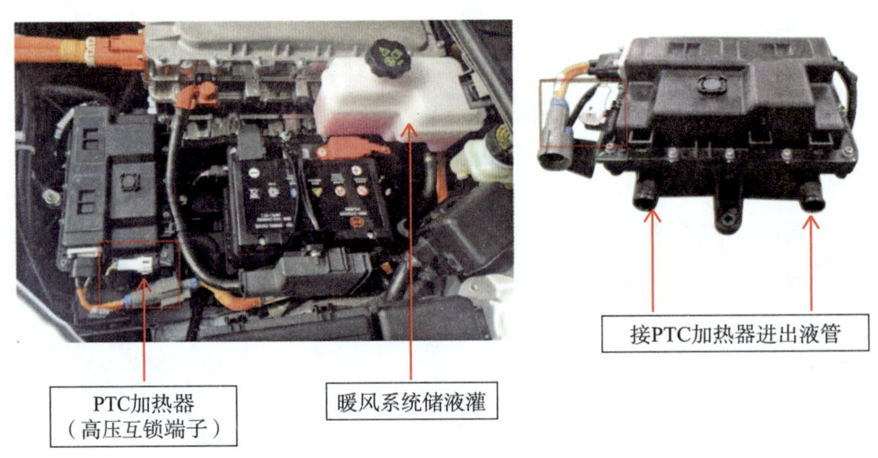

图5-3-2　PTC加热器及其安装位置

2. 电动水泵

图 5-3-3 所示为电动水泵，其用于驱动冷却液在系统中循环。

三、电动汽车空调暖风系统的工作原理

图 5-3-4 所示为电动汽车空调暖风系统的工作原理。电动水泵抽取空调暖风系统储液罐内的冷却液，使冷却液进入 PTC 总成，经 PTC 总成加热后的冷却液流经暖风芯体，将热量传递给鼓风机吹出的空气，再经回水管至空调暖风系统储液罐，如此不断循环。加热后的空气通过鼓风机将热量送至车内或风窗玻璃，用以提高车内温度或除霜 / 除雾。

图 5-3-3　电动水泵

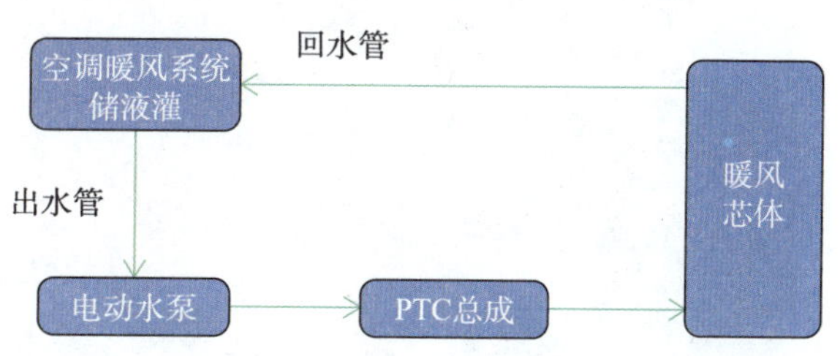

图 5-3-4　电动汽车空调暖风系统的工作原理

四、电动汽车空调暖风系统的检查

1. 检查电动汽车空调制热功能是否正常。

2. 检查电动汽车空调线束及插接器是否损坏。

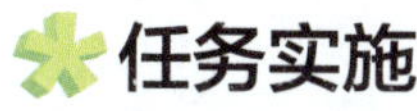

任务实施

空调暖风系统的检查与维护	
一、空调暖风系统制热功能的检查	
	1. 将电动汽车门窗关严，启动空调，将空调风量开至最大，温度设为最高，并将空调模式设为内循环模式，检查空调出风口温度是否明显上升

续表

空调暖风系统的检查与维护	
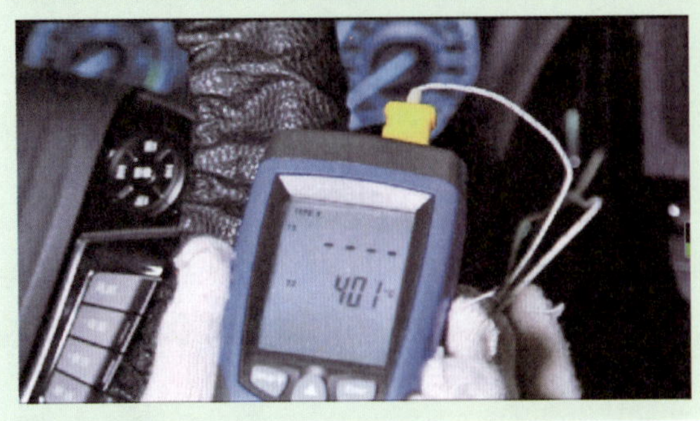	2. 在空调运转 5～6 min 后，检查车内是否制热不足。若有上述现象，需拆下 PTC 加热器进行检修
二、空调暖风系统电路线束的检查	
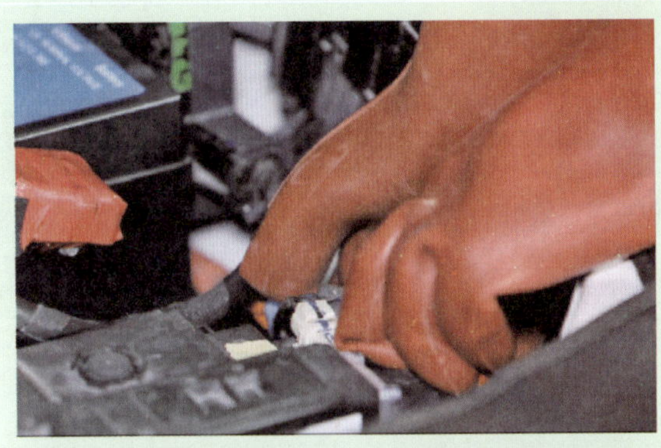	1. 检查电路线束及插接器连接处是否对插到位，有无松动、破损、腐蚀等。若损坏，需修复或更换 提示： ◆在对电动汽车空调高压部件进行维修之前，一定要做好高压防护措施
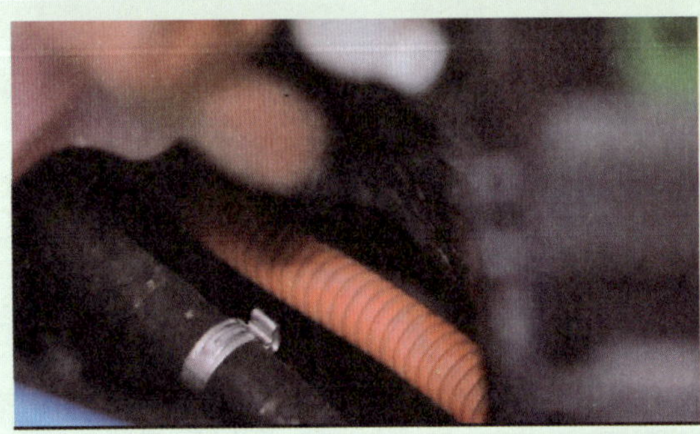	2. 检查插接器线束波纹管有无破损，若破损，需修复或更换

思考与练习

1. 简述电动汽车空调暖风系统的作用。

2. 简述电动汽车空调暖风系统的组成。

3. 简述电动汽车空调暖风系统的工作原理。

空调系统的检查与维护实训任务工单

姓名		学号	
班级		小组成员	

一、接受任务

车主孙先生将汽车开到维修站进行空调系统的维护与保养。维修技师需根据汽车生产厂家规定，对电动汽车空调系统进行检查与维护。

二、收集信息

1. 识别图 1 中电动汽车空调控制面板的各按键，将按键的名称及功能填写在表 1 中。

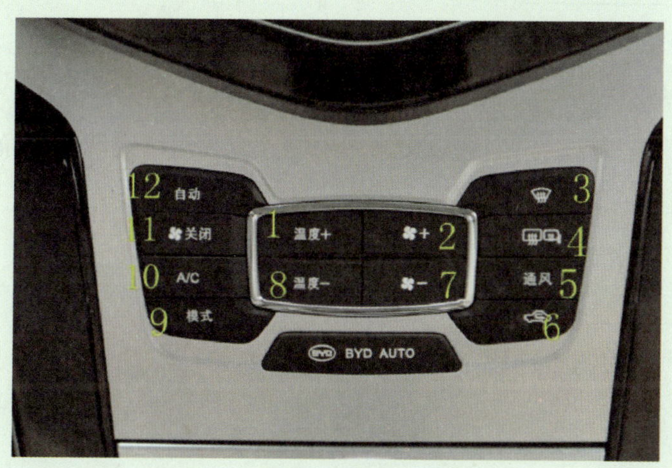

图 1　电动汽车空调控制面板

表 1　电动汽车空调控制面板按键的名称及功能

图 1 中的序号	名称	功能
1		
2		
3		
4		
5		
6		

续表

图 1 中的序号	名称	功能
7		
8		
9		
10		
11		
12		

2. 电动汽车空调制冷系统主要由__________、__________、__________、__________及__________等组成。

3. 电动汽车空调通风系统主要由__________、__________、__________、__________等组成。

4. 在汽车行驶过程中，粉尘是最大的污染物，电动汽车空调空气净化系统对室外空气中粉尘的净化主要采取__________和__________两种形式。

5. 比亚迪 e5 电动汽车空调暖风系统由__________、__________、__________、__________、__________组成。

6. 简述电动汽车空调暖风系统的工作原理。

7. 简述电动汽车空调制冷系统的工作原理。

三、制订计划

根据任务要求，在表 2 中填写所需准备的检测仪器和工具，将制订的工作计划填写在表 3 中。

表 2　　检测仪器和工具

序号	名称	数量	清点情况
1			□已清点
2			□已清点
3			□已清点
4			□已清点
5			□已清点
6			□已清点
7			□已清点
8			□已清点
9			□已清点
10			□已清点

表 3　　工作计划

序号	作业项目	操作要点
作业注意事项：		

四、任务实施

1. 空调制冷系统的检查与维护

空调制冷系统的检查与维护见表 4。

表 4 空调制冷系统的检查与维护

序号	实施步骤	检查 / 执行结果	处理建议
1	检查空调管路是否凹陷，是否有制冷剂泄漏	□是 □否	
2	检查冷凝器表面是否脏污，散热片是否变形	□是 □否	
3	检查低压管路是否结霜	□是 □否	
4	将空调检测用歧管压力表组高低压开关完全关闭，连接软管，红色软管接高压阀口，蓝色软管接低压阀口	□是 □否	
5	选择合适的快速插头，将软管另一端与车辆上的空调管道高低压加注阀相连，蓝色软管接低压侧（防护帽上标有“L”），红色软管接高压侧（防护帽上标有“H”）	□是 □否	
6	启动空调制冷功能，在空调运行时检查歧管压力表组所显示的压力是否符合标准 低压侧压力为（ ），高压侧压力为（ ）	□是 □否	
7	举升车辆，检查电动压缩机表面是否脏污、变形，安装是否牢固	□是 □否	
8	检查电动压缩机线路及插接器连接处是否对插到位，有无松动、破损、腐蚀等现象	□是 □否	
9	检查电动压缩机工作的声响是否正常	□是 □否	
10	用绝缘电阻测量仪在直流 1 000 V 挡下测量电动压缩机控制器高压端子与外壳之间的绝缘电阻值是否大于 50 MΩ	□是 □否	
11	检查制冷系统制冷功能是否正常	□是 □否	
12	检查制冷剂是否泄漏	□是 □否	

2. 通风系统和空气净化系统的检查与维护

通风系统和空气净化系统的检查与维护见表 5。

表 5　　通风系统和空气净化系统的检查与维护

序号	实施步骤	检查 / 执行结果	处理建议
1	调节空调风量，检查空调风量是否合适	□是　□否	
2	切换空调出风模式到“吹脚”模式，检查驾驶人位置脚底出风口是否有凉风，出风量是否足够	□是　□否	
3	切换空调出风模式到车窗“除雾”或“除湿”模式，检查风窗玻璃处出风口是否有凉风，出风量是否足够	□是　□否	
4	切换空调出风模式到“吹面”模式，检查中控面板上方及两侧车门附近的出风口是否有凉风	□是　□否	
5	检查左右侧风道通风装置的上下左右调节功能和清洁情况	□是　□否	
6	检查控制面板中央出风口的上下左右调节功能和清洁情况	□是　□否	
7	拆开空调滤清器外护板卡扣，取出挡板	□是　□否	
8	取出空调滤清器，检查其是否脏污	□是　□否	
9	处理好后将空调滤清器装回原处，并盖好挡板	□是　□否	

3. 空调暖风系统的检查与维护

空调暖风系统的检查与维护见表 6。

表 6　　空调暖风系统的检查与维护

序号	实施步骤	检查 / 执行结果	处理建议
1	检查暖风系统制热功能是否正常	□是　□否	
2	检查电路线束及插接器连接处是否对插到位，有无松动、破损、腐蚀等问题	□是　□否	
3	检查插接器线束波纹管有无破损	□是　□否	

五、质量检查

实训指导教师检查本组作业情况，针对实训过程中出现的问题提出改进建议，将质量检查情况填写在表 7 中。

表 7　　质量检查

序号	评价项目	评价结果
1	正确完成空调制冷系统的检查与维护	
2	正确完成通风系统和空气净化系统的检查与维护	
3	正确完成空调暖风系统的检查与维护	
综合评价（作业问题及改进建议）：		

六、考核评价

考核评价见表 8。

表 8　　考核评价

项目	评分标准	配分	得分
接受任务	明确工作任务，理解任务在车辆维护与保养中的重要程度	5	
收集信息	了解电动汽车空调制冷系统的组成及工作原理	5	
	了解电动汽车通风系统和空气净化系统的组成及工作方式	5	
	了解电动汽车空调暖风系统的组成及工作原理	5	
制订计划	能制订空调系统检查的作业计划	5	
	能协同小组成员安排任务分工	2	
	能在实施前准备好所需要的检测仪器和工具	3	

续表

项目	评分标准		配分	得分
	任务名称	评分说明	配分	得分
任务实施	空调制冷系统的检查与维护	未检查制冷剂是否泄漏扣 5 分；未正确检查各管路扣 5 分；未正确检查电动压缩机扣 5 分；未正确测量绝缘电阻扣 5 分；检查空调系统制冷剂管路时压力软管连接错误扣 5 分；未正确记录制冷系统压力扣 5 分	30	
	通风系统和空气净化系统的检查与维护	不能识别和正确调节出风量扣 3 分；不能正确识别和调节出风模式扣 3 分；空调滤清器外护板卡扣拆装不正确扣 10 分；空调滤清器未清理及处理扣 4 分	20	
	空调暖风系统的检查与维护	未正确检查暖风系统制热功能扣 5 分；未正确检查电路线束及插接器连接情况扣 5 分；未正确检查插接器线束波纹管扣 5 分	15	
质量检查	学生完成任务，操作过程规范		5	
总得分				

模块六
底盘系统的检查与维护

任务 1 | 行驶系统的检查与维护

学习目标

1. 了解汽车行驶系统的作用和组成。
2. 掌握轮胎的检查与维护方法。
3. 掌握悬架的检查与维护方法。

●任务描述

王先生的比亚迪 e5 电动汽车已行驶 50 000 km，现车主反映轮胎异常磨损。作为维修人员，请你根据现场工作管理规范，完成电动汽车轮胎的检查与维护，并向王先生解释电动汽车轮胎定期维护的重要性。

相关理论

如图 6-1-1 所示，汽车底盘系统由传动系统、行驶系统、转向系统和制动系统四部分组成，其作用是支撑并安装汽车驱动电机（或发动机）及其他部件、总成，形成汽车的整体造型，并接受驱动电机（或发动机）的动力使汽车运动，以保证汽车正常行驶。本任务主要学习汽车行驶系统的作用、组成及检查与维护等知识。

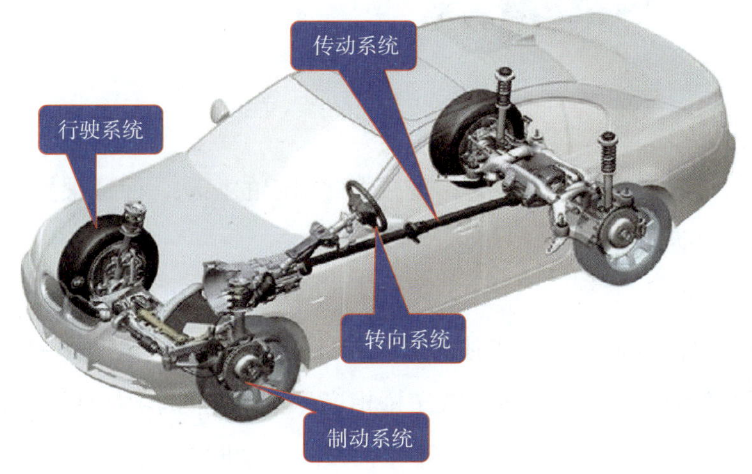

图 6-1-1 汽车底盘系统的组成

一、汽车行驶系统的作用

汽车行驶系统将全车各总成及部件连成一个整体，以支撑汽车总质量，承受作用于车轮上的各种力及其力矩并将其传递到路面上，缓和不平路面对车身造成的冲击和振动，以保证汽车平稳行驶。汽车行驶系统与制动系统配合，提供汽车减速或停车所需的制动力，并与转向系统配合，以实现汽车安全行驶。

二、汽车行驶系统的组成

如图 6-1-2 所示，汽车行驶系统由车架（或车身）、车桥、悬架（前悬架和后悬架）、车轮和轮胎组成，车轮分别支撑在各车桥上。为了减少汽车在不平路面上行驶时受到的振动，车桥又通过弹性悬架与车架（或车身）连接。

1. 悬架

（1）悬架的作用

悬架是汽车的车架与车桥或车轮之间的一切传力连接装置的总称，悬架的主要作用是传递作用在车轮和车身之间的一切力和力矩，比如支撑力、制动力和驱动力等，并且

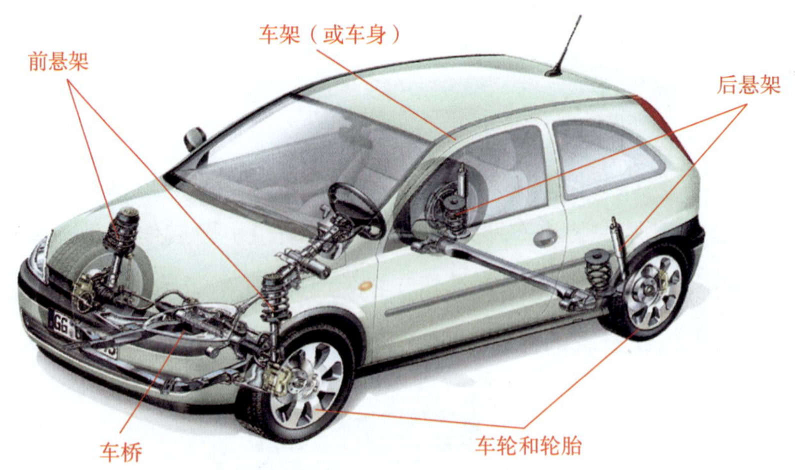

图 6-1-2　汽车行驶系统的组成

缓和由不平路面传给车身的冲击载荷，衰减由此引起的振动，保证乘员的舒适性，减小货物和车辆本身的动载荷。

（2）悬架的类型

根据结构不同，悬架可分为非独立悬架和独立悬架两种（见图 6-1-3）。非独立悬架的结构特点是两侧车轮由一根整体式车桥相连，车轮连同车桥一起通过弹性悬架与车架（或车身）连接。当一侧车轮因道路不平而发生跳动时，必然引起另一侧车轮在汽车横向平面内发生摆动，故称为非独立悬架。独立悬架的结构特点是车桥被做成断开式，每一侧的车轮可以单独地通过弹性悬架与车架（或车身）连接，两侧车轮可以单独跳动，互不影响，故称为独立悬架。

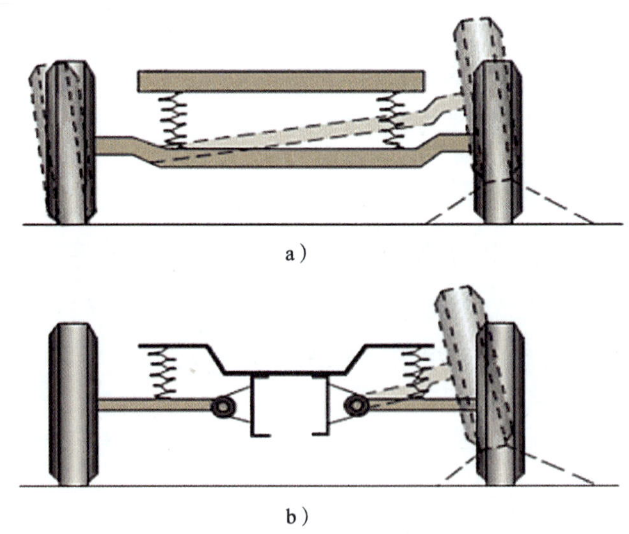

图 6-1-3　悬架

a）非独立悬架　b）独立悬架

（3）悬架的组成

如图 6-1-4 所示，典型的汽车悬架由弹性元件、减振器及导向机构组成，这三部分分别起缓冲、减振和传递力的作用。绝大多数悬架具有弹性元件和减振器，但不同类型悬架的导向机构差异却很大，它也是导致悬架性能差异的核心部件。导向机构一般由控制臂、推力杆和横向稳定器组成。

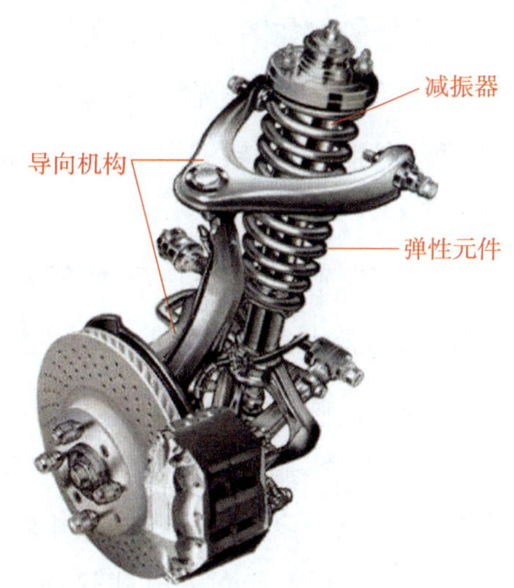

图 6-1-4 悬架的组成

1）弹性元件。汽车悬架的弹性元件能使车架与车桥之间保持弹性连接，承受和传递垂直载荷，缓和并抑制不平路面所引起的冲击。常见的汽车悬架采用的弹性元件主要有钢板弹簧、螺旋弹簧、扭杆弹簧、气体弹簧和橡胶弹簧等。

2）减振器。减振器主要用来抑制弹簧吸振后反弹时的振荡及来自路面的冲击。在经过不平路面时，虽然吸振弹簧可以过滤路面的振动，但弹簧自身还会有往复运动，而减振器就是用来抑制这种弹簧跳跃的。若减振器太软，车身就会上下跳跃；若减振器太硬，就会带来太大的阻力，妨碍弹簧正常工作。现在使用的减振器有橡皮减振器、弹簧减振器、空气式减振器、油液空气式减振器和全油液式减振器。根据产生阻尼的材料不同，减振器主要有液压和充气两种，还有可变阻尼的减振器。

3）导向机构。导向机构是在悬架系统中传递各种力和力矩，引导车轮按一定规律相对于车架（或车身）运动的机构。其作用是决定车轮相对车架（或车身）的运动关系，并传递纵向力、侧向力和它们引起的力矩。

2. 车轮

（1）车轮的作用

车轮是介于轮胎和车桥之间承受负荷的旋转组件，用于安装轮胎，承受轮胎与车桥之间的各种载荷。

（2）车轮的组成

车轮是用钢或者铝合金制成的，主要由轮辋、轮辐和轮毂组成。轮辐是在车轮上介于车轴和轮辋之间的支撑部件，轮辋是在车轮上安装和支撑轮胎的部件。

轮辋用于安装和固定轮胎。按其结构不同，轮辋分为深槽轮辋、平底轮辋和对开式轮辋，如图 6-1-5 所示。此外，还有半深槽轮辋、深槽宽轮辋、平底宽轮辋、全斜底轮辋等。

深槽轮辋如图 6-1-5a 所示，主要用于轿车及轻型越野车，适宜安装尺寸小而弹性较大的轮胎。深槽轮辋有带肩的凸缘，用以安放外胎的胎圈，其肩部通常略向中间倾斜。为便于外胎的拆装，深槽轮辋断面的中部制成深凹槽。深槽轮辋的结构简单、刚度大、质量较小。

平底轮辋如图 6-1-5b 所示，多用于货车。其挡圈是整体的，且用一个开口锁圈来防止挡圈脱出。在安装轮胎时，先将轮胎套在轮辋上，之后套上挡圈，并将它向内推，直至越过轮辋上的环形槽，再将开口的弹性锁圈嵌入环形槽中。

对开式轮辋如图 6-1-5c 所示。这种轮辋由内外两部分组成，其内外轮辋的宽度可以相等，也可以不相等，两者用螺栓连成一体，拆装轮胎时拆卸螺栓上的螺母即可。其挡圈是可拆的，有的对开式轮辋无挡圈，用与内轮辋制成一体的轮缘代替挡圈，内轮辋与辐板焊接在一起。这种轮辋主要用于载重量较大的重型货车和大型客车。

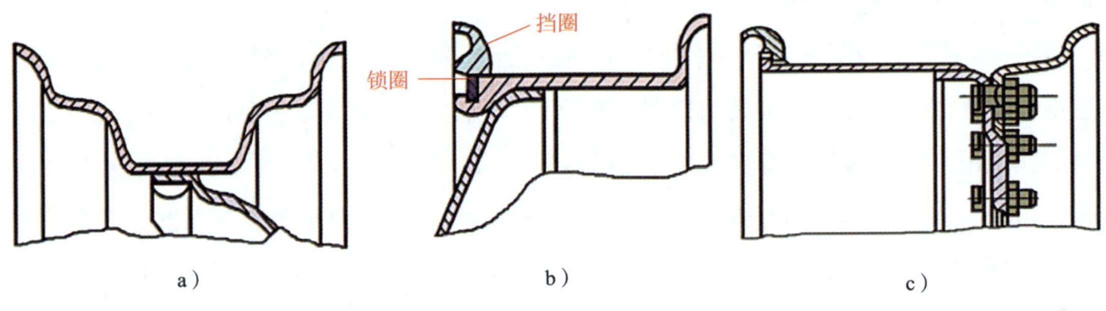

图 6-1-5　轮辋

a）深槽轮辋　b）平底轮辋　c）对开式轮辋

为了提高轮胎负荷能力，国内外汽车车轮均朝着宽轮辋的方向发展，试验表明，采用宽轮辋可以提高轮胎的使用寿命，并可改善汽车的通过性和行驶稳定性。

（3）车轮的分类

按照轮辐的结构不同，车轮可分为辐板式和辐条式两种。

1）辐板式车轮。目前，普通轿车和轻、中型货车普遍采用辐板式车轮（见图 6-1-6），这种车轮由挡圈、轮辋、辐板和气门嘴伸出口组成。车轮中用以连接轮毂和轮辐的钢质圆盘称为辐板，其大多是冲压制成的，少数与轮毂铸成一体，后者主要用于重型汽车。

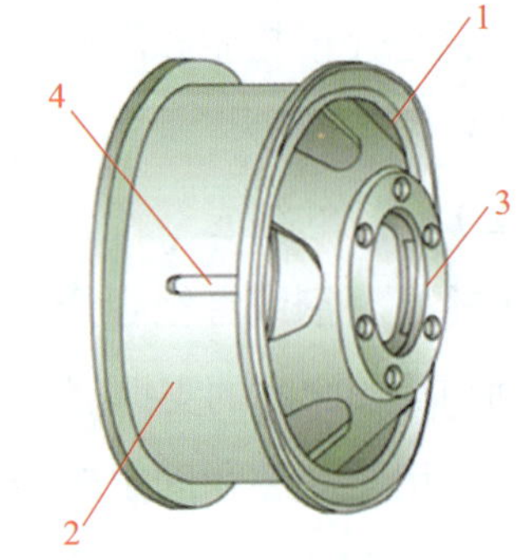

图 6-1-6　辐板式车轮

1—挡圈 2—轮辋 3—辐板 4—气门嘴伸出口

货车后桥负荷比前桥大得多，为使后轮轮胎不致过载，后桥一般装用双式车轮，即在同一轮毂上

安装有两套辐板和轮辋。轿车的辐板所用板料较薄，常冲压成起伏多变的形状，以提高其刚度。目前广泛采用的轿车车轮为铝合金车轮，且多为整体式，即轮辋和轮辐铸成一体，其质量轻、尺寸精度高、生产工艺好、美观大方。

2）辐条式车轮。根据辐条结构不同，辐条式车轮又分为钢丝辐条式车轮和铸造辐条式车轮两大类，如图 6-1-7 所示。钢丝辐条式车轮的结构与自行车车轮完全一样，由于其价格昂贵、维修安装不便，故仅用于赛车和某些高级汽车上。另外，辐条式车轮还不能与无内胎轮胎组合使用。铸造辐条式车轮常用于重型货车上，其辐条与轮毂铸成一体，轮辋是用螺栓和特殊形状的衬块固定在辐条上的，为了使轮辋和辐条很好地对中，在轮辋和辐条上都加工出配合锥面。

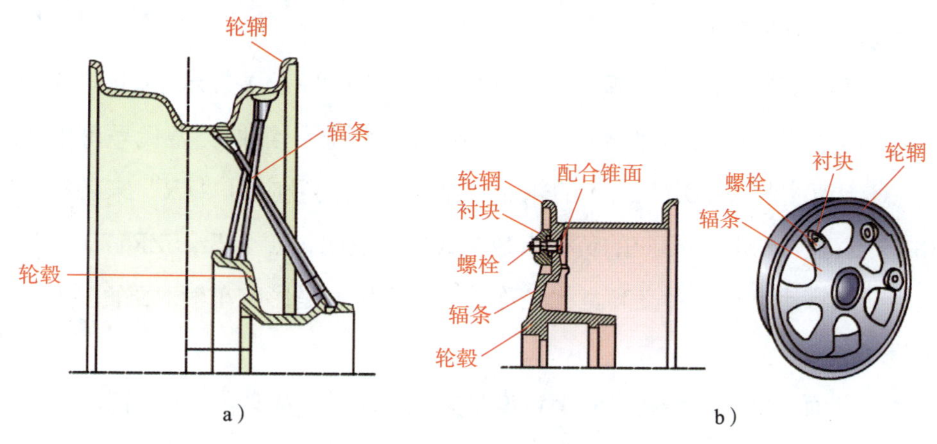

图 6-1-7　辐条式车轮

a）钢丝辐条式车轮　b）铸造辐条式车轮

3. 轮胎

（1）汽车轮胎的作用

汽车轮胎是汽车的重要部件之一，它直接与路面接触，和汽车悬架一起缓和汽车行驶时所受到的冲击，保证汽车有良好的乘坐舒适性和行驶平顺性；保证车轮和路面有良好的附着性；提高汽车的牵引性、制动性和通过性；承受汽车的质量。

（2）汽车轮胎的分类

根据组成不同，轮胎可分为有内胎轮胎和无内胎轮胎；根据结构不同，轮胎可分为子午线轮胎和斜交轮胎；根据花纹不同，轮胎可分为条形花纹轮胎、横向花纹轮胎、混合花纹轮胎和越野花纹轮胎。

（3）汽车轮胎的规格

国家标准《轿车轮胎规格、尺寸、气压与负荷》（GB/T 2978—2014）中规定轿车轮胎规格一般由以下六部分组成，如图 6-1-8 所示。

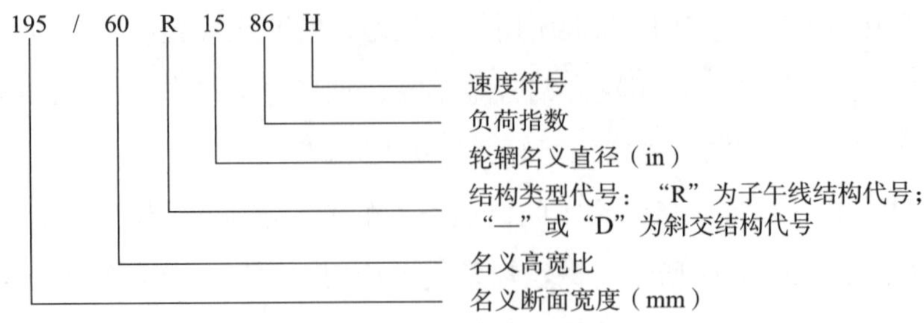

图 6-1-8　轿车轮胎规格

1）速度符号。速度符号表示对车辆速度的极限限制，汽车速度超过速度符号规定的最高速度时可能会引起爆胎。速度符号代表的等级越高，轮胎设计及对材料的要求就越高。

2）负荷指数。轮胎的负荷指数是将轮胎所能承受的最大负荷以代号的形式表示，来表征轮胎承受负荷的能力。

3）轮辋名义直径（in）。轮辋名义直径的数值以英寸（in）表示（1 in=25.4 mm）。

4）结构类型代号。最高速度超过 240 km/h 的轮胎，结构类型代号可用“ZR”代替“R”。对于速度超过 300 km/h 的轮胎，结构类型代号应用“ZR”来替换“R”，在括号内由速度符号“Y”和相应的负荷指数组成使用说明，如 245/45ZR17（95Y）。

5）名义高宽比。轮胎名义高宽比又称轮胎扁平比，是影响车辆对路面的反应灵敏度的主要因素。

6）名义断面宽度。轮胎名义断面宽度是影响整车油耗表现的一个因素。

图 6-1-9 所示为汽车轮胎。

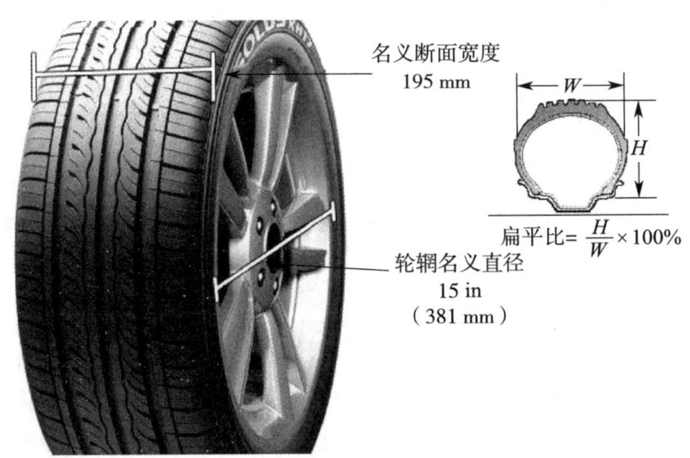

图 6-1-9　汽车轮胎

如图 6-1-10 所示，轮胎生产时间的尾数后两位代表生产年份，前两位代表是第几周生产，如“3513”说明该轮胎是 2013 年第 35 周生产的。

图 6-1-10 轮胎生产时间

如图 6-1-11 所示，轮胎上还有一个很特别的磨损更换指示标志，在轮胎外侧小三角所示位置胎面处，若黑色箭头所指小凸起与胎面平齐，表明胎面已磨损至极限，应予以更换。

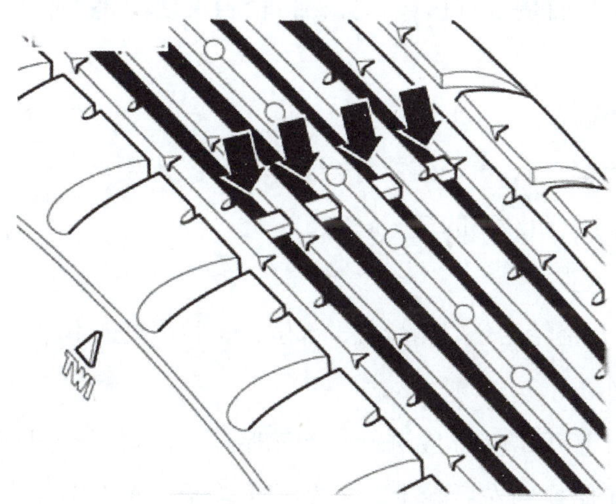

图 6-1-11 轮胎磨损标志

4. 车桥与车架（或车身）

车桥主要由前后托臂组成，如图 6-1-12 所示。车架支撑车身，承受汽车载荷，固定汽车大部分部件和总成；车桥传递车架与车轮之间各个方向的作用力及力矩。

随着车辆的使用，由于汽车行驶途中颠簸严重及其他一些因素，可能会导致汽车底盘螺栓及螺母松动甚至脱落，会严重影响行车安全。

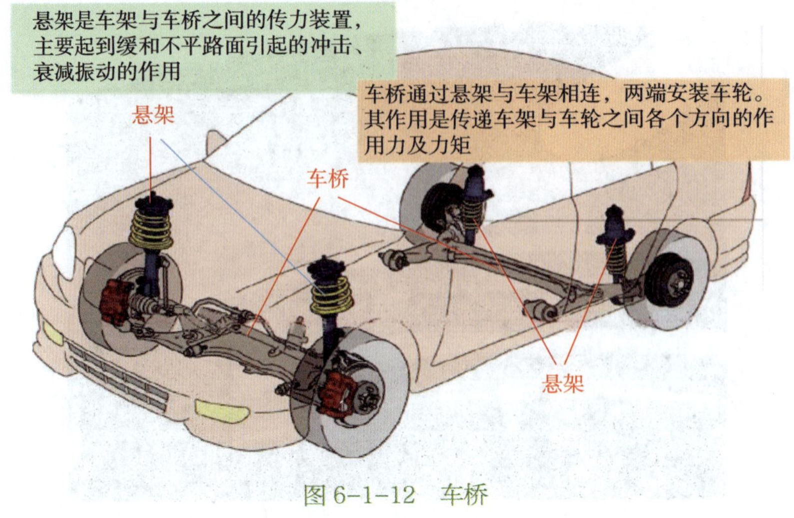

图 6-1-12　车桥

三、行驶系统的检查

1. 轮胎的检查

（1）轮胎胎面的检查

检查轮胎胎面和侧面是否有损坏和异物，轮胎滚动面是否有异常的磨损、切口和刺穿。

（2）轮胎气压的检查

用气压表检测轮胎气压，气压值应符合汽车出厂技术要求。一般在车辆 A 柱下侧有标签标明该车型轮胎不同负载下的气压值。

（3）轮胎花纹的检查

用轮胎花纹深度尺沿轮胎一周测量若干部位，轮胎花纹最小深度应不小于 1.6 mm。

（4）轮胎的换位

车辆一般每行驶 10 000 km 应进行一次轮胎换位。对于一般前驱动车，轮胎换位的方法是将左前轮轮胎换到左后轮上，将左后轮轮胎换到右前轮上，将右前轮轮胎换到右后轮上，将右后轮轮胎换到左前轮上。图 6-1-13 所示为不同类型汽车的轮胎换位示意图。

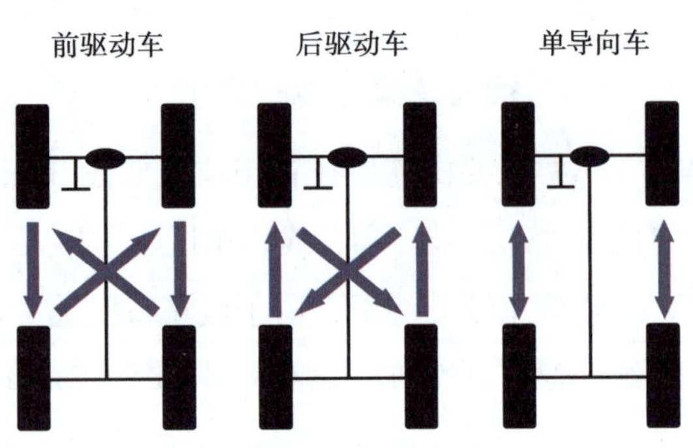

图 6-1-13　不同类型汽车的轮胎换位示意图

2. 悬架的检查

（1）将汽车停放在坚实而平整的地面上，目测车身是否倾斜。用力往下按压汽车四侧，观察减振器、悬架是否有异常声响，

是否有漏油现象。

（2）检查减振器上方的连接螺栓是否按要求力矩紧固。

（3）举升车辆，目测减振器是否有凹痕、损坏、变形等情况，减振弹簧有无扭曲、裂纹情况。检查减振弹簧上下座是否有松脱、开裂现象，前后减振器是否漏油，防尘罩是否有裂纹，油封是否破坏。

（4）检查悬架螺栓、各支架螺栓连接紧固力矩是否符合规定。

任务实施

行驶系统的检查与维护	
一、轮胎的检查与维护	
	1. 检查轮胎气压。汽车轮胎气压不应超过汽车生产厂家规定的标准气压，气压过高或过低都会造成轮胎的异常磨损。将气压表对准轮胎气门嘴读数，如果汽车轮胎气压不在正常值范围内，应及时补充轮胎气压 提示： ◆轮胎气压的检查应在轮胎冷却后进行
	2. 检查轮胎外观是否正常。检查轮胎有无鼓包、胎面老化等情况，若有类似情况应更换轮胎；检查轮胎有无偏磨，若有类似情况应进行四轮定位；检查轮胎表面是否有刺入物，若有类似情况则需补胎或者更换轮胎
	3. 检查轮胎磨损程度，目测轮胎表面是否有异常磨损，用花纹深度尺在轮胎的不同部位多次检测花纹深度，查看是否有超出安全要求的花纹深度，若有类似情况则更换轮胎

续表

<table>
<tr><th colspan="2">行驶系统的检查与维护</th></tr>
<tr><td></td><td>4. 检查轮毂，将车辆举升到相对高度后，用双手握住轮胎的上下侧，来回扳动轮胎，多次检查轮毂轴承有无松动、摆动现象，然后来回转动轮胎，多次检查轮胎转动有无噪声和卡滞</td></tr>
<tr><td></td><td>5. 将轮胎换位，轮胎换位是为了让轮胎的磨损更加均匀，这样可以延长四只轮胎的使用寿命
提示：
◆根据驾驶人不同的驾驶习惯和驾驶路线，参照汽车自带的保养手册定期进行轮胎换位。新车轮胎换位间隔为每行驶 10 000 km，以后汽车每行驶 5 000~10 000 km 进行一次轮胎换位</td></tr>
<tr><td colspan="2">二、车轮动平衡的检查与维护</td></tr>
<tr><td></td><td>1. 清除汽车轮胎上的泥土、石子等杂物</td></tr>
<tr><td></td><td>2. 拆下旧平衡铅块</td></tr>
</table>

续表

行驶系统的检查与维护	
	3. 检查轮胎气压，若不符合要求，应充气至规定值
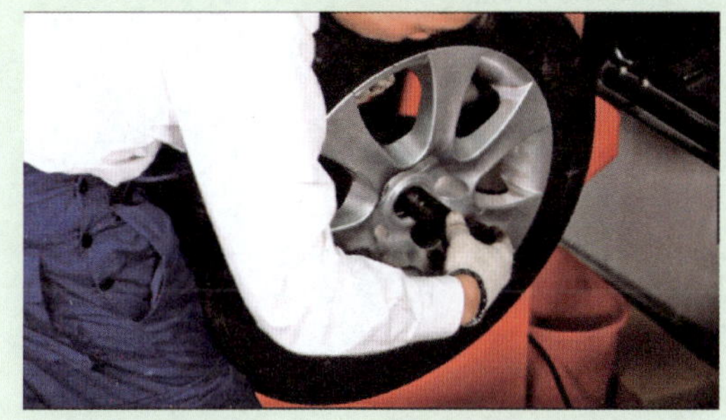	4. 根据轮辋中心孔的大小选择锥体并装上车轮，用快速锁紧螺母将车轮锁紧在转轴上
	5. 安装车轮并拧紧锁紧螺母
	6. 用卡尺测量轮辋宽度、轮辋边缘至平衡机机箱的距离，将宽度、距离及轮辋直径数据输入动平衡机

续表

行驶系统的检查与维护	
 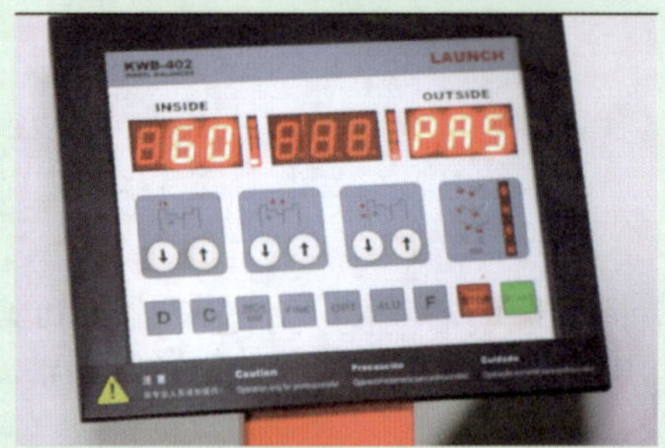	7. 放下车轮防护罩，按下启动键（有的动平衡机是自动启动），车轮旋转，平衡测试开始，自动采集数据；运行几秒后，车轮自动停转（或在听到提示笛声后按下“停止”键），从指示装置读取车轮内、外不平衡质量和不平衡位置信息
  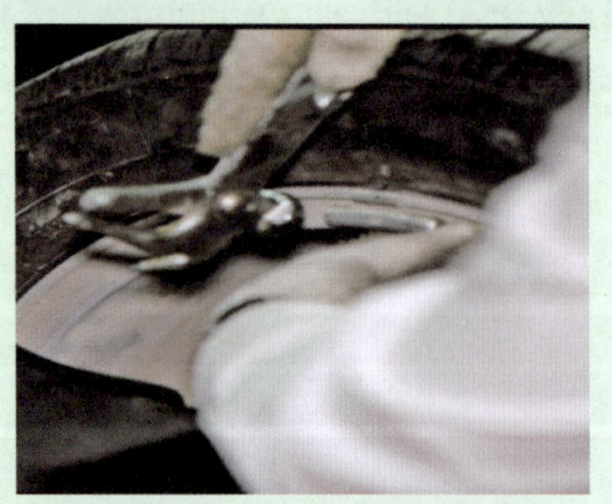	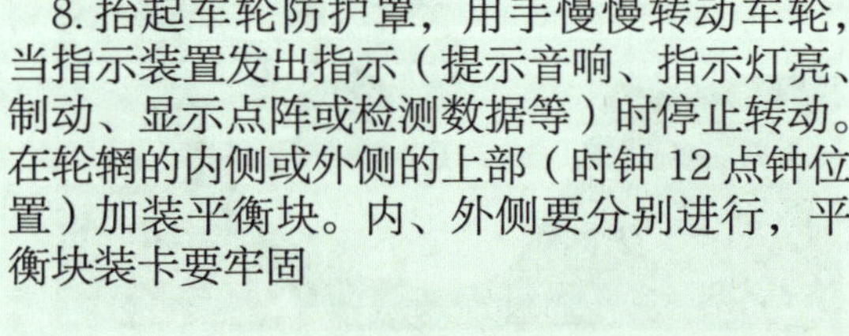 8. 抬起车轮防护罩，用手慢慢转动车轮，当指示装置发出指示（提示音响、指示灯亮、制动、显示点阵或检测数据等）时停止转动。在轮辋的内侧或外侧的上部（时钟 12 点钟位置）加装平衡块。内、外侧要分别进行，平衡块装卡要牢固
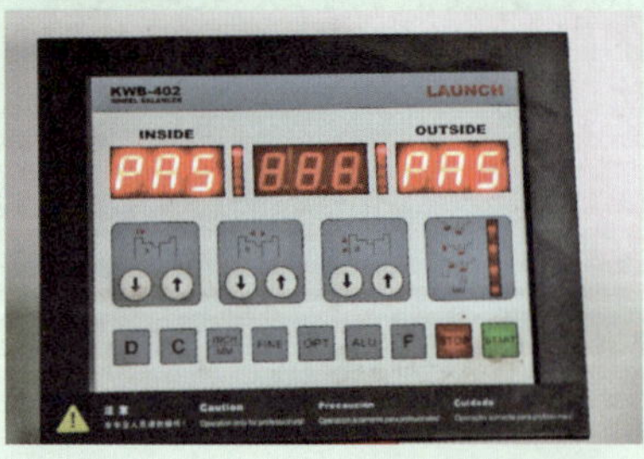	9. 安装新平衡块后，按上面第 7 步重新进行平衡试验，直至不平衡质量小于 5 g，或指示装置显示“PAS”或“00”时为止。测试结束拆下车轮

续表

<table>
<tr><th colspan="2">行驶系统的检查与维护</th></tr>
<tr><td colspan="2">三、减振器的检查与维护</td></tr>
<tr><td></td><td>1. 目测减振器是否有凹痕、破损、变形等情况，检查减振器是否漏油，防尘罩是否有裂纹，油封是否损坏，若有上述情况则需更换减振器</td></tr>
<tr><td>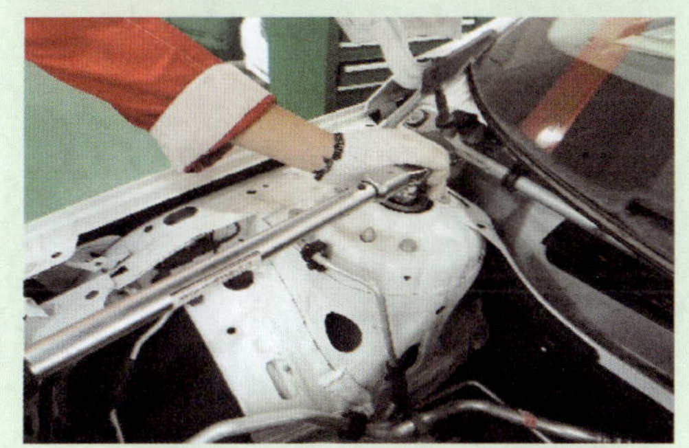</td><td>2. 检查减振器上方的连接螺栓是否紧固，应按规定力矩紧固</td></tr>
<tr><td></td><td>3. 拆下减振器，查看是否发生活塞杆卡滞或推拉活塞杆没有阻力的情况，若有上述情况则需更换减振器</td></tr>
<tr><td colspan="2">四、悬架的检查与维护</td></tr>
<tr><td></td><td>1. 检查左右摆臂、转向器外侧拉杆球头和拉杆球头上的防尘罩是否有破损或漏油</td></tr>
</table>

续表

行驶系统的检查与维护	
	2. 检查拉杆球头的摆动与转动是否流畅，检查拉杆球头是否松动
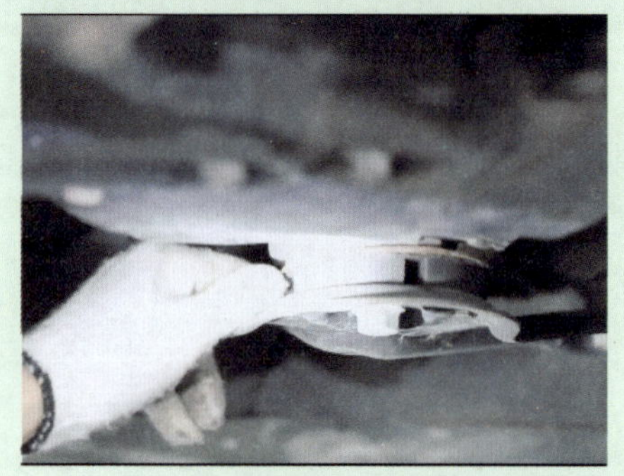	3. 检查橡胶件是否损坏、开裂或老化失效，若有上述情况应更换橡胶件
	4. 检查前后悬架上的弹簧座有无脱开、撕裂或其他损坏。若有损坏，应更换弹簧座
	5. 检查悬架螺栓、各支架螺栓连接是否紧固，应按规定力矩拧紧螺栓

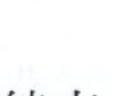

续表

行驶系统的检查与维护	
	6. 检查后稳定杆和纵臂等是否有弯曲、变形及损坏，若有上述情况，应更换相应部件

思考与练习

1. 简述汽车行驶系统的作用。

2. 简述车轮动平衡的检查方法及步骤。

任务 2 | 制动系统的检查与维护

学习目标

1. 了解制动系统的作用。
2. 了解行车制动装置的组成与作用。
3. 掌握电动汽车真空助力系统的组成与工作原理。
4. 掌握驻车制动装置的组成与作用。
5. 掌握汽车制动液的作用及使用注意事项。
6. 掌握制动系统的检查与维护方法。

任务描述

王先生的比亚迪 e5 电动汽车已行驶 50 000 km，现车主反映该车制动不够灵敏。作为维修人员，请你根据现场工作管理规范，完成电动汽车制动系统的检查与维护，并向王先生解释电动汽车制动系统定期维护的重要性。

相关理论

一、制动系统的作用

如图 6-2-1 所示，制动系统分为行车制动装置和驻车制动装置两种，其作用是使行驶中的汽车按照驾驶人的要求进行强制减速甚至停车，使已停驶的汽车在各种道路条件下（包括在坡道上）稳定驻车，使下坡行驶的汽车速度保持稳定。行车制动装置能使正在行驶中的汽车减速或在最短距离内停车；驻车制动装置能使已经停在各种路面上的汽车保持不动。电动汽车的制动装置与传统汽车一样，是为汽车减速或停车而设置的。

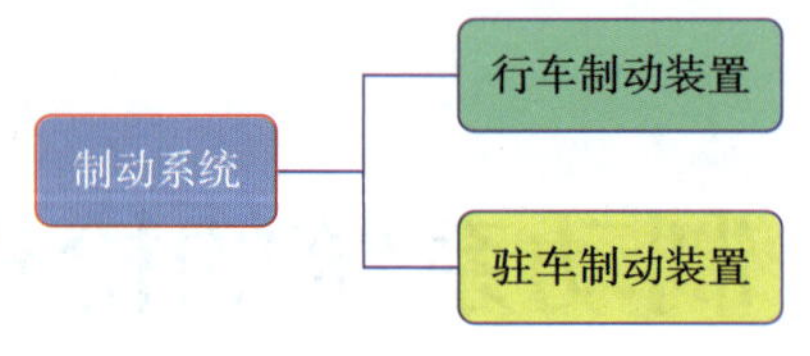

图 6-2-1　制动系统

二、行车制动装置的组成

电动汽车将以动力蓄电池、驱动电机为核心的电力驱动系统引入到传统汽车，驱动电机在汽车制动时以发电机状态工作，将汽车的制动能量转变为电能回收并存储在动力蓄电池内，即具有制动能量回收功能，从而提高了整车的经济性能。在电动汽车中，起制动作用的有能量回收制动和机械液压制动两套系统，从而形成机电复合制动系统。

图 6-2-2 所示为传统汽车机械液压行车制动装置的组成，该装置通常由制动器及其操纵装置组成，包括真空助力器、制动主缸、制动油管、鼓式制动器、盘式制动器等。

1. 电动汽车真空助力系统

传统汽车的制动系统真空助力装置的真空源来自发动机进气歧管。在纯电动汽车发动机总成被拆除后，由于制动系统没有真空动力源而丧失真空助力功能，因此，电动汽车真空助力系统在传统真空助力系统的基础上增加了电动真空泵，以产生足够的真空度，从而实现助力制动。

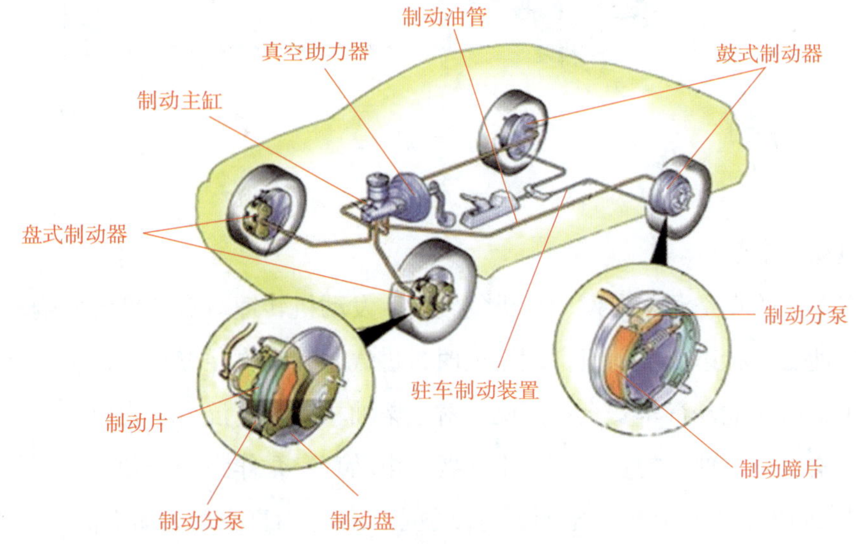

图 6-2-2 传统汽车机械液压行车制动装置的组成

图 6-2-3 所示为电动汽车真空助力系统的工作原理。当驾驶人发动汽车时，12 V 电源接通，电子控制系统模块开始自检，如果真空罐内的真空度小于设定值，真空压力传感器输出相应电压值至整车控制器，此时整车控制器控制电动真空泵开始工作；当真空罐内的真空度达到设定值后，真空压力传感器输出相应电压值至整车控制器，整车控制器控制电动真空泵停止工作；当真空罐内的真空度因制动消耗，其真空度小于设定值时，电动真空泵再次开始工作，如此不断循环。

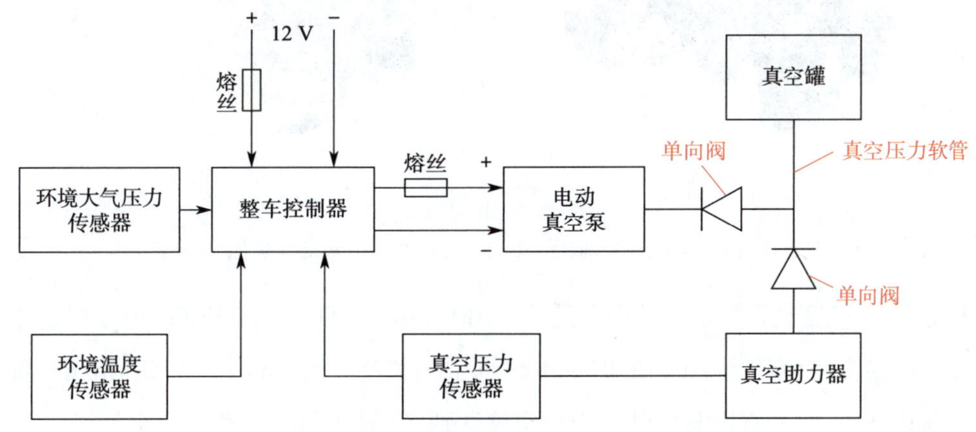

图 6-2-3 电动汽车真空助力系统的工作原理

图 6-2-4 所示为电动汽车真空助力系统的组成。

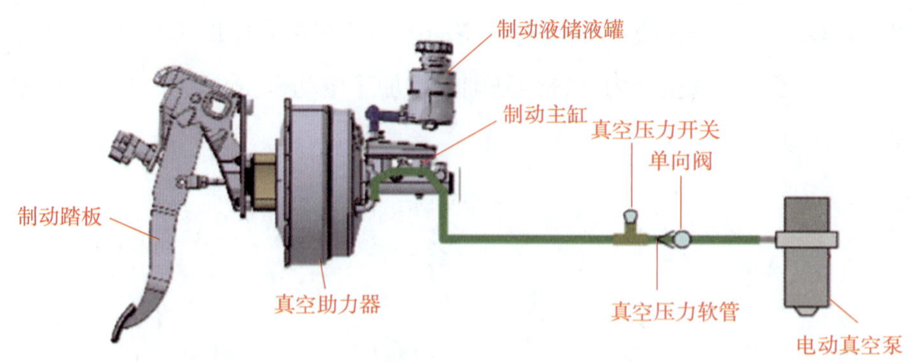

图 6-2-4　电动汽车真空助力系统的组成

（1）电动真空泵

传统汽车上的真空源来自发动机进气歧管，发动机转速对真空度的影响较大。当发动机处于怠速工作状态或发动机突然熄火时，进气歧管的真空度较小，影响真空助力器的正常使用，同时危及行车安全。因此，对于柴油机汽车、混合动力电动汽车、纯电动汽车来说，安装一个独立的真空源非常必要。电动真空泵作为一个独立的部分存在于汽车中，只需要 12 V 车载蓄电池电源就可以独立工作，为真空助力器提供可靠的真空源。图 6-2-5 所示为比亚迪 e5 电动汽车与江淮 IEV6E 电动汽车上的电动真空泵。

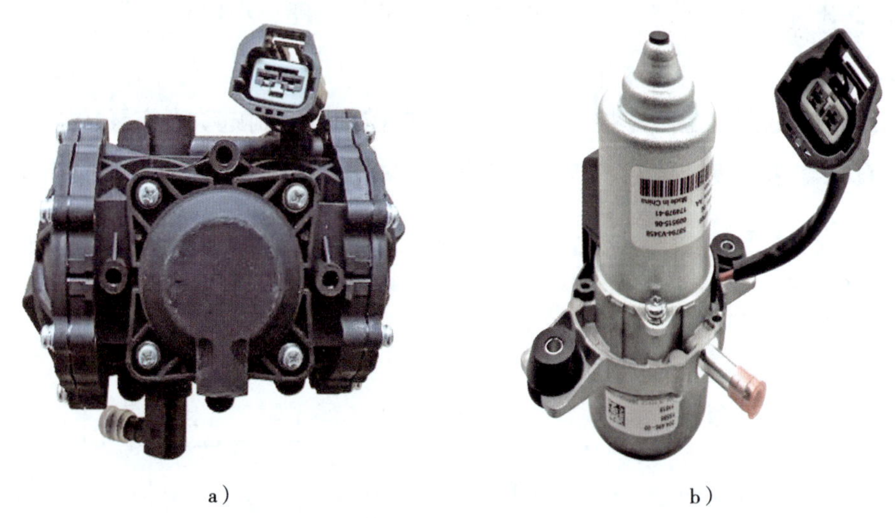
a）　　b）

图 6-2-5　电动真空泵

a）比亚迪 e5 电动汽车上的电动真空泵　b）江淮 IEV6E 电动汽车上的电动真空泵

电动真空泵工作条件如下：当车速小于 60 km/h、真空度低于 60 kPa 时，电动真空泵启动；当真空度达到 75 kPa 时，电动真空泵关闭。当车速超过 60 km/h、真空度低于 70 kPa 时，电动真空泵启动；当真空度达到 75 kPa 时，电动真空泵关闭。

电动真空泵可分为膜片式、叶片式和摇摆活塞式三种。

1）膜片式电动真空泵。膜片式电动真空泵如图 6-2-6 所示，膜片由曲柄机构驱动，曲柄机构的偏心机构上面装有两个偏心轴承，以推动作用在膜片上的连杆，使膜片受到推力和拉力的作用而引起变形，使工作腔容积发生变化，产生进气和排气的效果。由于膜片与工作腔之间无相对运动，摩擦较小，温升慢，可以使电动真空泵具有较长的使用寿命，且工作时噪声较小。

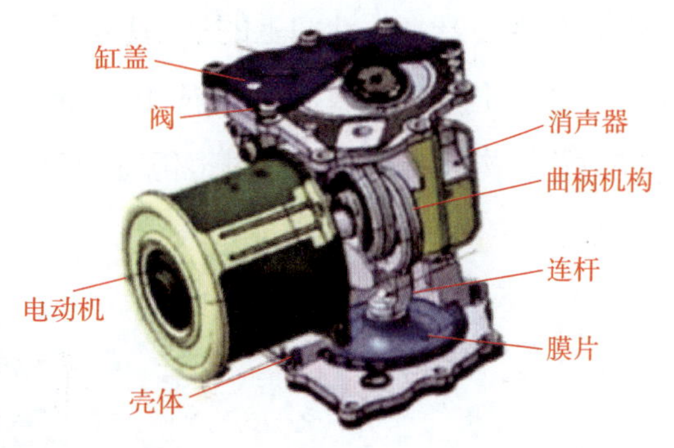

图 6-2-6 膜片式电动真空泵

2）叶片式电动真空泵。叶片式电动真空泵如图 6-2-7 所示，由偏心地装在定子腔内的转子、转子槽内的叶片和外壳（定子）组成。叶片放置在真空泵工作腔中转子的偏心槽内。当转子带动叶片旋转时，叶片借助离心力（有时还有弹簧力）作用紧贴定子内壁，把进、排气口分割开来，并使进气腔容积周期性扩大而吸气，排气腔容积则周期性缩小而压缩气体，借气体的压力推开排气阀排气，获得真空。在转子转动过程中，叶片与缸体之间紧贴并相对转动，所以叶片式电动真空泵温升很快，易磨损，易产生较大的噪声。叶片式电动真空泵对叶片的材料、耐温性、耐磨性等要求极高。

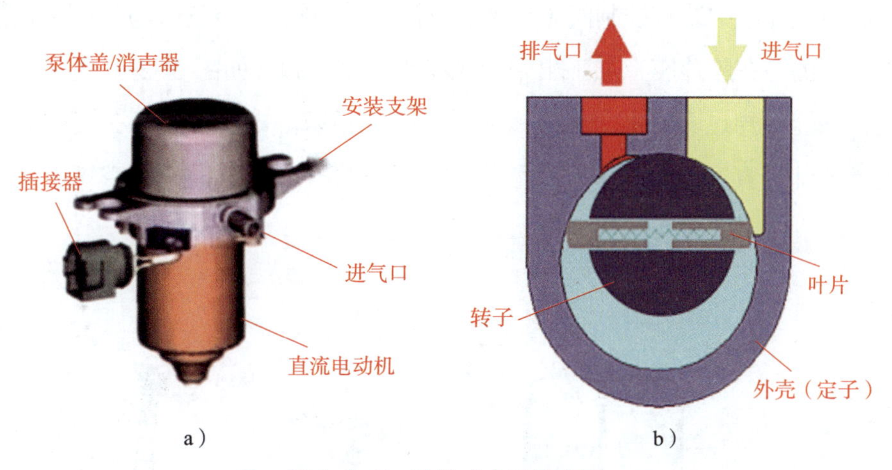

图 6-2-7 叶片式电动真空泵
a）实物图 b）示意图

3）摇摆活塞式电动真空泵。摇摆活塞式电动真空泵如图 6-2-8 所示，它包含两个 180° 对置的工作腔，电动机主轴连接一个偏心机构，偏心机构驱动连杆及活塞做往复运动，在往复运动过程中活塞会发生偏转摇摆。活塞的往复运动会引起工作腔容积的变化，产生进气和排气的效果。摇摆活塞式电动真空泵活塞和腔体之间有相对滑动，工作时真空泵温度会升高，活塞上的活塞环与腔体之间的过盈量可以通过设计进行调整，其温升比叶片式电动真空泵低，磨损较慢，噪声相对较低。由于摇摆活塞式电动真空泵采用双腔对置结构，当一腔失效时，仍有一定的抽取真空能力。

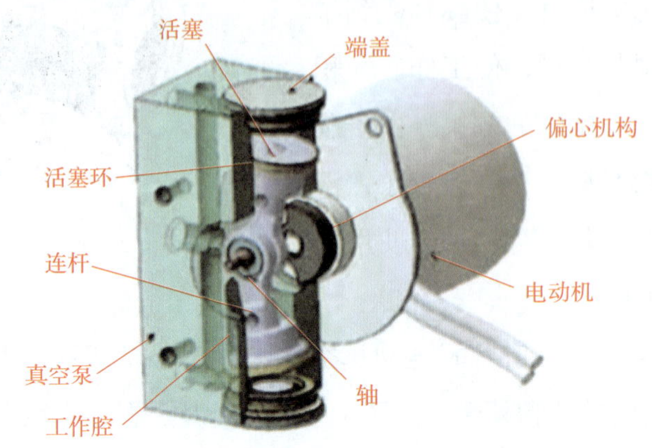

图 6-2-8　摇摆活塞式电动真空泵

（2）真空助力器

图 6-2-9 所示为制动主缸与真空助力器的连接示意图。真空助力器与制动主缸通过螺栓固定在车身前围上，借助推杆与制动踏板连接。如图 6-2-10 所示为真空助力器的组成。其伺服气室由前后外壳组成，其间夹装有膜片和膜片座。其前腔经真空单向阀通真空罐，后腔膜片座中装有控制阀（包括空气阀和真空阀），空气阀与制动主缸推杆固定连接，橡胶阀门与在膜片座上加工出来的阀座组成真空阀。如图 6-2-9 所示，制动踏板推动推杆，该连杆穿过真空助力器进入制动主缸主活塞。电动真空泵在真空助力器内膜片的两侧形成部分真空。当踩下制动踏板时，推杆打开一个气门，使空气进入真空助力

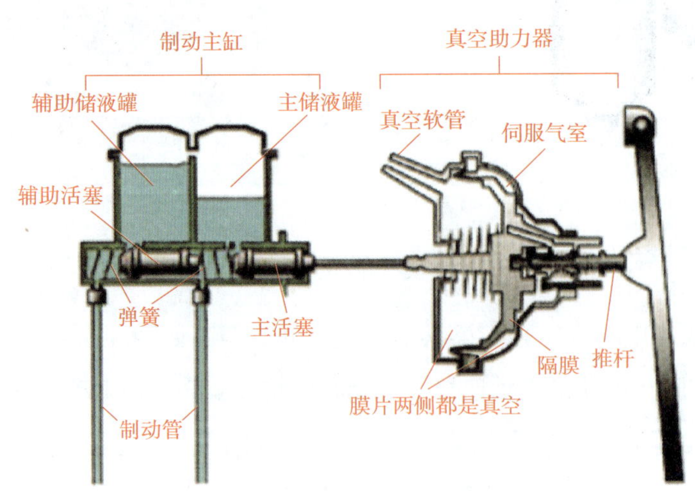

图 6-2-9　制动主缸与真空助力器的连接示意图

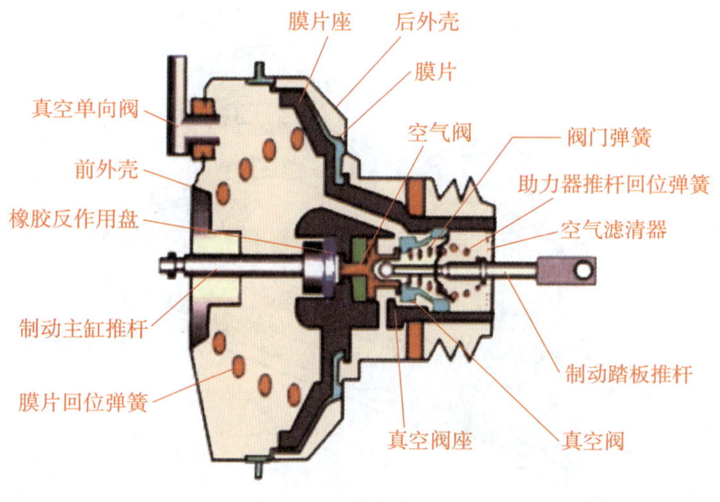

a）

b）

图 6-2-10 真空助力器的组成

a）示意图 b）实物图

器中膜片的一侧，同时密封另一侧真空。这就增大了膜片一侧的压力，从而有助于推动推杆，继而推动制动主缸中的主活塞。当释放制动踏板时，空气阀将隔绝外部空气，同时重新打开真空阀。这将恢复膜片两侧的真空，从而使一切复位。

2. 制动主缸

制动主缸也称制动总泵，其作用是将制动踏板产生的机械能转变为液压能。双回路液压制动系统中的制动主缸一般采用串联双腔或并联双腔制动主缸。如图 6-2-11 所示，制动主缸的壳体内装有前活塞（第二活塞）、后活塞（第一活塞）及前后活塞回位弹簧，前后活塞分别用皮碗和皮圈密封，前活塞用挡片保证其正确位置。两个储液罐分别与制动主缸的前后腔相通，前出油口、后出油口分别与前后制动轮缸相通，前活塞靠后活塞的液力推动，后活塞直接由推杆推动。

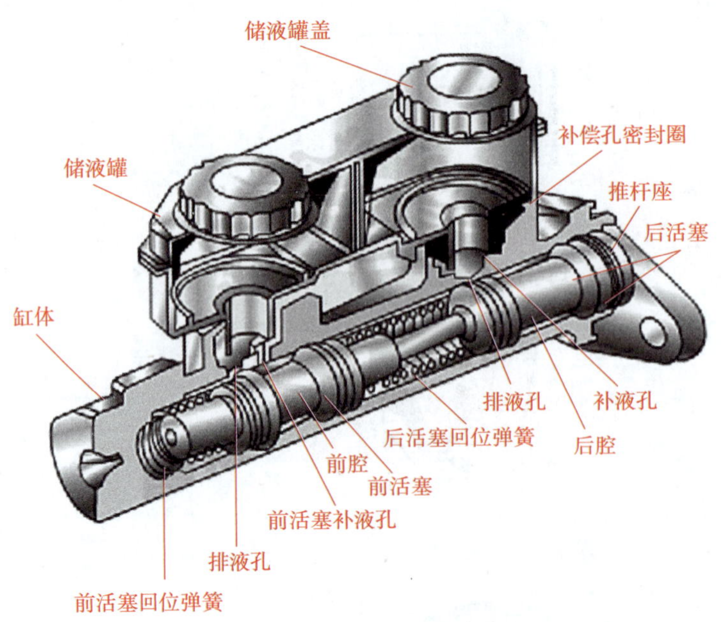

图 6-2-11　制动主缸的组成

制动主缸的工作原理如下：踩下制动踏板时，制动主缸中的推杆向前移动，使皮碗掩盖住储液罐旁通孔后，后腔压力升高，在后腔液压力和后活塞弹簧力的作用下，推动前活塞向前移动，前腔液压力也随之提高；继续踩下制动踏板时，前后腔液压继续升高，使前后制动器产生制动；松开制动踏板时，制动主缸中的前后活塞和推杆分别在前后活塞回位弹簧的作用下回到初始位置，从而解除制动。若前腔控制的回路泄漏，前活塞不产生液压力，但在后活塞液压力作用下，前活塞被推到最前端，后腔产生的液压力仍使汽车后轮制动。若后腔控制的回路泄漏，后腔不产生液压力，但后活塞在推杆作用下前移，并与前活塞接触而使前活塞前移，前腔仍能产生液压力，控制汽车前轮制动。若驾驶人两脚同时制动，制动踏板迅速回位，前后活塞在弹簧力的作用下迅速回退，此时制动液受到止回阀的阻止而不能及时回到腔内，前后活塞前方出现负压，制动液在大气压的作用下从补偿孔进入前后活塞前方，使前后活塞前方的制动液增多。再次踩下制动踏板时，制动有效行程增加。

前活塞回位弹簧的弹力大于后活塞回位弹簧的弹力，以保证前后两个活塞不工作时都处于正确的位置。

为了保证制动主缸前后两个活塞在解除制动后能退回到适当位置，在制动主缸不工作时，推杆的头部与前后活塞背面之间应留有一定的间隙。这一间隙所需的踏板行程称为制动踏板的自由行程。自由行程过大，会使制动有效行程减小；自由行程过小，则使制动解除不彻底。

若双回路液压制动系统中任一回路失效，制动主缸仍能正常工作，只是所需制动踏板自由行程加大，导致汽车的制动距离变大，其制动效能降低。

3. 制动油管

制动油管负责将各个制动轮缸连接到制动主缸，是液压回路的重要组成部件。制动油管由金属管（通常称制动管）和软管（通常称制动软管）组成。制动油管都是高压管。

4. 鼓式制动器

图 6-2-12 所示为鼓式制动器的组成，主要包括制动鼓、制动器底板、制动轮缸、制动蹄及摩擦片、回位弹簧等。制动轮缸、制动蹄及摩擦片、回位弹簧等装在制动器底板上，与车架固定，车轮装在制动鼓上。鼓式制动器工作时，主要通过液压装置使摩擦片与随车轮转动的制动鼓内侧面发生摩擦，从而起到制动效果。图 6-2-13 所示为制动轮缸，也称制动分泵，其作用是将制动主缸传来的液压力转变为机械力。

图 6-2-12 鼓式制动器的组成

1—制动鼓 2—制动器底板 3—制动轮缸 4—回位弹簧 5—制动蹄及摩擦片

图 6-2-14 所示为鼓式制动器的工作原理示意图，在踩下制动踏板时，踏板推杆推动制动总泵的活塞运动，进而在油路中产生压力，制动液将压力传递到车轮的制动轮缸推动活塞，活塞推动制动蹄向外运动，进而使摩擦片与制动鼓发生摩擦，从而产生制动力。

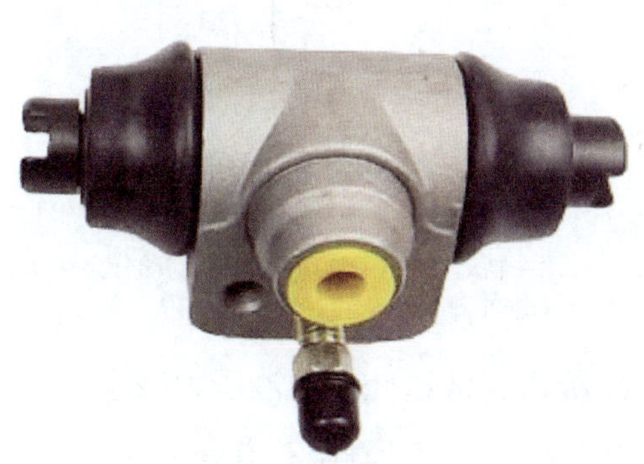

图 6-2-13 制动轮缸

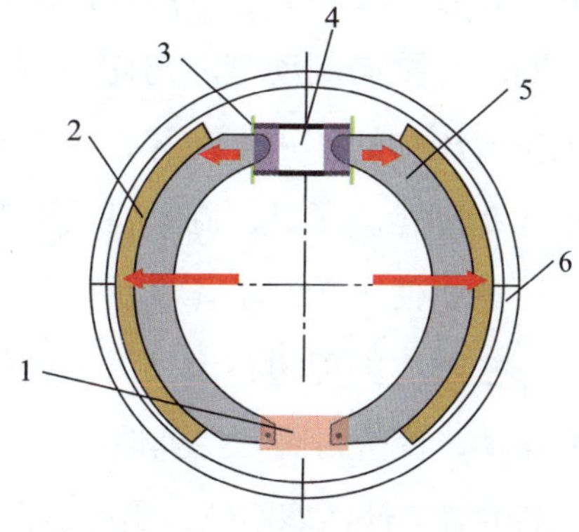

图 6-2-14 鼓式制动器的工作原理示意图

1—顶杆 2—摩擦片 3—活塞 4—制动轮缸 5—制动蹄 6—制动鼓

5. 盘式制动器

图 6-2-15 所示为盘式制动器的组成，主要由制动盘、制动钳、制动块、制动分泵等组成。盘式制动器也叫碟式制动器，主要有钳盘式和全盘式两种。根据制动钳固定在支架上的结构不同，钳盘式制动器分为定钳盘式和浮钳盘式两种。定钳盘式制动器使用较少，浮钳盘式制动器在汽车前轮或四轮中应用广泛。全盘式制动器在重型商用车中应用较多。

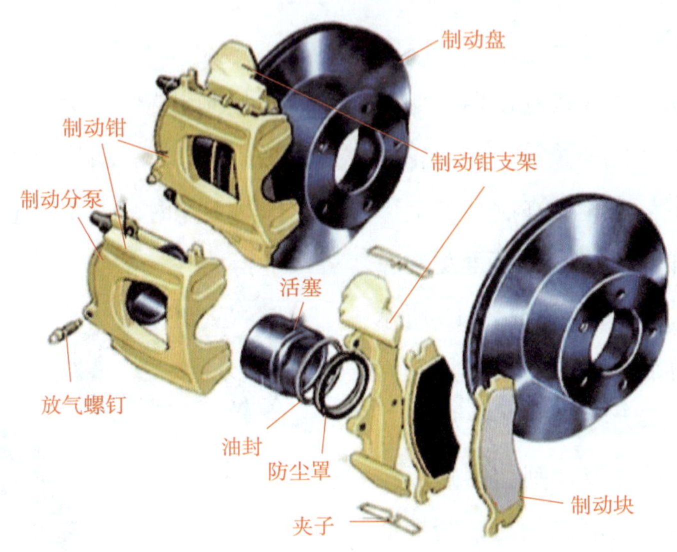

图 6-2-15　盘式制动器的组成

图 6-2-16 所示为浮钳盘式制动器的工作原理示意图。当制动踏板未被踩下时，制动分泵活塞处于初始位置。当制动踏板被踩下时，制动主缸内的高压制动液进入制动轮缸，活塞在液压力的作用下右移，将内侧制动片推向制动盘。与此同时，制动钳也在液压力的作用下左移，将外侧制动片推向制动盘。于是，制动盘被两侧的制动片压紧，使车轮制动。在活塞移动的过程中，密封圈的刃边在摩擦力的作用下随活塞移动，使密封圈发生弹性形变。当松开制动踏板后，液压腔内的液压力减小，活塞密封圈的弹力使活塞回位，制动盘钳体也回到初始位置，制动片与制动盘分离。

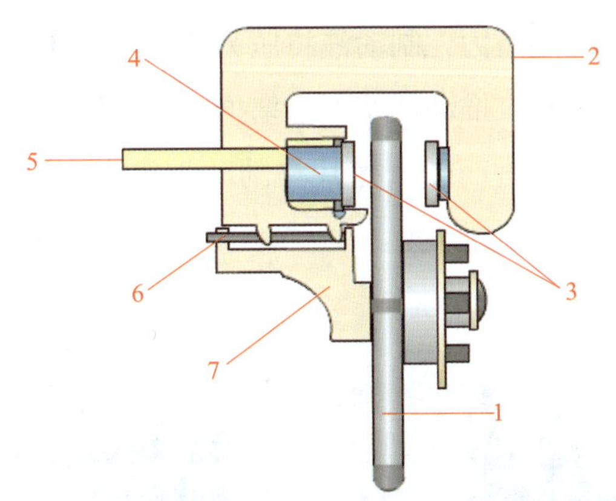

图 6-2-16　浮钳盘式制动器的工作原理示意图

1—制动盘　2—制动钳　3—制动片　4—制动分泵活塞
5—进油口　6—导向销　7—车桥

三、驻车制动装置的组成

如图 6-2-17 所示为驻车制动装置的组成示意图。驻车制动器通常是指机动车辆安装的手动制动装置，俗称驻车制动，在车辆停稳后用于稳定车辆，避免车辆在斜坡路面停车时发生溜车事故，协助车辆在上坡坡道顺利起步。

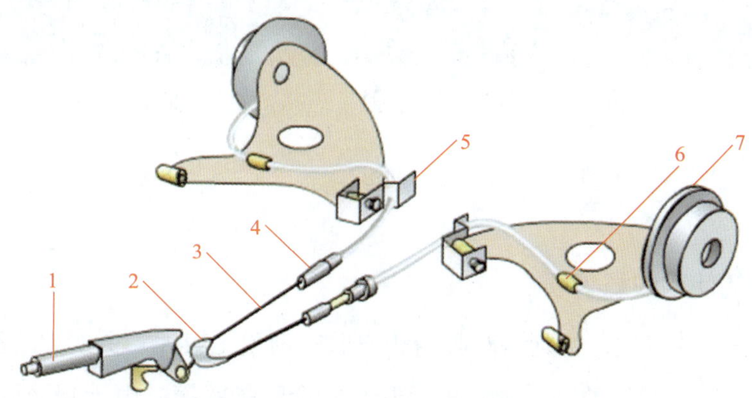

图 6-2-17 驻车制动装置的组成示意图

1—驻车制动杆 2—平衡杠杆 3—拉索 4—拉索调整接头 5—拉索支架 6—拉索固定夹 7—后轮制动器

四、制动液的作用及使用注意事项

1. 制动液的作用

制动液是保证机动车制动系统稳定、灵敏操作和机动车行驶安全的重要物质。制动液填充在汽车整个制动液压系统中，担负着为液压系统传递力并润滑系统的重任，其质量好坏直接影响制动系统的工作可靠性。

国家标准《机动车辆制动液》（GB 12981—2012）中规定，机动车制动液的产品系列名为 HZY，其中，H、Z、Y 三个大写字母分别为“合成”“制动”“液体”三个汉语词组第一个汉字的汉语拼音首字母，根据产品使用工况温度和黏度要求的不同，机动车制动液可以分为 HZY3、HZY4、HZY5、HZY6 四种级别，分别对应国际标准 ISO 4925：2005 中的 Class3、Class4、Class5.1、Class6，其中 HZY3、HZY4、HZY5 对应于美国交通运输部制动液类型的 DOT3、DOT4、DOT5.1。目前国内通常使用的制动液型号有 DOT3、DOT4、DOT5.1、DOT5。

制动液的沸点包括干沸点和湿沸点两种，干沸点也叫平衡回流沸点，指制动液未吸收湿气的沸点；湿沸点也叫湿平衡回流沸点，指制动液吸收了湿气后的沸点。如果制动液中混入过量水分，会降低制动液的沸点，水分会使制动液的抗气阻能力大大下降，直接影响制动液的低温流动性，在低温条件下容易造成制动失灵。制动液的干沸点和湿沸点见表 6-2-1。

表 6-2-1　制动液的干沸点和湿沸点

制动液沸点	制动液型号			
	DOT3	DOT4	DOT5.1	DOT5
干沸点 /℃	205	230	260	260
湿沸点 /℃	140	155	180	180

2. 制动液的使用注意事项

制动液有一定的毒性，特别是对眼睛和皮肤的刺激比较大，更换制动液或维修制动系统时，操作人员应穿防护服、戴防护手套和安全防护眼镜。由于制动液会污染环境，所以不能随意排放，应按环保部门的要求回收、储存及处理。另外，为了确保制动液的工作性能，在进行与制动液相关的维修时还应注意以下事项：

（1）按厂家的要求使用规定型号的制动液，并定期更换。

（2）制动液应储存在原装储液瓶中并密封好，禁止使用其他容器存放制动液。

（3）开启制动液储液罐或制动主缸储液罐前，应清理其周围的灰尘、水渍等。

（4）如果制动液储液罐干涸，则需要清洗或更换储液罐。

（5）禁止用制动液储液罐存放除制动液以外的任何物品。

（6）禁止使用回收的制动液（包括液压系统排气时回收的制动液）或从其他车辆储液罐中提取的制动液。

五、制动系统的检查

1. 制动踏板的检查

（1）关闭电源，踩几次制动踏板，感受制动踏板的反应灵敏程度，看制动踏板能否完全落下，有无异常响声，是否过度松旷。

（2）检查制动踏板的自由行程是否符合要求。

2. 制动液的更换

车辆正常行驶 4 万千米或制动液连续使用超过两年后，制动液很容易因使用时间过长而变质，要及时更换。应按照储液罐标注的制动液型号更换。

3. 摩擦片和制动盘的检查

（1）检查摩擦片厚度（不计背板厚度）是否接近 2 mm。

（2）检查制动盘厚度是否小于汽车维修手册规定的最小厚度值。

4. 电动真空泵的检查

（1）检查电动真空泵工作是否正常。

（2）检查电动真空泵管路是否漏气。

（3）检查真空罐单向阀胶圈是否损坏。

5. 驻车制动器的检查

启动电子驻车系统，检查能否听到驻车电机工作的声音。

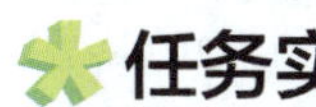

任务实施

<table>
<tr><th colspan="2">制动系统的检查与维护</th></tr>
<tr><td colspan="2">一、制动踏板的检查与维护</td></tr>
<tr><td></td><td>1. 关闭车辆电源，踩几次制动踏板，感受制动踏板的反应灵敏程度，查看制动踏板能否完全落下，有无异常响声，是否过度松旷。若有松动和异响，需进一步检查</td></tr>
<tr><td></td><td>2. 检查制动踏板的自由行程。反复踩几次制动踏板，直至真空助力器中无真空为止，使用钢直尺测量自由状态下制动踏板的高度 L_1，然后用手轻轻按压制动踏板，用钢直尺测量出有阻力状态下的制动踏板高度 L_2，计算出自由行程 $L=L_1-L_2$。若制动踏板的自由行程不符合要求，可松开总泵推杆锁紧螺母，拧动推杆，通过改变其长度进行调整。调整完毕，再拧紧锁紧螺母</td></tr>
</table>

续表

制动系统的检查与维护	
二、制动液的检查与更换	
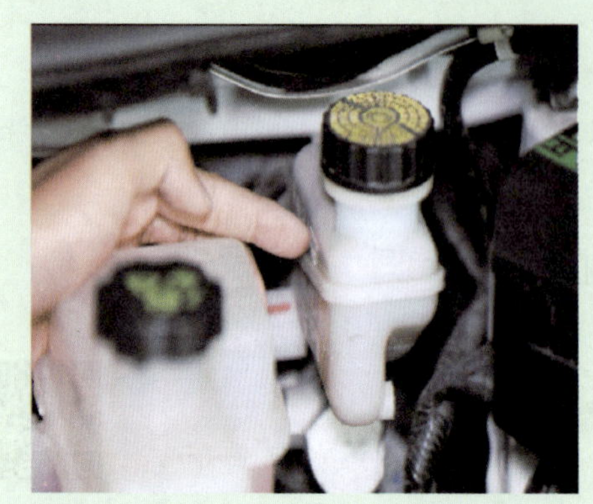	1. 检查制动液储液罐内的制动液量，液面应在制动液储液罐侧面 MAX 与 MIN 两条标记线之间。若液面低于 MIN 标记线，需补充制动液 提示： ◆汽车在出厂前就加注了制动液，并已在储液罐盖上注明。若再加注制动液，应加注同样型号的制动液，否则汽车会发生严重的损坏。禁止使用过期、用过的制动液或未密封容器内的制动液
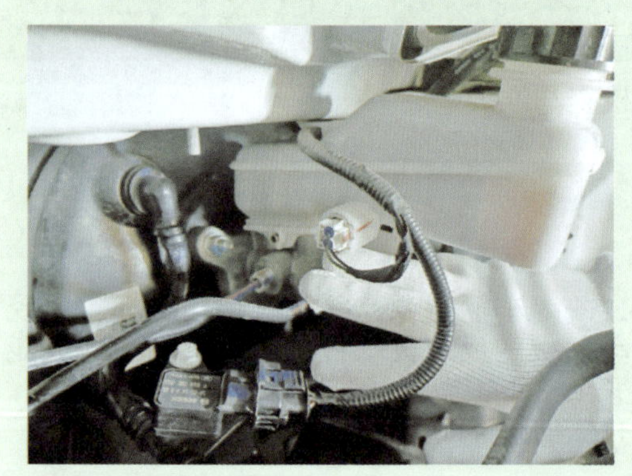	2. 检查制动主缸与储液罐周围有无泄漏，若发生泄漏事故，应立即维修。检查制动液软管是否扭曲、磨损、产生裂纹，表面有无凹痕或其他损伤。若有类似问题，应及时处理
	3. 更换制动液，先将制动系统内原有的制动液排尽，然后应加注相同型号的制动液，加注过程中注意不要让制动液黏附在汽车面漆上，如黏附上应立即清洗。再进行排气操作，排气顺序为右后轮→左后轮→右前轮→左前轮。把放气管连接在制动分泵放气孔上，另一端插入装有一些制动液的容器内。反复几次踩制动踏板，然后踩住制动踏板不动并松开放气螺栓。按此方法重复几次，直到放气孔中没有气泡流出，然后以规定力矩拧紧放气螺栓

续表

制动系统的检查与维护	
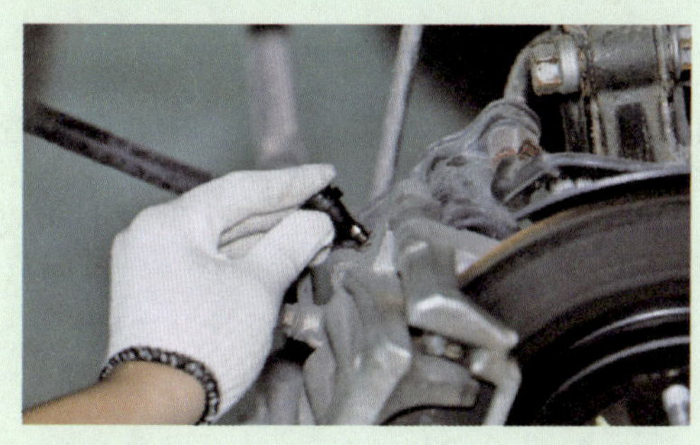	
三、制动盘和摩擦片的检查与维护	
	1. 卸下车轮及卡钳，但不能将制动软管从卡钳上取下
	2. 清洗摩擦片，检查摩擦片厚度，若摩擦片厚度不符合要求，应更换
	3. 测量制动盘厚度是否符合要求，若不符合要求，应更换

续表

<table>
<tr><th colspan="2">制动系统的检查与维护</th></tr>
<tr><td></td><td>4. 检查导向销运动是否灵活，活塞防尘罩是否破损。若有必要，可在两者表面涂上润滑脂。若制动钳导向销和活塞防尘罩卡滞或破损，应立即更换</td></tr>
<tr><td colspan="2">四、电动真空泵的检查与维护</td></tr>
<tr><td></td><td>1. 检查电动真空泵工作是否正常。若工作不正常，需进行修理或更换</td></tr>
<tr><td>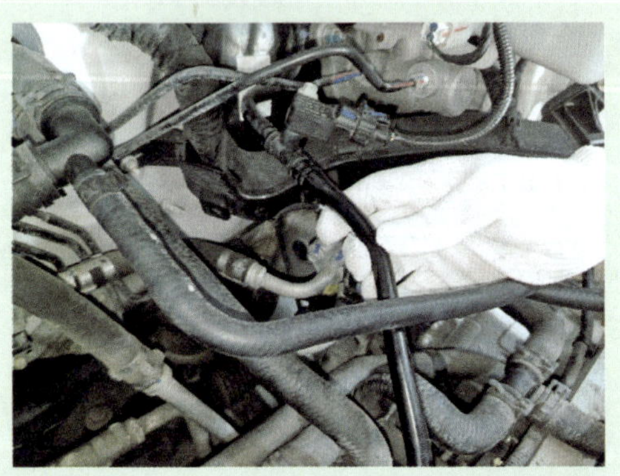</td><td>2. 检查电动真空泵及真空助力器连接管路是否松动或漏气，若松动或漏气，应更换</td></tr>
<tr><td colspan="2">五、驻车制动器的检查与维护</td></tr>
<tr><td>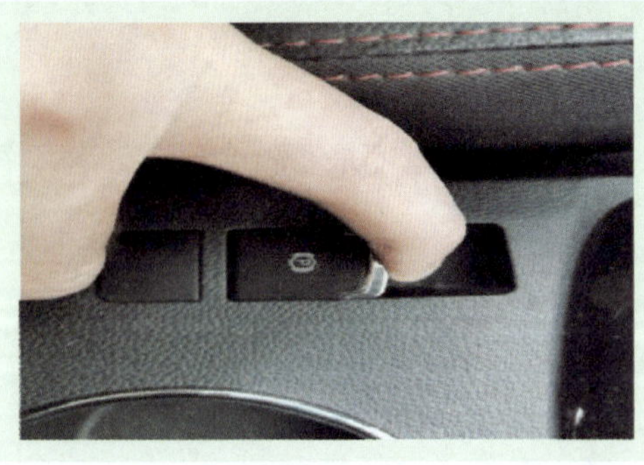</td><td>1. 启动电子驻车系统，正常情况下可以听到驻车电机工作的声音</td></tr>
</table>

续表

制动系统的检查与维护	
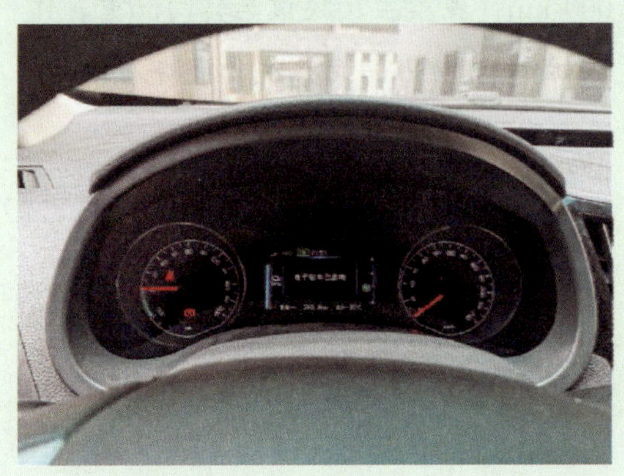	2. 检查仪表板上是否正常显示“电子驻车已启动”字样

思考与练习

1. 简述制动系统的作用。
2. 简述制动液的检查与更换方法及步骤。

任务 3 | 转向系统的检查与维护

学习目标

1. 了解汽车转向系统的作用。
2. 掌握电动助力转向系统的分类和组成。
3. 掌握电动助力转向系统的工作原理。
4. 掌握电动助力转向系统的功能。
5. 掌握电动助力转向系统的检查与维护方法。

任务描述

王先生的比亚迪 e5 电动汽车已行驶 50 000 km，现车主反映该车转向沉重。作为维修人员，请你根据现场工作管理规范，完成电动助力转向系统的检查与维护，并向王先生解释电动助力转向系统定期维护的重要性。

相关理论

一、汽车转向系统的作用

汽车转向系统是由汽车驾驶人操纵转向盘实现转向轮回位的机构，它能按照驾驶人的意图，改变汽车的行驶方向，使汽车保持稳定直线行驶。

二、电动助力转向系统的分类和组成

1. 电动助力转向系统的分类

电动助力转向系统（electric power steering，简称 EPS）是一种直接依靠电动机提供辅助扭矩的动力转向系统。按助力作用位置不同来分，电动助力转向系统可分为转向轴助力式（C-EPS）、齿轮助力式（P-EPS）和齿条助力式（R-EPS）三种，如图 6-3-1 所示。

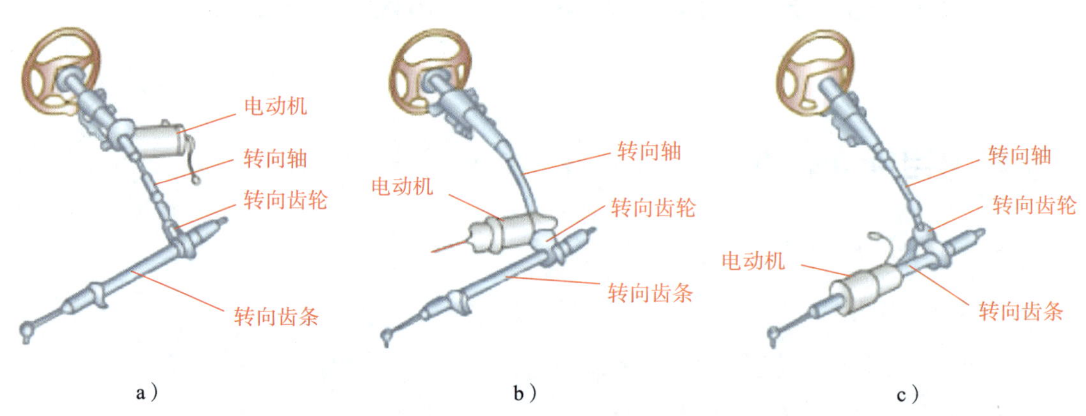

图 6-3-1　电动助力转向系统的类型

a）转向轴助力式　b）齿轮助力式　c）齿条助力式

与传统的液压助力转向器相比，电动助力转向系统具有以下优点：只在转向时电动机才提供助力，可以显著降低燃油或电能的消耗；转向助力经过软件匹配，能兼顾低速

时的转向轻便性和高速时的操纵稳定性；结构紧凑，质量小，易于维护，不需要液压油，而且零部件少。

2. 电动助力转向系统的组成

如图 6-3-2 所示，电动助力转向系统主要由转向盘、助力转向电动机、转向器、转向横拉杆等机械装置和转向力矩传感器、EPS 控制单元（转向 ECU）、轮速传感器等电子元件组成。

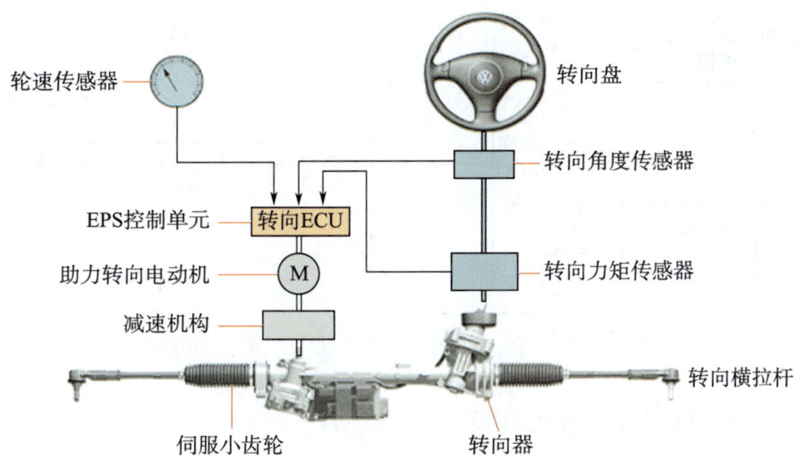

图 6-3-2　电动助力转向系统的组成

（1）转向力矩传感器

转向力矩传感器的作用是检测作用于转向盘上转矩信号的大小与方向，该信号是电动助力转向系统的主要控制信号之一。

（2）转向角度传感器

转向角度传感器的作用是采集驾驶人施加在转向盘上的转向角度和角速度的信号，经处理后输入 EPS 控制单元。该信号是 EPS 及电子稳定控制程序 ESP 的主要控制信号之一。当该信号失效时，应急运转模式启动，由替代值代替，电子助力转向依然起作用，只不过故障指示灯常亮。

（3）助力转向电动机

助力转向电动机的作用是根据 ECU 的控制指令输出合适的助力转矩，它是 EPS 的动力源。电动助力转向系统使用的电动机分为两种，即有刷电动机和无刷电动机。

（4）EPS 控制单元（转向 ECU）

EPS 控制单元（转向 ECU）根据各传感器（包括轮速传感器）发出的信号，启动助力转向电动机，以提供转向助力。

三、电动助力转向系统的工作原理

图 6-3-3 所示为电动助力转向系统的工作原理示意图。当汽车转向时，转向力矩及转向角度传感器把检测到的力矩及角度信号处理后传给转向 ECU，转向 ECU 同时接收轮速传感器检测到的车速信号，然后根据这两个信号决定助力转向电动机的旋转方向和助力力矩的大小。同时，电流传感器检测电路电流，对驱动电路实施监控，最后由驱动电路驱动助力转向电动机工作，实施助力转向。

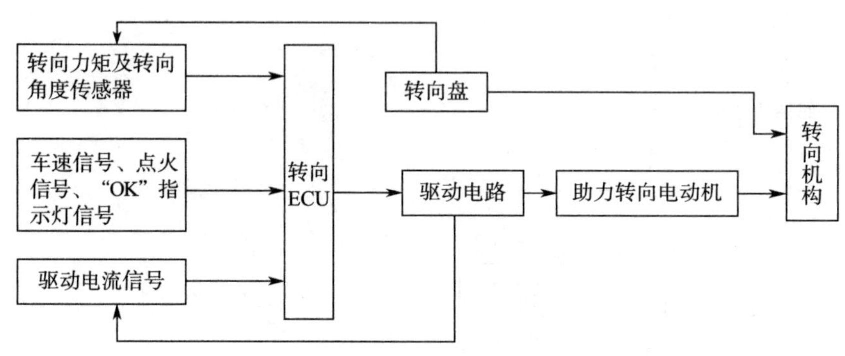

图 6-3-3　电动助力转向系统的工作原理示意图

四、电动助力转向系统的功能

1. 助力控制

电动助力转向系统的助力控制属于车速感应型，即在同一转向盘力矩输入下，助力转向电动机的目标电流随车速的变化而变化，能较好地兼顾轻便性的要求。助力控制采用分段型助力特性，助力转向电动机根据转向盘偏离方向施加助力转矩，以保证低速时转向轻便，高速时操作稳定。

2. 回正控制

转向时，由于转向轮主销后倾角和主销内倾角的存在，使转向轮具有自动回正的作用。电动助力转向系统在机械转向机构的基础上增加了助力转向电动机和减速机构。电动助力转向系统通过 EPS 控制单元对助力转向电动机进行转向回正控制，与前轮定位产生的回正力矩一起进行车辆的转向回正动作，使转向盘迅速回正，抑制转向盘振荡，可提高转向灵敏性和稳定性，优化转向回正特性。回正控制通过调整回正补偿电流产生回正作用转矩，该转矩沿某一方向使转向轮返回到中间位置。

3. 阻尼控制

在车辆高速行驶时，可通过控制阻尼补偿电流进行阻尼控制，改善车辆高速行驶情

况下的转向稳定性。

五、转向系统的检查

1. 转向盘的检查

前后左右晃动转向盘，检查转向盘是否松动或发生“吱吱”声。

2. 转向助力功能的检查

（1）在道路试车过程中，通过车辆原地转向、低速行驶中转向，检查汽车转向时是否有沉重、助力效果不足等故障。

（2）将转向盘分别向左右转至极限位置，检测是否有转向盘抖动、转向器异响等故障。

3. 转向横拉杆状态的检查

（1）举升车辆（使汽车车轮悬空），通过摆动车轮和转向横拉杆来检查转向横拉杆球头间隙。

（2）检查转向横拉杆球头的固定螺母是否固定牢固。

（3）检查转向横拉杆防尘罩有无损坏，安装位置是否正确。

任务实施

转向系统的检查与维护	
一、转向盘的检查与维护	
	用双手握住转向盘上下晃动，检查转向盘有无松动和摆动；用双手握住转向盘左右移动，检查转向盘能否自由移动；拉动转向盘调节开关，检查其是否可以随驾驶人的要求上下调整转向盘的高度，并锁止在所需要的高度。若有异常，需进一步检查故障部位并排除故障

续表

<table>
<tr><th colspan="2">转向系统的检查与维护</th></tr>
<tr><td colspan="2">二、转向横拉杆球头间隙、紧固程度及防尘套的检查与维护</td></tr>
<tr><td>
</td><td>1. 举升车辆，使车轮悬空，通过摆动车轮和转向横拉杆来检查转向横拉杆球头间隙。若转向横拉杆球头松旷，则更换转向横拉杆球头</td></tr>
<tr><td></td><td>2. 检查转向横拉杆球头的固定螺母是否牢固，并按照规定力矩拧紧</td></tr>
<tr><td></td><td>3. 检查转向横拉杆的防尘套是否损坏、老化，安装位置是否正确。若有问题则更换</td></tr>
</table>

续表

转向系统的检查与维护	
三、电动助力转向系统功能的检查与维护	
	1. 将点火开关置于“ON”挡，使汽车原地打转，检查转向盘转向是否沉重。若有异常，需进一步检查电动助力转向系统的电路和电动机
	2. 使汽车在低速行驶中转向，以判断转向盘是否转向沉重或助力效果不佳。将转向盘分别转至左右极限位置，以判断转向盘是否抖动，转向器是否发出异响。若有异常，需进一步检查电动助力转向系统的电路、电动机和转向器，并排除故障

思考与练习

1. 简述电动助力转向系统的分类和组成。
2. 简述电动助力转向系统的工作原理。
3. 简述电动助力转向系统的功能。

任务 4 | 传动系统的检查与维护

学习目标

1. 了解汽车传动系统的作用。
2. 掌握电动汽车传动系统的组成。

3. 掌握电动汽车传动系统的检查与维护方法。
4. 掌握减速器润滑油的更换方法。

任务描述

王先生的比亚迪 e5 电动汽车已行驶 40 000 km，按照汽车使用手册要求，需更换减速器润滑油。作为维修人员，请你根据现场工作管理规范，完成电动汽车减速器润滑油的检查和更换，并向王先生解释电动汽车减速器定期维护的重要性。

相关理论

一、汽车传动系统的作用

汽车传动系统的作用是将动力总成发出的动力传给汽车的驱动轮，产生驱动力，使汽车能够在起步、变速、爬坡等工况下正常行驶，并具有良好的动力性和经济性。

二、电动汽车传动系统的组成

与传统汽车相比，电动汽车传动系统取消了离合器，一般由变速器、万向传动装置、减速器、差速器和半轴组成。为了提高电动汽车的传动效率，人们设计并开发了电动汽车专用的驱动电机和变速传动一体化的自动传动桥，即将驱动电机、变速器、减速器、差速器组成一个整体，进行一体式传动。图 6-4-1 所示为电动汽车传动系统的组成。

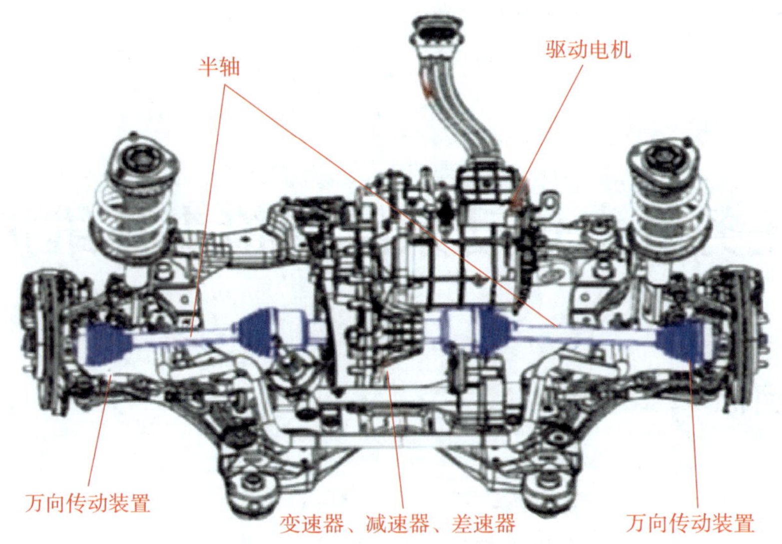

图 6-4-1　电动汽车传动系统的组成

1. 减速器（含单速变速器）

对于前轮驱动的汽车，减速器（含单速变速器）和差速器一般安装在变速器壳体内。减速器的主要作用是减速和增大扭矩。

2. 差速器

差速器是一个差速传动机构，其作用是将减速器传来的动力分配给左、右半轴，并在转弯行驶时允许左、右半轴以不同的转速旋转。

3. 万向传动装置

万向传动装置的作用是保证轴线相交且相对位置经常变换的转轴之间的动力传递。万向传动装置主要包括万向节和传动轴。为了提高传动轴的刚度，传动距离较远的分段式传动轴通常设置中间支撑。

万向节安装在转轴之间，用于改变动力传递角度。按照传递转矩方向上是否有明显的弹性，万向节可分为刚性万向节和挠性万向节两种。按运动特性不同，刚性万向节可分为不等速万向节、准等速万向节和等速万向节三种。

4. 半轴

半轴是差速器与驱动轮之间传递动力的实心轴，其结构因悬架或驱动形式的不同而不同。驱动电机前置、前轮驱动的汽车的半轴一般分为几段，并用等速万向节连接，中间的半轴通常称为传动轴。

三、电动汽车传动系统的检查

1. 减速器的维护与保养周期及要求

（1）减速器在使用过程中需定期维护，其维护与保养应在整车特约维修点进行。减速器的维护与保养周期见表 6-4-1。减速器的维护与保养周期应以里程表显示行驶里程或汽车使用时间来判断，哪个指标先达到维护周期就以哪个指标为准。汽车行驶超过 8 万千米后则按相同周期进行维护。

表 6-4-1　　减速器的维护与保养周期

行驶里程 /km	1 万	3 万	4 万	5 万	6 万	7 万	8 万
使用时间 / 月	6	18	24	30	36	42	48
维修方法	B	B	H	B	B	B	H

注：B 表示有必要时更换减速器润滑油，H 表示必须更换减速器润滑油。

（2）如不因换油而是其他维修作业提升车辆时，应同时检查减速器是否漏油。

（3）减速器应使用汽车生产厂家规定等级的润滑油。

2. 减速器渗漏油的处理措施

若减速器渗漏油，可根据故障原因，按照表 6-4-2 所示措施进行处理。

表 6-4-2　　减速器渗漏油的故障原因及处理措施

序号	故障原因	处理措施
1	输入轴油封磨损或损坏	参考维修手册操作规范更换油封
2	差速器油封磨损或损坏	参考维修手册操作规范更换油封
3	放油螺塞处漏油	在放油螺塞上涂抹少量密封胶，并按规定力矩拧紧
4	箱体破裂	参考维修手册对减速器进行维修
5	油量过多，由通气塞冒出	检查油位并调整油量

3. 减速器螺栓紧固情况的检查

检查减速器螺栓紧固情况。

4. 减速器润滑油的检查

确认车辆处于水平状态，检查减速器是否有漏油痕迹。

5. 减速器发出异常噪声的处理措施

若减速器发出异常噪声，可根据故障原因，按表 6-4-3 所示措施处理。

表 6-4-3　　减速器发出异常噪声的故障原因及处理措施

序号	故障原因	处理措施
1	润滑油不足	按规定的型号添加润滑油
2	轴承损坏或磨损	参考维修手册对减速器进行维修
3	齿轮损坏或磨损	

6. 万向传动装置的检查

（1）检查万向传动装置防尘套是否有裂纹和油污。

（2）转动车轮，检查万向传动装置是否异常。

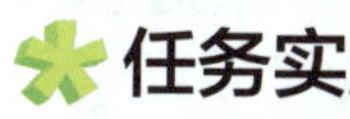

任务实施

<table>
<tr><th colspan="2">传动系统的检查与维护</th></tr>
<tr><td colspan="2">一、减速器外观的检查</td></tr>
<tr><td>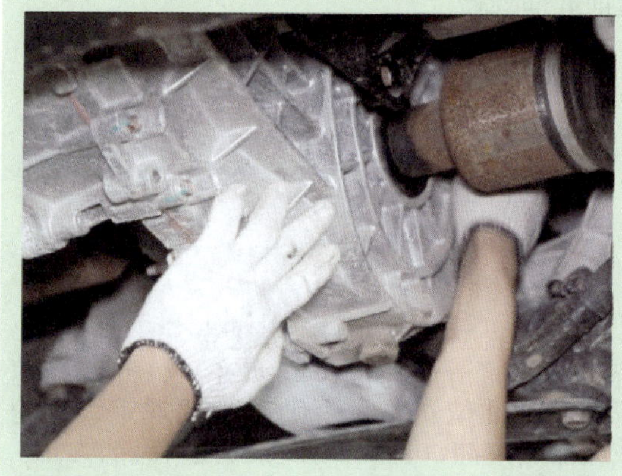</td><td>目测检查减速器外部有无磕碰和变形，有无渗油和漏油情况，视情况维修或更换相关部件</td></tr>
<tr><td colspan="2">二、减速器螺栓紧固情况的检查</td></tr>
<tr><td></td><td>1. 检查减速器与驱动电机的装配及连接情况，按照维修手册规定力矩拧紧连接螺栓</td></tr>
<tr><td></td><td>2. 检查减速器与悬置支架的装配及连接情况，按照维修手册规定力矩拧紧连接螺栓</td></tr>
</table>

续表

传动系统的检查与维护	
三、减速器润滑油的检查	
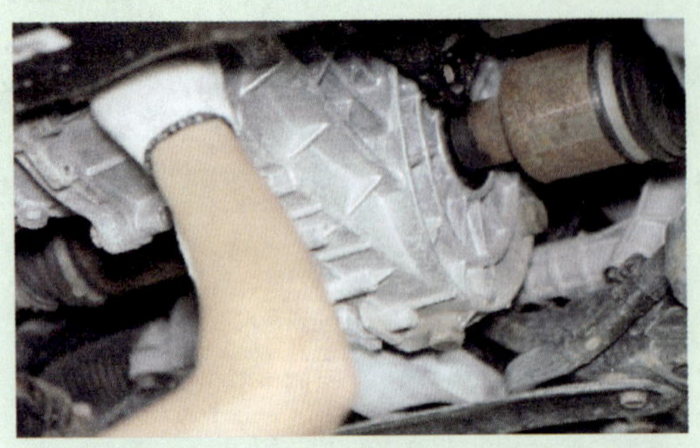	1. 确认车辆处于水平状态，检查减速器是否有漏油痕迹，若有漏油，应分析漏油原因，修理漏油部位
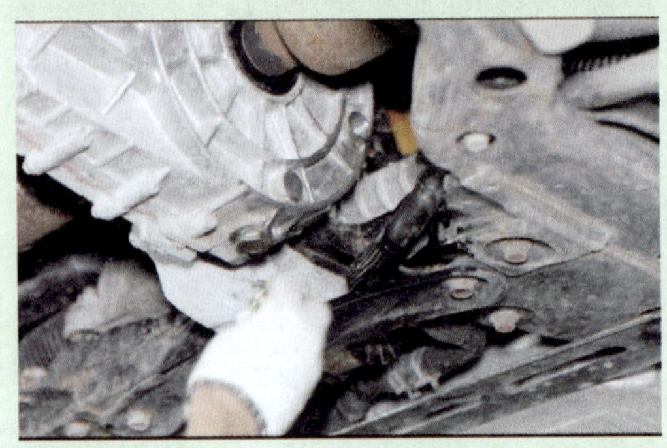	2. 拆下油位螺塞，检查减速器润滑油油位。若减速器润滑油与油位螺塞齐平，说明减速器润滑油油位正常，否则应添加规定级别的减速器润滑油，直到油位螺塞孔口出油为止
四、减速器润滑油的更换	
	1. 在更换减速器润滑油前必须停车并断电，水平举升车辆
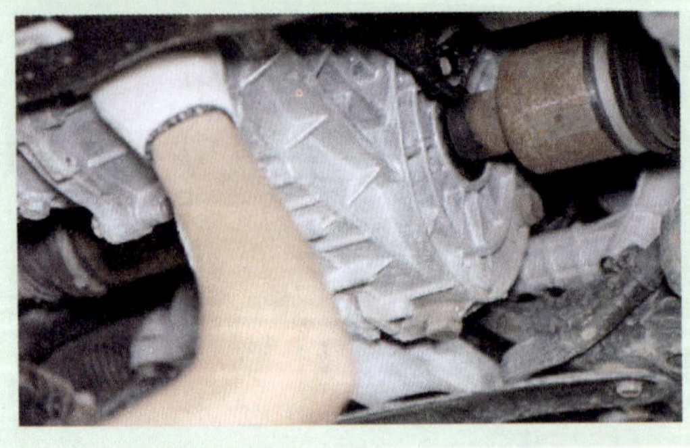	2. 检查减速器是否漏油，若漏油应及时处理

续表

传动系统的检查与维护	
	3. 拆下放油螺塞，把废润滑油排放干净
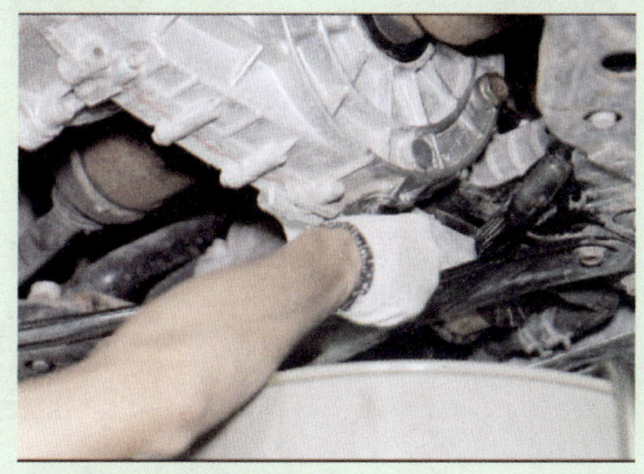	4. 在放油螺塞上涂抹少量密封胶，并按规定力矩拧紧
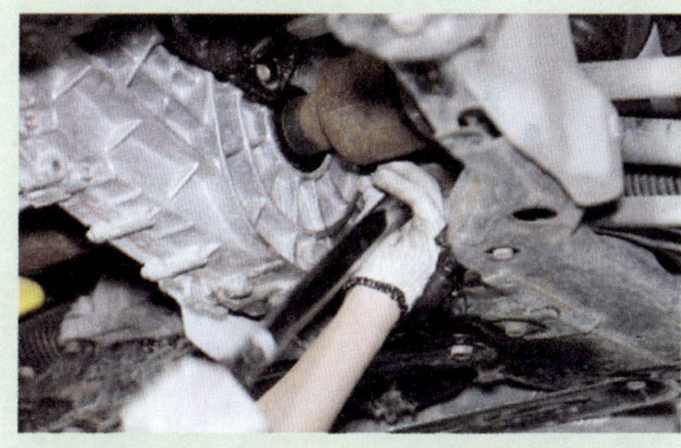	5. 拆下进油螺塞
	6. 将规定型号、规定油量的减速器润滑油加注到油位孔中

续表

传动系统的检查与维护	
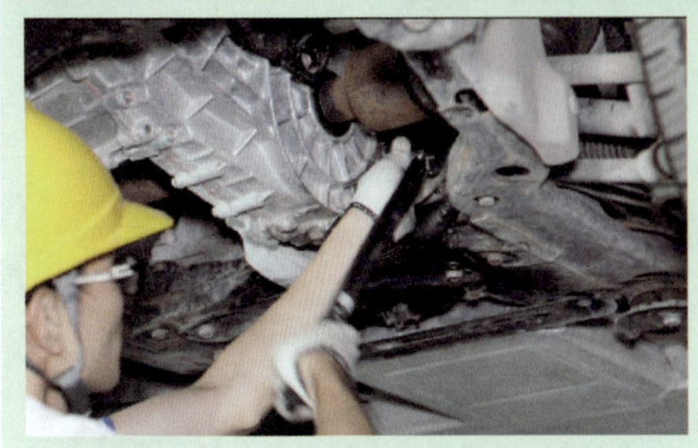	7. 在油位螺塞和进油螺塞上涂抹少量密封胶，并按规定力矩拧紧
五、万向传动装置的检查	
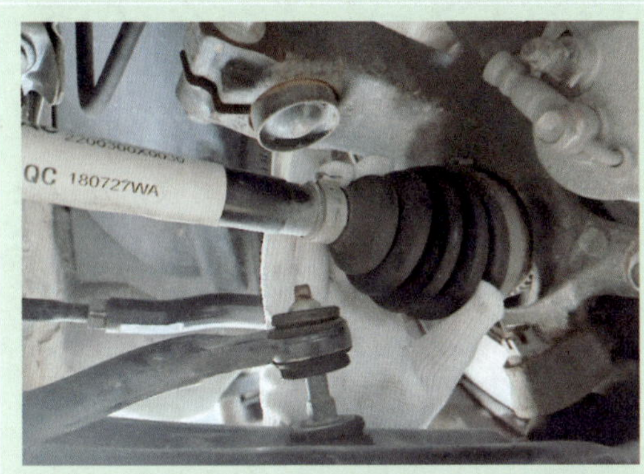	1. 检查万向传动装置防尘套是否有裂纹和油污。若有裂纹和油污，建议更换防尘套
	2. 转动车轮，检查万向传动装置是否异常。若有异常，需拆检或更换万向传动装置

思考与练习

1. 简述电动汽车减速器的作用和安装位置。

2. 简述电动汽车减速器润滑油的更换步骤。

底盘系统的检查与维护实训任务工单

姓名		学号	
班级		小组成员	

一、接受任务

车主孙先生将汽车开到维修站进行维护与保养。由于孙先生的汽车经常在一些路况不佳的路段行驶，所以维修技师需要对车辆底盘系统进行重点检查。

二、收集信息

1. 汽车的行驶系统主要由__________、__________、__________和__________组成。

2. 典型的汽车悬架由__________、__________以及__________等组成。

3. __________的作用是使车桥和车架之间保持弹性连接，承受和传递垂直载荷，缓和及抑制不平路面所引起的冲击，使汽车在行驶过程中保持稳定，提高汽车乘坐舒适性及操作稳定性。

4. 在图 1 中填写汽车悬架系统各组成部件的名称。

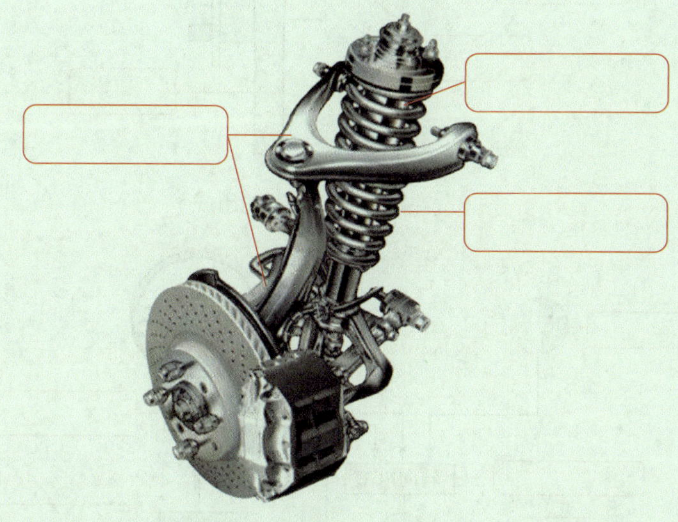

图 1　悬架系统的组成

5. 在图 2 中填写鼓式制动器各组成部件的名称。

6. 在图 3 中填写浮钳盘式制动器各组成部件的名称。

7. 在图 4 中填写电动助力转向系统各组成部件的名称。

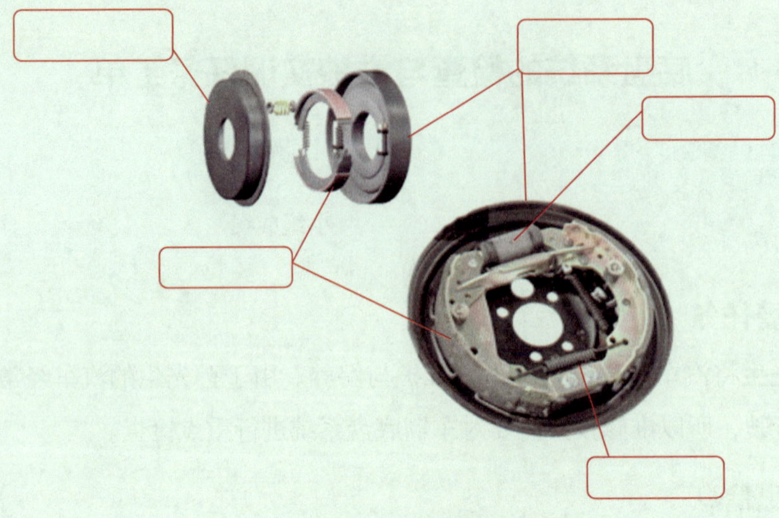

图 2　鼓式制动器的组成

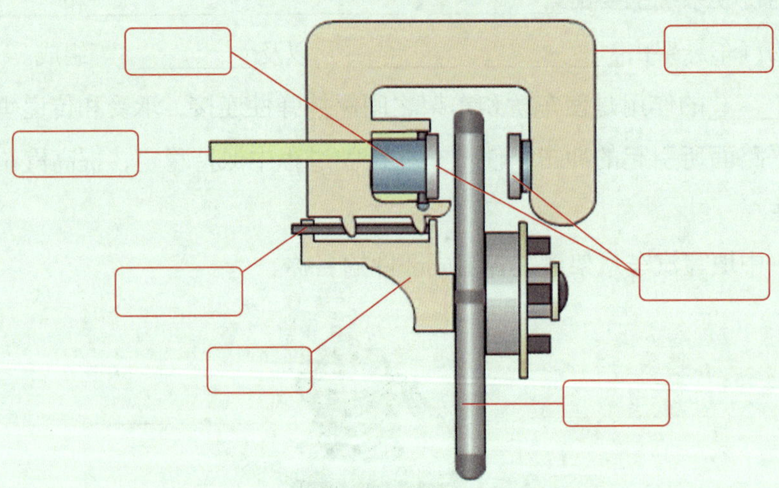

图 3　浮钳盘式制动器的组成

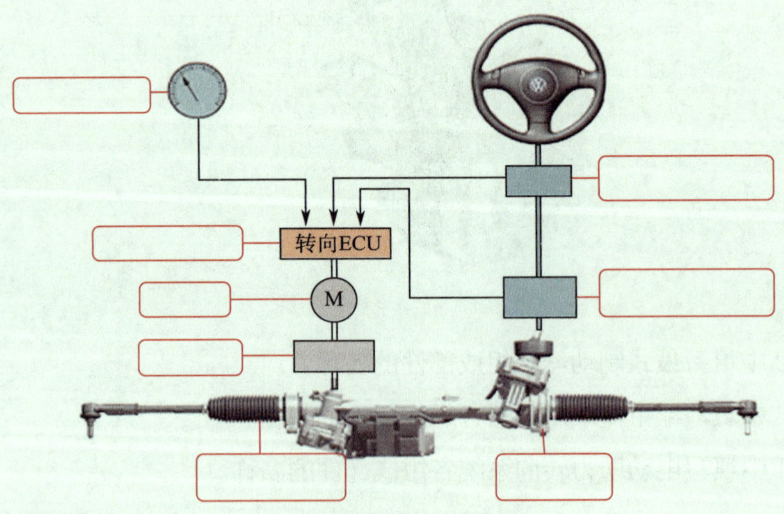

图 4　电动助力转向系统的组成

8. 在图 5 中填写电动汽车传动系统各组成部件的名称。

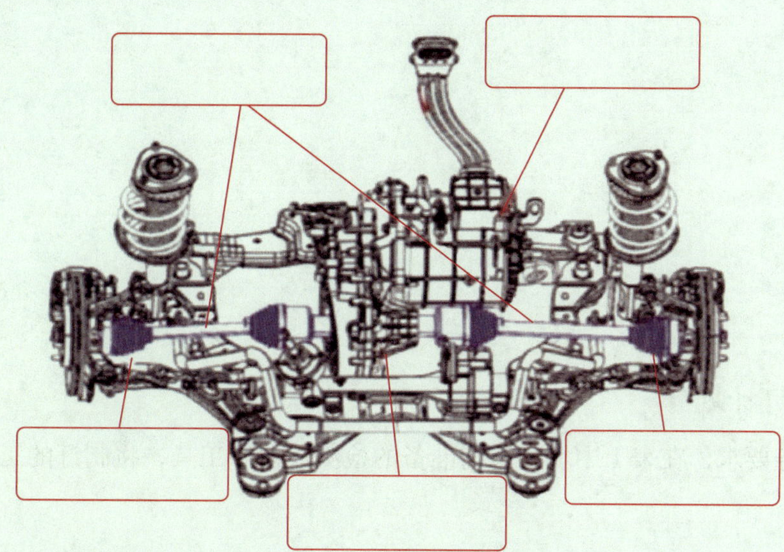

图 5 电动汽车传动系统的组成

9. 写出制动液的使用注意事项。

10. 写出电动助力转向系统的功能。

11. 写出电动汽车传动系统的作用。

三、制订计划

根据任务要求，在表1中填写所需准备的检测仪器和工具，将制订的工作计划填写在表2中。

表1　检测仪器和工具

序号	名称	数量	清点情况
			□已清点
			□已清点
			□已清点
			□已清点
			□已清点
			□已清点
			□已清点
			□已清点
			□已清点
			□已清点

表2　工作计划

序号	作业项目	操作要点

续表

序号	作业项目	操作要点
作业注意事项：		

四、任务实施

1. 行驶系统的检查与维护

行驶系统的检查与维护见表 3～表 5。

表 3　　轮胎的检查与维护

序号	实施步骤	检查 / 执行结果	处理建议
1	检查轮胎气压	左前：__bar 左后：__bar 右后：__bar 右前：__bar	
2	检查轮胎外观	□正常 □破损 □有划痕	
3	检查轮胎花纹	□正常 □卡入异物	
4	检查轮胎磨损程度	左前：__mm 左后：__mm 右后：__mm 右前：__mm	

续表

序号	实施步骤	检查 / 执行结果	处理建议
5	清除汽车轮胎上的泥土、石子等杂物	□是　□否	
6	拆下旧平衡铅块，检查轮胎气压	□是　□否	
7	根据轮辋中心孔的大小选择锥体并装上车轮，用快速锁紧螺母将车轮锁紧在转轴上，安装车轮并拧紧锁紧螺母	□是　□否	
8	用卡尺测量轮辋宽度、轮辋边缘至平衡机机箱的距离，将宽度、距离及轮辋直径数据输入动平衡机	□是　□否	
9	放下车轮防护罩，按下启动键（有的动平衡机是自动启动），车轮旋转，平衡测试开始，自动采集数据；运行几秒后，车轮自动停转（或在听到提示笛声后按下“停止”键），从指示装置读取车轮内、外不平衡质量和不平衡位置信息	□是　□否	
10	抬起车轮防护罩，用手慢慢转动车轮，当指示装置发出指示（提示音响、指示灯亮、制动、显示点阵或检测数据等）时停止转动。在轮辋的内侧或外侧的上部（时钟 12 点钟位置）加装平衡块。内、外侧要分别进行，平衡块装卡要牢固	□是　□否	
11	安装新平衡块后，按上面第 9 步重新进行平衡试验，直至不平衡质量小于 5 g，或指示装置显示“PAS”或“00”时为止。测试结束拆下轮胎	□是　□否	

表 4　减振器的检查与维护

序号	实施步骤	检查 / 执行结果	处理建议
1	目测减振器是否有凹痕、破损、变形等情况，检查减振器是否漏油，防尘罩是否有裂纹，油封是否损坏	□是　□否	
2	检查减振器上方的连接螺栓是否紧固	□是　□否	
3	拆下减振器，查看是否发生活塞杆卡滞或推拉活塞杆没有阻力的情况	□是　□否	

表 5 悬架的检查与维护

序号	实施步骤	检查 / 执行结果	处理建议
1	检查左右摆臂、转向器外侧拉杆球头和拉杆球头上的防尘罩是否有破损或漏油	□是 □否	
2	检查拉杆球头的摆动与转动是否流畅，检查拉杆球头是否松动	□是 □否	
3	检查橡胶件是否有损坏、开裂或老化失效	□是 □否	
4	检查前后悬架上的弹簧座有无脱开、撕裂或其他损坏	□是 □否	
5	检查悬架螺栓、各支架螺栓连接是否紧固	□是 □否	
6	检查后稳定杆和纵臂等是否有弯曲、变形及损坏	□是 □否	

2. 制动系统的检查与维护

制动系统的检查与维护见表 6。

表 6 制动系统的检查与维护

序号	实施步骤	检查 / 执行结果	处理建议
1	关闭车辆电源，踩几次制动踏板，感受制动踏板的反应灵敏程度，查看制动踏板能否完全落下，有无异常响声，是否过度松旷	□是 □否	
2	检查制动踏板的自由行程	□正常 □过大 □过小	
3	检查制动液液位	□高于 MAX 标记线 □低于 MIN 标记线 □位于 MAX 标记线和 MIN 标记线之间	
4	检查制动主缸与储液罐周围有无泄漏，检查制动液软管是否扭曲、磨损、产生裂纹，表面有无凹痕或其他损伤	□是 □否	
5	更换制动液，先将制动系统内原有的制动液排尽，加注相同型号的制动液至正确位置，然后进行排气操作，排气顺序为右后轮→左后轮→右前轮→左前轮	□是 □否	

续表

序号	实施步骤	检查 / 执行结果	处理建议
6	清洗摩擦片，检查摩擦片厚度	测量厚度：________ 极限厚度：________	是否需要更换： □是　□否
7	测量制动盘厚度	测量厚度：________ 极限厚度：________	是否需要更换： □是　□否
8	检查电动真空泵工作是否正常，连接管路是否松动或漏气	□是　□否	
9	启动电子驻车系统，正常情况下可以听到驻车电机工作的声音，检查仪表板上是否正常显示“电子驻车已启动”字样	□是　□否	

3. 转向系统的检查与维护

转向系统的检查与维护见表 7。

表 7　　转向系统的检查与维护

序号	实施步骤	检查 / 执行结果	处理建议
1	用双手握住转向盘上下晃动，检查转向盘有无松动和摆动；用双手握住转向盘左右移动，检查转向盘能否自由移动；拉动转向盘调节开关，检查其是否可以随驾驶人的要求上下调整转向盘的高度，并锁止在所需要的高度	□是　□否	
2	举升车辆，使车轮悬空，通过摆动车轮和转向横拉杆来检查转向横拉杆球头间隙	□是　□否	
3	检查转向横拉杆球头的固定螺母是否牢固	□是　□否	
4	检查转向横拉杆的防尘套是否损坏、老化，安装位置是否正确	□是　□否	
5	将点火开关置于“ON”挡，使汽车原地打转，检查转向盘转向是否沉重	□是　□否	
6	使汽车在低速行驶中转向，以判断转向盘是否转向沉重或助力效果不佳。将转向盘分别转至左右极限位置，以判断转向盘是否抖动，转向器是否发出异响	□是　□否	

4. 传动系统的检查与维护

传动系统的检查与维护见表 8。

表 8 传动系统的检查与维护

序号	实施步骤	检查 / 执行结果	处理建议
1	目测检查减速器外部有无磕碰和变形，有无渗油和漏油情况	□是 □否	
2	检查减速器与驱动电机的装配及连接情况，检查减速器与悬置支架的装配及连接情况	□是 □否	
3	确认车辆处于水平状态，检查减速器是否有漏油痕迹，拆下油位螺塞，检查减速器润滑油油位	□是 □否	
4	在更换减速器润滑油前必须停车并断电，水平举升车辆	□是 □否	
5	拆下放油螺塞，把废润滑油排放干净，在放油螺塞上涂抹少量密封胶，并按规定力矩拧紧	□是 □否	
6	拆下进油螺塞，将规定型号、规定油量的减速器润滑油加注到油位孔中，在油位螺塞和进油螺塞上涂抹少量密封胶，并按规定力矩拧紧	□是 □否	
7	检查万向传动装置防尘套是否有裂纹和油污	□是 □否	
8	转动车轮，检查万向传动装置是否异常	□是 □否	

五、质量检查

实训指导教师检查本组作业情况，并针对实训过程中出现的问题提出改进建议，见表 9。

表 9 质量检查

序号	评价项目	评价结果
1	正确完成行驶系统的检查与维护	
2	正确完成制动系统的检查与维护	
3	正确完成转向系统的检查与维护	
4	正确完成传动系统的检查与维护	
综合评价（作业问题及改进建议）：		

六、考核评价

考核评价见表 10。

表 10　考核评价

<table>
<tr><th>项目</th><th colspan="2">评分标准</th><th>配分</th><th>得分</th></tr>
<tr><td>接受任务</td><td colspan="2">明确工作任务，理解任务在车辆维护与保养中的重要程度</td><td>5</td><td></td></tr>
<tr><td rowspan="4">收集信息</td><td colspan="2">了解电动汽车悬架系统的结构</td><td>5</td><td></td></tr>
<tr><td colspan="2">了解电动汽车制动系统的结构</td><td>5</td><td></td></tr>
<tr><td colspan="2">了解电动汽车电动助力转向系统的结构</td><td>5</td><td></td></tr>
<tr><td colspan="2">了解电动汽车传动系统的结构</td><td>5</td><td></td></tr>
<tr><td rowspan="3">制订计划</td><td colspan="2">能制订底盘系统的检查与维护的作业计划</td><td>5</td><td></td></tr>
<tr><td colspan="2">能协同小组成员安排任务分工</td><td>2</td><td></td></tr>
<tr><td colspan="2">能在实施前准备好所需要的检测仪器和工具</td><td>3</td><td></td></tr>
<tr><td rowspan="5">任务实施</td><th>任务名称</th><th>评分说明</th><th>配分</th><th>得分</th></tr>
<tr><td>行驶系统的检查与维护</td><td>未检查轮胎气压和轮胎磨损情况扣 3 分；未检查轮毂是否松动扣 2 分；车轮动平衡检测操作不规范扣 5 分；未检查减振器扣 2 分；未检查悬架各部件扣 3 分</td><td>15</td><td></td></tr>
<tr><td>制动系统的检查与维护</td><td>未检查踏板自由行程是否符合标准扣 2 分；未检查制动盘和摩擦片厚度扣 5 分；未检查真空泵管路扣 3 分；未检查制动液或制动液更换操作不规范扣 5 分</td><td>15</td><td></td></tr>
<tr><td>转向系统的检查与维护</td><td>未检查转向盘松旷程度以及转向盘调节开关扣 2 分；未检查转向横拉杆球头间隙、防尘套情况扣 3 分；未检查电动助力转向功能扣 10 分</td><td>15</td><td></td></tr>
<tr><td>传动系统的检查与维护</td><td>未按照规定力矩拧紧螺栓扣 3 分；废润滑油未排放干净且未按照规定处理废润滑油扣 5 分；加注新润滑油的型号不正确、加注不满扣 5 分；未检查万向传动装置和半轴扣 2 分</td><td>15</td><td></td></tr>
<tr><td>质量检查</td><td colspan="2">学生完成任务，操作过程规范</td><td>5</td><td></td></tr>
<tr><td colspan="4">总得分</td><td></td></tr>
</table>